Gwefr GWIDDONIAETH 8

Keith JOHNSON   Sue ADAMSON   Gareth WILLIAMS

Gyda chymorth: Lawrie Ryan, Bob Wakefield, Jan Green,
Phil Bunyan, Jerry Wellington, Roger Frost, Kevin Sheldrick,
Adrian Wheaton, Penelope Barber, John Bailey, Ann Johnson,
Graham Adamson, Diana Williams.

Y Ganolfan Astudiaethau Addysg, Aberystwyth

Y fersiwn Saesneg: *Spotlight Science 8*

© Y testun a'r darluniau, Keith Johnson,
Sue Adamson a Gareth Williams, 1994

Cyhoeddwyd gyntaf yn 1994 gan:
Stanley Thornes (Publishers) Ltd
Ellenborough House
Wellington Street
CHELTENHAM GL50 1YD

Y fersiwn Cymraeg:

   Awdurdod Cymwysterau, Cwricwlwm ac
Asesu Cymru, 1998

Cyhoeddwyd y fersiwn Cymraeg gan:
Y Ganolfan Astudiaethau Addysg
Prifysgol Cymru Aberystwyth

ISBN 1 85644 371 X

Ail argraffiad: Tachwedd 1999
Trydydd argraffiad: Medi 2001

Cyfieithwyd gan Ceri Williams, John Williams,
Sandra Williams a Delyth Ifan o Wasanaeth
Cyfieithu Clwyd

Golygwyd a pharatowyd ar gyfer y wasg gan
Marian B Hughes
Dyluniwyd gan Enfys Beynon Jenkins

Aelodau'r Grŵp Monitro: Gwen Aaron,
Eflyn Williams a Hywel Davies

Argraffwyd gan Y Lolfa Cyf., Tal-y-bont,
Ceredigion

Cydnabyddiaethau

Mae'r awduron a'r cyhoeddwyr yn ddiolchgar i'r canlynol am ganiatâd i atgynhyrchu ffotograffau:

Adams Picture Library: t. 18 (gwaelod chwith), t. 121 (canol), t. 124 (gwaelod dde);
AEA Technology: t. 82 (chwith);
Allsport: t. 24, Bruno Gardent t. 63 (chwith), Gary M Prior t. 64 (top), t. 67, Stephen Munday t. 64 (gwaelod), Roger Labrosse t. 76 (top);
Heather Angel: t. 6 (top dde a gwaelod dde), t. 53 (chwith, canol chwith, canol dde, dde), t. 147;
Aquarius Picture Library: t. 70;
Ardea London: I. R. Beames t. 6 (canol dde), C&J Knights t. 11 (top), Valerie Taylor t. 12 (top);
A-Z Botanical Collection Limited: t. 13, t. 154 (top);
Barnaby's Picture Library: t. 108 (gwaelod chwith), t. 128;
Barts Medical Picture Library: t. 71 (gwaelod);
Bifotos/Soames Summerhays: t. 3 (top);
Biophoto Associates: t. 4 (c), t. 12 (gwaelod), t. 74 (gwaelod), t. 158 (top);
British Airways: t. 35 (chwith);
British Steel: t. 115 (top);
Bubbles Photo Library: t. 29 (4), t. 69 (gwaelod);
J. Allan Cash Photolibrary: t. 4 (d), t. 6 (top canol dde), t. 7, t. 8 (gwaelod), t. 11 (gwaelod dde), t. 17 (top chwith), t. 18 (canol), t. 75, t. 102 (top), t. 108 (top dde a chwith), t. 119 (canol), t. 120 (top a gwaelod), t. 121 (top), t. 148 (top);
Martyn Chillmaid: t. 9 (top), t. 18 (top), t. 22 (top a gwaelod), t. 23, t. 26 (top a gwaelod), t. 27 (top chwith, dde a chanol), t. 29 (top dde a chwith, (1) (2) (3) (5) (6) (7), a gwaelod), t. 34, t. 35 (dde a chanol), t. 36 (dde a chwith), t. 37 (dde a chwith), t. 38, t. 39 (dde a chwith), t. 40 (top), t. 42 (top chwith a dde), t. 76 (gwaelod), t. 83 (gwaelod), t. 91, t. 92 (dde a chanol), t. 93 (top), t. 98 (top), t. 100 (top), t. 107, t. 110, t. 112 (gwaelod), t. 113, t. 114 (top chwith a'r dde, a thop canol dde), t. 116 (canol a gwaelod), t. 120 (canol), t. 122 (gwaelod, canol chwith), t. 123, t. 125, t. 126 (top a'r gwaelod dde, canol a chwith), t. 127, t. 130 (top), t. 134, t. 135 (top chwith a dde, gwaelod chwith a dde), t. 139, t. 141 (canol a gwaelod), t. 142 (top, canol dde, gwaelod), t. 143 (top chwith a gwaelod chwith), t. 146 (gwaelod), t. 151 (top), t. 152 (gwaelod), t. 157;
Bruce Coleman Limited: t. 54 (gwaelod), t. 62, t. 143 (top dde), t. 154 (canol), t. 156 (top, canol a gwaelod);
Collections: t. 77;
Gene Cox: t. 148 (gwaelod), t. 152 (canol), t. 153;
Yr Adran Gludiant: t. 119 (top);
Ecoscene: t. 122 (top);
Eye Ubiquitous: t. 57; t. 59 (top dde);
Fisons: t. 86 (gwaelod chwith);
Peter Fraenkel: t. 103 (canol);
Leslie Garland Picture Library: t. 17 (canol chwith);
GeoScience Features Picture Library: t. 94 (c), t. 103 (gwaelod dde), t. 104, t. 114 (canol), t. 115 (gwaelod), t. 158 (gwaelod);
B. G. Grewar, Bridgemaster: t. 18 (gwaelod dde);
Robert Harding Picture Library: t. 83 (top chwith), t. 97;
Holt Studios International: t. 9 (gwaelod), t. 86 (gwaelod dde), t. 114 (top canol), t. 118 (top), t. 150 (gwaelod), t. 152 (top);
Horticulture Research International: t. 150 (top a chanol);
Image Bank: L. Ternblad t. 42 (gwaelod), Michael Skott t. 43, Andy Caulfield t. 94 (b), Mahaux Photography t. 105, Al Hamdan t. 119 (gwaelod), Hi-test Photo t. 121 (gwaelod);
Image Select/Ann Ronan Picture Library: t. 5, t. 27 (gwaelod);
Impact Photos: t. 122 (canol dde), Alain Le Garsmeur t. 124 (top chwith a dde);
The Frank Lane Picture Agency Ltd.: t. 4(b), t. 50, t. 96 (canol);
Magnum Photos: Chris Steele Perkins t. 143 (gwaelod dde);
National Medical Slide Bank: t. 65;
National Meteorological Library: R. K. Pilsbury t. 94 (ch);
Oxford Scientific Films Ltd.: t. 4 (a) (ch), t. 6 (top chwith, top canol chwith, gwaelod chwith), t. 10, t. 11 (gwaelod chwith), t. 69 (top), t. 71 (chwith), t. 92 (chwith), t. 108 (gwaelod dde), t. 146 (top), t. 154 (gwaelod), t. 155 (top a gwaelod);
Panos Pictures: Neil Cooper t. 90; J. Hartley t. 96 (dde), Trygve Bølstad t. 98 (canol a gwaelod), Glenn Edwards t. 102 (gwaelod), Sean Sprague t. 103 (gwaelod chwith), Trevor Page t. 151 (gwaelod);
The Photographers' Library: t. 41; t. 54 (top dde), t. 124 (gwaelod chwith);
Pilot Publishers Services Ltd.: t. 40 (gwaelod);
Quadrant Picture Library: t. 86 (top);
Raleigh: t. 17 (top dde);
Yr Amgueddfa Wyddonol: t. 129;
Science Photo Library: t. 55 (top a gwaelod), t. 72, t. 73, Martin Dohrn t. 17 (canol dde), ESA/PLI t. 33, t. 51, t. 58 (gwaelod chwith), Stevie Grand t. 40 (canol), Sheila Terry t. 42 (top canol), John Sanford t. 52, t. 54 (top chwith), NASA t. 58 (top chwith a'r dde), t. 59 (top a gwaelod chwith), t. 60, US Geological Survey t. 58 (gwaelod dde), Larry Mulvehill t. 63 (dde), t. 74 (top), Alex Bartel t. 68, Dr KFR Schiller t. 79, Gordon Garradd t. 80, Stammers/Thompson t. 82 (dde), t. 131, Martin Bond t. 93 (gwaelod), t. 96 (chwith), Angela Murphy t. 94 (a), John Mead t. 145;
The Telegraph Colour Library: t. 8 (top), t. 30, ESA Meteosat t. 59 (canol dde), t. 83 (top dde), t. 89, t. 103 (top), t. 116 (top), t. 141 (top);
Tony Stone Images: t. 15, t. 17 (gwaelod), t. 32, t. 88, t. 99, t. 108 (canol dde), t. 111, t. 114 (gwaelod, a'r top canol chwith), t. 144, y clawr;
Topham Picture Source: t. 142 (canol chwith);
Viewfinder: t. 112 (top), t. 124 (gwaelod canol);
Wadworth & Co. Ltd.: t. 118 (gwaelod).

Cynnwys

13 **Poblogaethau** tudalen 4

Defnyddio grymoedd tudalen 15 **14**

15 **Elfennau** tudalen 25

Bwyd a threulio bwyd tudalen 41 **16**

17 **Y Ddaear a'r Gofod** tudalen 51

Aros yn fyw tudalen 63 **18**

19 **Gweld a chlywed** tudalen 77

Dŵr tudalen 89 **20**

21 **Egni** tudalen 99

Adweithiau cemegol tudalen 111 **22**

23 **Trydan** tudalen 129

Planhigion ar waith tudalen 145 **24**

Beth yw'r allwedd?

Mae gwyddonwyr yn defnyddio **allweddi** wrth geisio adnabod pethau byw. Mae defnyddio allwedd yn golygu bod angen gofyn nifer o gwestiynau. Rhaid dechrau yn y dechrau ac yna ateb "Ydy/Nac ydy" neu "Oes/Nac oes" bob tro. Bydd hyn yn siŵr o'ch arwain at yr anifail neu'r planhigyn rydych yn chwilio amdano.

▶ Defnyddiwch yr allwedd hon i enwi'r adar hyn:

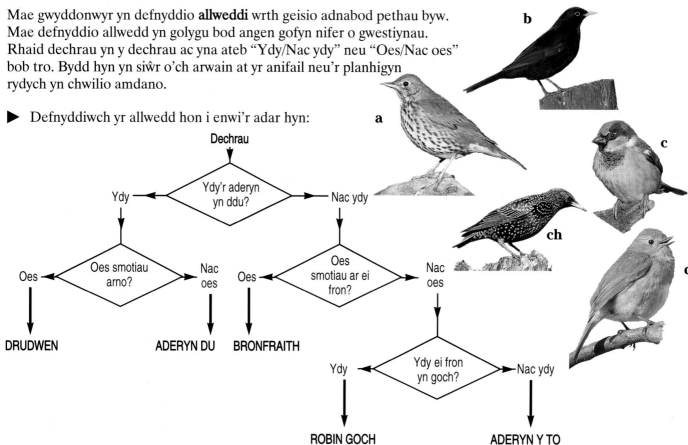

Dechrau

Ydy'r aderyn yn ddu? — Ydy / Nac ydy

Oes smotiau arno? — Oes / Nac oes

Oes smotiau ar ei fron? — Oes / Nac oes

DRUDWEN   ADERYN DU   BRONFRAITH

Ydy ei fron yn goch? — Ydy / Nac ydy

ROBIN GOCH   ADERYN Y TO

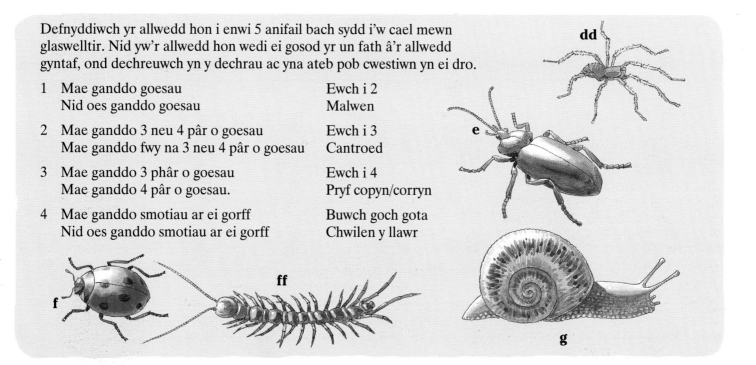

Defnyddiwch yr allwedd hon i enwi 5 anifail bach sydd i'w cael mewn glaswelltir. Nid yw'r allwedd hon wedi ei gosod yr un fath â'r allwedd gyntaf, ond dechreuwch yn y dechrau ac yna ateb pob cwestiwn yn ei dro.

1 Mae ganddo goesau   Ewch i 2
   Nid oes ganddo goesau   Malwen

2 Mae ganddo 3 neu 4 pâr o goesau   Ewch i 3
   Mae ganddo fwy na 3 neu 4 pâr o goesau   Cantroed

3 Mae ganddo 3 phâr o goesau   Ewch i 4
   Mae ganddo 4 pâr o goesau.   Pryf copyn/corryn

4 Mae ganddo smotiau ar ei gorff   Buwch goch gota
   Nid oes ganddo smotiau ar ei gorff   Chwilen y llawr

Didoli'r dail!

Nawr rhowch gynnig ar wneud eich allwedd eich hun.

1 Rhowch 6 deilen o'ch blaen.
2 Meddyliwch am gwestiwn fydd yn rhannu'r dail yn 2 grŵp. Ysgrifennwch y cwestiwn.
3 Yna meddyliwch am gwestiynau eraill a fydd yn rhannu pob un o'r grwpiau hyn yn ddau. Ysgrifennwch y cwestiynau hyn.
4 Daliwch i wneud hyn hyd nes byddwch wedi cyrraedd pob deilen yn unigol.
5 Ysgrifennwch eich allwedd yn daclus ac yna gofyn i ffrind roi cynnig ar ei defnyddio.

▶ Nawr ceisiwch lunio allwedd ar gyfer yr anifeiliaid hyn sy'n byw mewn pwll dŵr. Oes ganddyn nhw goesau ai peidio? Pa siâp sydd i'w cyrff? Cofiwch eu rhannu trwy ofyn un cwestiwn ar y tro.

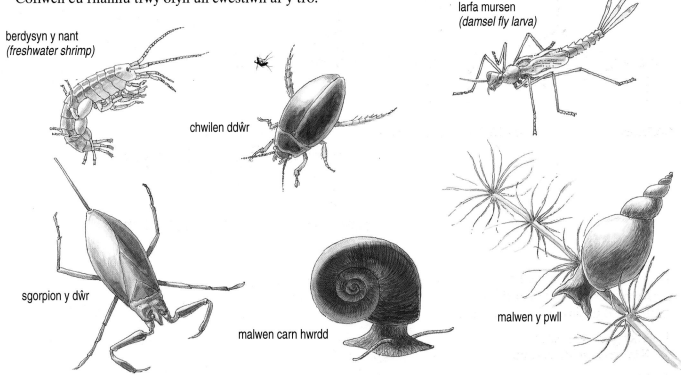

berdysyn y nant
(freshwater shrimp)

larfa mursen
(damsel fly larva)

chwilen ddŵr

sgorpion y dŵr

malwen carn hwrdd

malwen y pwll

Mae hwyl i'w gael gydag allweddi, ac wrth ymarfer, dônt yn haws eu defnyddio. Efallai bod gan eich athro/athrawes ragor o allweddi i chi roi cynnig arnyn nhw.

Pethau i'w gwneud

1 Torrwch ffotograffau o blanhigion ac anifeiliaid o hen gylchgronau. Gallech edrych ar gathod, cŵn, adar neu flodau. Ceisiwch lunio allwedd a gwneud poster i ddangos sut mae'n gweithio.

2 Gwnewch restr o bethau sy'n perthyn i grŵp arbennig. Gallai'r grŵp gynnwys cantorion pop, timau pêl-droed, ceir neu efallai sêr y byd ffilmiau. Gwnewch allwedd addas ar gyfer pob grŵp.

3 Chwiliwch am 6 theclyn syml sy'n cael eu defnyddio yn y gegin. Gwnewch allwedd er mwyn gallu enwi pob un ohonyn nhw.

4 Yn y 18fed ganrif, darganfu Carl Linneaus system o enwi popeth byw. Rhoddodd 2 enw i bopeth (sef **genws** a **rhywogaeth**). Yr enw a ddefnyddiodd ar eich cyfer chi oedd *Homo sapiens*. Ceisiwch ddod o hyd i fwy o wybodaeth am Carl Linnaeus.

Cadw'n fyw ac iach

Mae gan anifeiliaid a phlanhigion rai pethau sydd o gymorth iddyn nhw fyw mewn lle arbennig.

▶ Edrychwch ar y ffotograffau.

Gwnewch restr o'r pethau sydd o gymorth i bob un o'r anifeiliaid a'r planhigion hyn oroesi.

creulys Rhydychen

yr arth wen

lleden

twrch daear

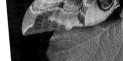

gwalchwyfyn llygadog

Mae'r anifeiliaid a'r planhigion yn y ffotograffau hyn wedi **ymaddasu** i fyw mewn cynefinoedd arbennig.
Mae ganddyn nhw **ymaddasiadau** sydd o gymorth iddyn nhw fyw yno.

▶ Rhestrwch rai o'r ymaddasiadau sydd o gymorth i chi fyw o ddydd i dydd.

Goroesi sy'n bwysig

Dyma 2 anifail sydd wedi ymaddasu i fyw mewn lleoedd garw.

▶ Rhestrwch yr ymaddasiadau sydd gan bob anifail. Yna nodwch sut mae pob ymaddasiad yn ei helpu i oroesi.

Larfa byrhoedlyn

Mae larfa byrhoedlyn yn byw mewn afonydd bychain sy'n llifo yn gyflym.

Mae'n glynu'n dynn o dan greigiau.

Mae ganddo gorff fflat ac mae ei siâp yn llilin.

Mae'n bwyta planhigion bach sy'n tyfu ar y creigiau.

Mae ganddo **dagellau** ar hyd ochr ei gorff a llygaid ar ochr uchaf ei ben.

Mae bob amser yn symud o'r golau ac yn mynd i'r mân graciau sydd rhwng y cerrig.

Llygad maharen

Ar y traeth mae'r llygad maharen yn byw.

Pan fydd y llanw allan, mae'n defnyddio sugnolyn i lynu yn dynn wrth graig.

Mae ganddo gragen drwchus sy'n ei amddiffyn rhag tywydd poeth iawn neu dywydd oer iawn.

Mae'n bwyta gwymon ifanc ac yn anadlu trwy ddefnyddio tagell i gael ocsigen o'r dŵr.

Edrych ar wrachod lludw

Edrychwch yn ofalus ar y gwrachod lludw trwy lens llaw.
Gofalwch beidio â'u niweidio mewn unrhyw ffordd.
Sut, yn eich barn chi, maen nhw wedi ymaddasu i fyw mewn sbwriel dail?

Pa fath o amodau mae gwrachod lludw yn eu hoffi?
Gwnewch restr o'ch syniadau (rhagdybiaethau).
Gallech ddefnyddio **siambr ddewis** i weld a yw eich syniadau yn gywir.

Cynlluniwch ymchwiliad i ddarganfod pa amodau mae gwrachod lludw yn eu hoffi.
Cofiwch ofalu bod y prawf yn un teg.
- Faint o wrachod lludw fyddwch yn eu defnyddio?
- Sut fyddwch yn cofnodi eich canlyniadau?

Dangoswch eich cynllun i'ch athro/athrawes, ac yna rhowch gynnig arno.

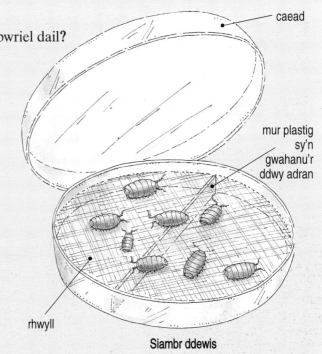

caead

mur plastig sy'n gwahanu'r ddwy adran

rhwyll

Siambr ddewis

---

1 Pam, yn eich barn chi, mae pob un o'r canlynol yn helpu'r anifeiliaid i oroesi?
a) Mae antelopiaid a cheirw fel arfer yn byw gyda'i gilydd mewn heidiau.
b) Mae gan y pryf hofran linellau melyn ar ei gorff ac mae'n edrych yn debyg i gacynen. Ond gwybedyn ydyw ac nid yw'n pigo.
c) Mae abwyd y môr *(ragworms)* yn gallu ymateb yn gyflym a symud yn ôl i'w tyllau ar unwaith.

2 Awgrymwch sut mae pobl wedi gallu goroesi yn y mannau canlynol:
a) anialwch poeth
b) ardaloedd y pegynau
c) dinasoedd lle mae llawer o bobl yn byw.

3 Edrychwch ar nifer yr wyau mae pob un o'r anifeiliaid hyn yn ei ddodwy:

	Nifer yr wyau
penfras	3 miliwn
broga	1000
neidr	12
bronfraith	5

a) Pam, yn eich barn chi, mae'r pysgodyn yn dodwy cymaint o wyau?
b) Pam mae'r neidr yn dodwy llai o wyau na'r broga?
c) Pam mae'r fronfraith yn dodwy cyn lleied o wyau?

4 Edrychwch ar bigau'r adar isod. Ysgrifennwch enw pob aderyn ac eglurwch sut mae ei big wedi ymaddasu i helpu'r aderyn i oroesi.

Pethau i'w gwneud

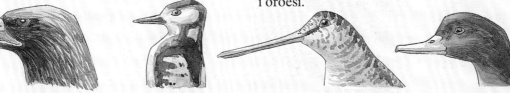

eryr aur   cnocell y coed   cyffylog *(woodcock)*   chwiwell *(wigeon)*

7

Cystadleuaeth

Beth mae'r gair **cystadleuaeth** yn ei olygu i chi?

Mae ras yn gystadleuaeth. Mae pawb yn ceisio ennill. Ond un enillydd yn unig fydd ar y diwedd.

Wrth edrych ar fyd natur, fe welwn fod pethau byw o bob math yn cystadlu yn erbyn ei gilydd am **adnoddau** prin, e.e. bwyd a digon o le. Bydd y rhai sydd yn llwyddo i ennill yn goroesi ac yn bridio.

▶ Enwch rai o'r adnoddau mae anifeiliaid yn cystadlu amdanyn nhw.

  Enwch rai o'r adnoddau mae planhigion yn cystadlu amdanyn nhw.

Coch ym mhobman

Mae'r robin goch yn cystadlu am **diriogaeth** (cynefin) trwy'r flwyddyn. Bydd yn canu er mwyn i adar eraill ddeall mai ef sy'n byw yn y llecyn arbennig hwnnw. Yn ystod y tymor bridio, mae'r robin yn adeiladu nyth ac yn magu'r cywion o fewn ei diriogaeth arbennig ef. Pan fydd hyn yn digwydd gall y robin fod yn eithaf blin ac anfon pob robin arall oddi yno.

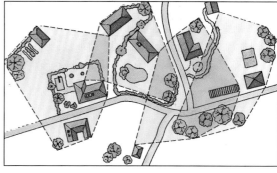

a Sawl tiriogaeth robin sydd ar y map hwn?

b Am ba adnoddau mae'r robin yn cystadlu?

c Pam, yn eich barn chi, mae'r robin mor flin tuag at bob robin arall sy'n mynd ar ei diriogaeth ond yn llai blin tuag at adar eraill?

Rhaid chwynnu!

Planhigion sy'n tyfu lle nad yw pobl am iddyn nhw dyfu yw chwyn e.e. pabi mewn cae o wenith.

Mae'n hawdd deall pam mae garddwyr a ffermwyr yn casáu chwyn ac yn ceisio cael gwared ohonyn nhw.

Mae chwyn yn cystadlu yn erbyn planhigion eraill am olau, dŵr a digon o le i dyfu.

Mae dant y llew yn chwyn eithaf llwyddiannus. Fedrwch chi ddyfalu pam?

Mae'n cynhyrchu llawer o hadau sy'n cael eu gwasgaru gan y gwynt

Mae'n tyfu'n gyflym ac yn blodeuo ddwywaith y flwyddyn

Mae'n gallu gwrthsefyll llawer o chwynleiddiaid

Mae'r hadau'n egino yn gyflym

Mae'n tyfu'n gyflym ar dir llwm

Mae'r dail yn lledaenu dros y tir

Mae'r gwreiddiau yn cynhyrchu cemegion sy'n rhwystro planhigion eraill rhag tyfu

Mae'r gwreiddiau yn tyfu'n ddwfn i'r pridd ac felly mae'n anodd eu codi

▶ Edrychwch ar y diagram er mwyn gweld sut mae dant y llew wedi ymaddasu.

  Copïwch a chwblhewch y tabl hwn:

Ymaddasiad	Sut mae'n gymorth i ddant y llew oroesi
Mae'r hadau'n egino yn gyflym	Mae planhigion newydd yn tyfu'n gyflym

Cystadlu ar y cae chwarae

Mae dant y llew, llygad y dydd a llyriad yn cystadlu â'r glaswellt ar gae chwarae yr ysgol.

Sut allech chi ddarganfod pa chwyn sy'n tyfu yn fwyaf llwyddiannus?
Gallech eu cyfrif, ond gallai hyn gymryd llawer o amser!
Beth am gymryd **sampl**? Gallech gyfrif nifer y gwahanol fathau o chwyn sydd mewn sgwâr bychan sy'n cael ei alw yn **cwadrad**.

1 Rhowch eich cwadrad ar lecyn nodweddiadol o'r cae chwarae.

2 Rhifwch nifer dant y llew, llyriaid a llygaid y dydd sydd o fewn y cwadrad.

3 Cymerwch 4 sampl arall mewn gwahanol rannau o'r cae.

4 Cofnodwch eich canlyniadau mewn tabl tebyg i hwn:

- Adiwch gyfanswm pob dosbarth o chwyn.
- Lluniwch siart bar yn dangos canlyniadau'r dosbarth.

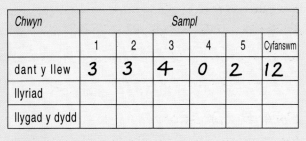

Chwyn	Sampl					
	1	2	3	4	5	Cyfanswm
dant y llew	3	3	4	0	2	12
llyriad						
llygad y dydd						

ch Pam oedd angen i chi gymryd 5 sampl?

d Pa chwyn oedd fwyaf llwyddiannus ar eich cae chwarae?

dd Ceisiwch ragdybio beth allai egluro hyn.

e Pa ymchwiliad pellach allech chi ei wneud er mwyn profi bod eich rhagdybiaeth yn gywir?

Pethau i'w gwneud

1 Copïwch a chwblhewch:
Mae popeth byw yn . . . . am adnoddau . . . . ,
e.e. . . . . a . . . . Mae'r anifeiliaid a'r planhigion hynny sy'n llwyddo wrth . . . . yn . . . . i fridio. Mae chwyn yn cystadlu yn erbyn cnydau am . . . . a . . . .

2 Dyma'r cyfarwyddiadau oedd wedi eu hysgrifennu ar gefn pecyn o hadau ffa:
Plannwch yr hadau mewn tir agored tua 5 cm i lawr a thua 20 cm oddi wrth ei gilydd.
a) Pam na ddylai'r hadau gael eu plannu
   i)   yn nes at ei gilydd? a
   ii) ymhellach oddi wrth ei gilydd?
b) Am ba adnoddau mae'r planhigion hyn yn debyg o gystadlu?

3 Fedrwch chi feddwl am blanhigion neu anifeiliaid sy'n cystadlu yn erbyn pobl?
Rydyn ni'n galw llawer o'r rhai hynny sy'n cystadlu yn ein herbyn am fwyd yn **blâu**.
Ysgrifennwch enwau rhai o'r rhain a nodwch am beth, yn eich barn chi, maen nhw'n cystadlu yn ein herbyn?

locust

9

Mater o fyw neu farw

Mae anifeiliaid sy'n lladd anifeiliaid eraill er mwyn eu bwyta yn cael eu galw yn **ysglyfaethwyr**.

Ysglyfaeth yw'r enw ar anifail sy'n cael ei ladd ganddyn nhw.

▶ Gwnewch restr o 5 anifail ysglyfaethus.

a Mae anifeiliaid ysglyfaethus fel arfer yn fwy o ran maint na'u hysglyfaeth ac mae llai ohonyn nhw nag sydd o'r ysglyfaeth. Beth yw'r rheswm dros hyn, yn eich barn chi?

Edrychwch ar y teigr:
Mae ganddo rai pethau sydd o fantais fawr iddo wrth hela.

▶ Meddyliwch am y pethau sydd yn ei wneud yn anifail ysglyfaethus da. Gwnewch restr.

Rydym yn tueddu i feddwl ei bod yn hawdd i anifeiliaid ysglyfaethus ladd yr ysglyfaeth ddiamddiffyn.

Ond y gwir yw bod rhaid i'r teigr weithio'n galed iawn i ddal ei fwyd. Am bob un anifail gwyllt mae'n ei ddal, mae'n methu 20–30 o weithiau.

b Mae anifeiliaid ysglyfaethus fel arfer yn ymosod ar anifeiliaid ifanc, hen neu wan, neu rai sy'n sâl neu wedi cael niwed. Beth yw'r rheswm dros hyn, yn eich barn chi?

Mae'r gelyn yn taro!

Dewiswch un person o'r grŵp i fod yn 'ysglyfaethwr' a rhowch fwgwd dros ei lygaid ef/ei llygaid hi.

Gosodwch 9 disg ar hap ar ddalen o bapur sgwariau.

Mae pob un o'r disgiau yn cynrychioli ysglyfaeth.

Yna rhaid i'r 'ysglyfaethwr' chwilio am y disgiau trwy daro'r papur ag un bys am un munud.

Mae pob disg mae'r ysglyfaethwr yn ei chyffwrdd yn cael ei thynnu oddi yno. Dyma'r ysglyfaethau sydd wedi eu lladd.

Wedi iddo 'ladd', rhaid i'r ysglyfaethwr oedi a chyfrif hyd at 3 cyn ailddechrau.

Ar ddiwedd 1 munud, dylid cyfrif nifer yr 'anifeiliaid a laddwyd'.

Gwnewch yr arbrawf hwn eto, ond gan ddefnyddio mwy o ddisgiau bob tro. Rhowch gynnig gydag 16, 25, 50 a 100 o ddisgiau.

Cofnodwch eich canlyniadau mewn tabl.

Lluniwch graff yn nodi **nifer yr anifeiliaid a laddwyd** yn erbyn **cyfanswm yr ysglyfaethau**.

Beth yw eich casgliadau wrth edrych ar ganlyniadau'r arbrawf?

Osgoi caethiwed!

▶ Edrychwch ar yr ysgyfarnog:

c Ym mha ffordd mae wedi ymaddasu i ddianc rhag ysglyfaethwyr?

Dyma rai o'r pethau sydd o gymorth i anifeiliaid osgoi cael eu dal.

Eglurwch sut mae pob un ohonyn nhw o gymorth i'r anifail oroesi.

ch Rhedeg, nofio neu hedfan yn gyflym.

d Aros gyda'i gilydd yn un grŵp mawr.

dd Blas annifyr arnyn nhw.

e Lliwiau sy'n rhybuddio.

Patrwm amrywiol bywyd

Mae'r graff yn dangos nifer y lyncsod (ysglyfaethwyr) a nifer yr ysgyfarnogod (ysglyfaethau) dros gyfnod o rai blynyddoedd.

Edrychwch yn ofalus ar y graff.

Os yw'r ysgyfarnogod yn cael digon o fwyd, yna maen nhw'n bridio ac mae eu nifer yn cynyddu (gweler ①).

Mae hyn yn ei dro yn golygu bod mwy o fwyd i'r lyncsod, ac felly mae eu niferoedd hwy yn cynyddu (gweler ②).

▶ Atebwch y cwestiynau ynglŷn â'r hyn sy'n digwydd nesaf:

f Pam mae niferoedd yr ysgyfarnogod yn lleihau yn ③?

ff Pam mae niferoedd y lyncsod yn lleihau yn ④?

g Pam mae niferoedd yr ysgyfarnogod yn cynyddu yn ⑤?

ng Pam mae niferoedd yr ysglyfaethau fel arfer yn fwy na nifer yr ysglyfaethwyr?

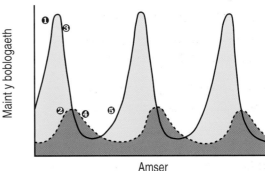

Maint y boblogaeth · Amser

—— Ysglyfaethau
------ Ysglyfaethwyr

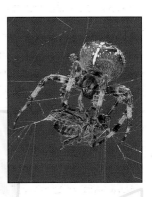

1 Beth, yn eich barn chi, sy'n gwneud ysglyfaethwr da?
Darluniwch ysglyfaethwr dychmygol a fyddai'n debygol o ddal llawer iawn o ysglyfaeth.

2 Mae rhai pobl yn credu bod ysglyfaethwyr yn 'ddrwg', ond pobl yw'r ysglyfaethwyr mwyaf a fu ar y Ddaear erioed.
Ysgrifennwch am rai o'r pethau mae pobl yn eu gwneud sy'n dangos eu bod yn ysglyfaethwyr.

3 Ysgrifennwch am rai o'r pethau sy'n gwneud y canlynol yn ysglyfaethwyr llwyddiannus:
a) cath ddof b) pryf copyn/corryn c) eryr.

4 Mae gan bob un o'r anifeiliaid sy'n ysglyfaeth i'r blaidd ffyrdd da iawn o wybod bod y blaidd yn y cyffiniau, o amddiffyn eu hunain ac o ddianc. Gan amlaf, mae'r anifeiliaid hyn yn ddiogel rhag ymosodiad y blaidd. Sut mae'r blaidd yn llwyddo i ddal ei ysglyfaeth?

Pethau i'w gwneud

Twf poblogaeth

Grŵp o'r un math o anifeiliaid neu blanhigion sy'n byw yn yr un cynefin yw **poblogaeth**, e.e. llau'r coed ar goed rhosod neu lygaid y dydd mewn lawnt neu benwaig yn y môr.

a Ysgrifennwch enghreifftiau eraill o boblogaethau anifeiliaid neu blanhigion ynghyd â'u cynefin (y man lle maen nhw'n byw).

b Pam, yn eich barn chi, mae anifeiliaid a phlanhigion yn byw gyda'i gilydd mewn poblogaethau fel hyn?
Meddyliwch am yr hyn sydd ei angen arnyn nhw i oroesi a sut maen nhw'n llwyddo i gadw'u niferoedd tua'r un fath.

Sut mae poblogaeth yn tyfu?

Rhoddodd Siôn ychydig o furum mewn hydoddiant siwgr. Dechreuodd y cymysgedd dyfu yn fuan iawn.

Bob hanner awr, edrychai ar ddiferyn o'r burum trwy ficrosgop. Rhifodd nifer y celloedd yr oedd yn eu gweld bob tro a'i gofnodi mewn tabl.

Yna lluniodd graff tebyg i'r gromlin dwf a ddangosir yma:

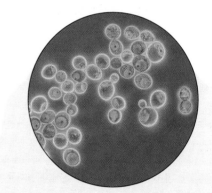

nifer y celloedd burum

amser (oriau)

c Beth ddigwyddodd i nifer y celloedd burum
   i) yn ystod yr oriau cyntaf?   ii) yn ddiweddarach yn yr arbrawf?
   iii) ar ddiwedd yr arbrawf?

ch Pam yr oedd y boblogaeth o gelloedd burum wedi peidio â thyfu?

Pan fydd burum yn tyfu, yr hyn sy'n digwydd yw bod un gell yn rhannu yn 2, yna bydd 2 yn rhannu yn 4, yn 8, yn 16, yn 32, yn 64 ac yn y blaen.

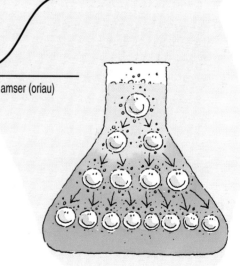

O edrych ar arbrawf Siôn, gallwch weld bod rhai poblogaethau yn tyfu yn gyflym iawn. Pam nad yw'r Ddaear yn orlawn o anifeiliaid a phlanhigion?

Yr ateb yw nad yw pob un yn goroesi.
Mae rhai ffactorau yn **cyfyngu** ar dwf y boblogaeth. Er enghraifft,

• golau • gorboblogi • bwyd a dŵr • afiechyd
• hinsawdd • ysglyfaethwyr • ocsigen • cysgod

▶ Copïwch a llanwch y tabl gan edrych ar bob un o'r ffactorau uchod yn ei dro.

Ffactor	Sut y gall y ffactor gyfyngu ar faint poblogaeth
Golau	Mae diffyg golau yn arafu twf planhigion

Beth sy'n effeithio ar dwf bwyd yr hwyaid?

Planhigyn bychan sy'n arnofio ar wyneb y dŵr mewn pwll yw bwyd yr hwyaid *(duckweed)*.

Pe byddech yn rhoi un planhigyn yn unig mewn bicer sy'n cynnwys dŵr, byddai'n siŵr o dyfu ac atgenhedlu. Yn y man, byddai'n gorchuddio wyneb y dŵr.

Cynlluniwch ymchwiliad i dwf bwyd yr hwyaid.

Meddyliwch am y ffactorau allai effeithio ar dwf y planhigyn hwn.

Dewiswch un ffactor ac ymchwilio i'w effaith.

- Cynlluniwch ymchwiliad fydd yn para am tua 3 wythnos.
- Sut fyddwch yn sicrhau bod y prawf yn un teg?
- Sut fyddwch yn mesur twf y planhigyn?
- Sut fyddwch yn cofnodi eich canlyniadau?

Dangoswch eich cynllun i'r athro/athrawes cyn rhoi cynnig arno.

Y cynnydd ym mhoblogaeth dynion a merched

Mae'r graff yn dangos y cynnydd ym mhoblogaeth y byd.

▶ Edrychwch ar y graff ac atebwch y cwestiynau hyn:

d Beth, yn eich barn chi, sydd wedi achosi'r cynnydd enfawr yn y boblogaeth yn ystod y 300 mlynedd diwethaf?

dd Yn eich barn chi, a fydd nifer y bobl yn cynyddu, yn aros yr un fath, neu yn lleihau?
Ceisiwch egluro eich ateb.

e Pa fathau o bethau allai atal poblogaeth dynion a merched rhag cynyddu?

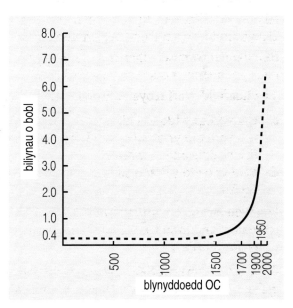

---

1 Copïwch a chwblhewch y canlynol:
Grŵp o anifeiliaid neu blanhigion sy'n byw yn yr un . . . . yw . . . . Gall nifer o ffactorau, e.e. . . . . a . . . . , gyfyngu ar dwf . . . . Felly ni fydd pob anifail neu blanhigyn o fewn unrhyw boblogaeth yn . . . . i fridio.

2 Mae eliffantod yn enghraifft o un o'r anifeiliaid mwyaf araf i fridio. O ddechrau ag un pâr o eliffantod, amcangyfrifir y bydd 19 miliwn o eliffantod ar gael ymhen 700 mlynedd. Eglurwch pam nad yw hyn yn debygol o ddigwydd.

3 Eglurwch sut, yn eich barn chi, y gallai pob un o'r canlynol effeithio ar dwf poblogaeth dynion a merched:
a) newyn ac afiechyd
b) cyfradd geni uchel
c) gwell gofal meddygol.

Pethau i'w gwneud

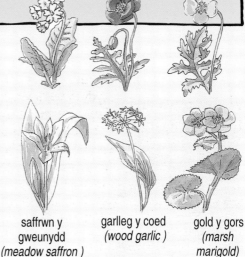

briallu Mair disawr   pabi   pabi Cymreig

Cwestiynau

1 Edrychwch yn ofalus ar y blodau gwyllt hyn:
Lluniwch allwedd i'w defnyddio i enwi pob blodyn.

2 Roedd haid fawr o geirw yn byw ar ynys.
Roedd ysglyfaethwyr, bleiddiaid er enghraifft, yn lladd rhai o'r
ceirw. Er mwyn gwarchod poblogaeth y ceirw, saethwyd pob blaidd
gan helwyr.
Yna, cynyddodd poblogaeth y ceirw, ac roedd cymaint ohonyn nhw
nes eu bod yn gorfod cystadlu am borfa. Achosodd hyn i lawer o'r
ceirw farw o newyn. Yn fuan iawn, roedd poblogaeth y ceirw tua'r
un faint â'r nifer oedd yna cyn i'r helwyr saethu'r bleiddiaid.
a) Pa 4 math o boblogaeth yr effeithir arnynt yma?
b) Pam, yn eich barn chi, na ddylai'r helwyr fod wedi lladd y
    bleiddiaid i gyd?
c) Beth fydd yn digwydd i boblogaeth y ceirw yn y dyfodol?

saffrwn y gweunydd *(meadow saffron)*   garlleg y coed *(wood garlic)*   gold y gors *(marsh marigold)*

3 "Mae anifeiliaid mawr ffyrnig yn brin." Ceisiwch egluro'r
datganiad hwn.

4 Edrychwch ar y ffordd mae dail y chwyn hyn yn tyfu.
a) Sut maen nhw'n byw er bod pobl yn eu sathru?
b) Sut maen nhw'n effeithio ar dwf y glaswellt sydd o'u hamgylch?
c) Ym mha ffyrdd mae garddwyr yn lleihau'r gystadleuaeth oddi
    wrth y chwyn hyn?

llyriad *(plantain)*   llygad y dydd   dant y llew

5 Edrychwch ar y samplau hyn o boblogaethau pryfed genwair a
gymerwyd 15 cm yn y pridd:

Mis	Ion.	Chwe.	Maw.	Ebrill	Mai	Meh.	Gorff.	Awst	Medi	Hyd.	Tach.	Rhag.
nifer y pryfed genwair	12	5	7	37	45	11	5	13	36	47	98	50
tymheredd (°C)	2	1	1	4	7	16	19	16	13	10	7	5
glawiad (mm)	40	30	25	50	80	20	5	25	40	50	80	70

a) Ym mha amodau mae pryfed genwair yn tyfu orau?
b) Beth sy'n digwydd i bryfed genwair mewn tywydd poeth?
c) Pam mae nifer y pryfed genwair yn cynyddu yn yr hydref?

6 Edrychwch ar y lluniau hyn o draed adar:
Ysgrifennwch enw pob aderyn ac
eglurwch sut mae eu traed wedi ymaddasu
i'w helpu i oroesi.

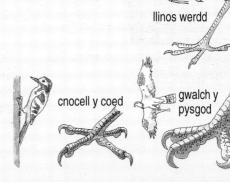

llinos werdd

cnocell y coed   gwalch y pysgod

hwyaden wyllt *(mallard)*

Defnyddio grymoedd

14

Mae angen grym – tynnu neu wthio – ar gyfer popeth rydych yn ei wneud.

Rydych wedi ymchwilio i rymoedd eisoes, gan ddefnyddio clorian sbring i'w mesur (mewn newtonau). Rydych wedi dysgu am bwysau a ffrithiant. Fe fuoch yn ymchwilio i suddo ac arnofio, ac yn mesur symudiad teganau.

Yn yr uned hon gallwch ddefnyddio'r syniadau hyn mewn ffyrdd newydd.

Penawdau: 14a   *Grymoedd cytbwys*
            14b   *Pontio'r bwlch*
            14c   *Plygu ac ymestyn*
            14ch   *Symud yn gyflym*

Grymoedd cytbwys

Mae tynnu a gwthio yn **rymoedd**.
Mae'r lluniau yn dangos rhai grymoedd,
gyda'u meintiau wedi eu mesur mewn **newtonau** (N).

gwthiad = 50 N

100 N

pwysau = 1 newton

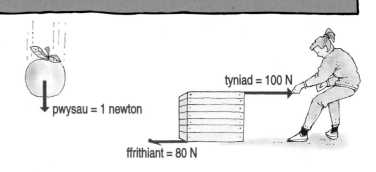

tyniad = 100 N

ffrithiant = 80 N

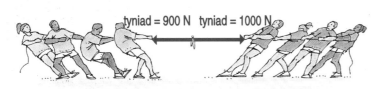

tyniad = 900 N   tyniad = 1000 N

brigwth y dŵr = 400 N

pwysau = 400 N

a   Pa un yw'r grym mwyaf a ddangosir yn y diagramau hyn?
b   Pa un yw'r grym lleiaf?
c   Pa dîm sy'n ennill y gystadleuaeth tynnu rhaff? Pa ffordd
     mae'r rhaff yn symud? Sut rydych chi'n gwybod?
ch   Sut fedrwch chi ddweud bod y ferch yn symud y crât?
     Beth yw maint y grym **cydeffaith** ar y crât?

Mewn dau o'r diagramau mae'r grymoedd yn **hafal** a **dirgroes**.
Dywedwn eu bod yn rymoedd **cytbwys**.

d   Pa ddau ddiagram sy'n dangos grymoedd cytbwys?
dd   Sut rydych chi'n gwybod bod y ferch yn arnofio ac nid yn suddo?
e   Beth yw'r darlleniad ar raddfa'r mesurydd grym?
     Beth yw pwysau 1 cilogram?

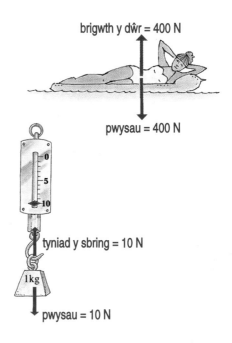

tyniad y sbring = 10 N

1kg

pwysau = 10 N

Ym mhob un o'r diagramau isod, mae'r grymoedd yn **gytbwys**.
Brasluniwch neu dargopïwch y lluniau, ac ar gyfer pob un:
• labelwch faint y grym arall, mewn newtonau,
• nodwch pa fath o rym ydyw, gan ddewis o'r canlynol:
  pwysau   ffrithiant   brigwth

pwysau = 20 N

Creision ŷd

grym y bwrdd ar y pecyn = 5 N

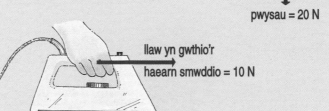

llaw yn gwthio'r
haearn smwddio = 10 N

800 N o
wrthiant
aer (ffrithiant)

Rhoddodd Syr Isaac Newton, 300 mlynedd yn ôl, Ddeddf wyddonol ynglŷn â grymoedd cytbwys:
Os yw'r grymoedd yn gytbwys, mae'r gwrthrych un ai
                    • yn aros yn llonydd (fel y pecyn creision ŷd)
        neu •   os yw'n symud, mae'n parhau i symud ar fuanedd
                    cyson mewn llinell syth (fel y parasiwt).

Adeileddau

Dyma rai ffotograffau o **adeileddau**:

Weithiau gallwch weld yr adeiledd.
Er enghraifft, mewn craen neu bont, mewn ffens neu goeden neu feic.

Weithiau mae'r adeiledd wedi ei guddio.
Er enghraifft, y trawstiau yn nho eich tŷ, neu'r sgerbwd yn eich corff.

Gall peiriannydd lunio adeiledd.
Mae'n rhaid i'r adeiledd fod yn ddigon cryf i wrthsefyll y grymoedd sy'n gweithredu arno.
Mae'n rhaid i'r grymoedd yn yr adeiledd fod yn rymoedd **cytbwys**.

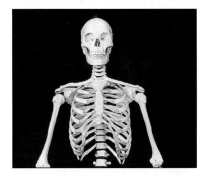

Sialens perianneg!

Dyluniwch a gwnewch adeiledd sy'n ddigon cryf i gynnal gwrthrych 10 gram mor uchel â phosibl uwchben y bwrdd.

Yr unig offer a gewch yw:
- gwrthrych 10 g
- 20 gwelltyn
- 50 cm o dâp gludiog. Dim mwy!

Mae'n rhaid i'ch adeiledd allu cynnal y gwrthrych am o leiaf 30 eiliad. Rhowch gynnig arni!

- Pwy sy'n gallu adeiladu'r tŵr llwyddiannus talaf?

- Lluniwch fraslun o'ch tŵr, a'i labelu.

- Edrychwch ar y tyrrau uchaf: sawl triongl allwch chi eu cyfrif? Mae siapiau trionglog yn helpu i wneud adeiledd yn gadarn.

Tiwbiau gwag yw'r gwellt a ddefnyddiwyd gennych. Mae tiwb yn gryfach na bar solid o'r un pwysau. Pam mae beic wedi ei wneud o diwbiau?
Mae tiwbiau i'w canfod mewn anifeiliaid (e.e. esgyrn aderyn) ac mewn planhigion (e.e. coesyn dant y llew).

---

1 Copïwch a chwblhewch:
a) Mae gwthiadau a thyniadau yn . . . .
b) Pan fydd y grymoedd sy'n gweithredu ar wrthrych yn hafal a dirgroes, dywedwn eu bod yn . . . .
c) Deddf gyntaf Syr . . . . Newton yw: os yw'r grymoedd ar wrthrych yn . . . ., yna
- os yw'r gwrthrych yn llonydd, mae'n aros yn . . . .
- os yw'r gwrthrych yn symud, mae'n parhau i . . . . ar . . . . cyson mewn llinell . . . .
ch) Mae adeileddau fel arfer yn gryfach os ydynt yn cael eu hadeiladu o siapiau . . . .
d) Mae tiwb yn . . . . na bar solid o'r un pwysau.

2 Rhestrwch yr holl adeileddau welwch chi yn yr ystafell ddosbarth (neu yn eich cartref).

3 Rhestrwch yr holl adeileddau y gallwch eu gweld ar eich ffordd adref.

4 Eglurwch, gan ddefnyddio diagram, pam mae ffram beic yn adeiledd cryf.

5 Cynlluniwch dŵr uchel a main iawn ar gyfer trosglwyddydd teledu. Lluniwch ddiagram a'i labelu.

Pethau i'w gwneud

Pontio'r bwlch

▶ Mae angen i bontydd fod yn ddiogel a chryf.
Edrychwch ar y ffotograff hwn o bont drawst.

a Nodwch 3 defnydd y gellid eu defnyddio i adeiladu pont drawst.

b Enwch 3 defnydd na fyddech yn eu defnyddio i adeiladu pont.

Adeiledd yw pont. Yn yr adeiledd mae rhai rhannau yn cael eu gwasgu. Yr enw ar hyn yw **cywasgiad**. Mae'r gronynnau bychain yn cael eu gwthio yn nes at ei gilydd.

➡ **CYWASGIAD** ⬅

Mae rhannau eraill o'r bont yn cael eu hymestyn ar wahân. Maen nhw mewn **tensiwn**.

⬅ T E N S I W N ➡

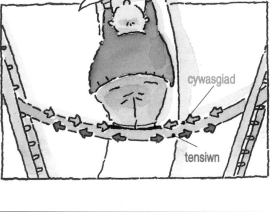

c Beth, yn eich barn chi, sy'n digwydd i'r gronynnau bychain lle mae'r trawst mewn tensiwn?

ch Plygwch eich pren mesur yn ysgafn. Pa ran sy'n cael ei hymestyn?
Lluniwch ddiagram o'ch pren mesur wedi ei blygu a labelwch y rhannau sydd mewn tensiwn a'r rhannau sydd mewn cywasgiad.

Dyma ffotograff o bont drawst sydd wedi ei gwneud o drawstiau sy'n ffurfio trionglau:

d Pam y defnyddir trionglau?

dd Pa ran sydd mewn tensiwn?

Dyma fwy o bontydd.
Edrychwch ar y ffordd maen nhw wedi eu cynllunio.

e Pa rannau, yn eich barn chi, sydd: • mewn cywasgiad?
                                    • mewn tensiwn?

Pont fwa

Pont grog

Ymchwilio i bontydd

Ymchwiliad 1: Profi siapiau

Rydych yn mynd i adeiladu pontydd trawstiau, gan ddefnyddio un ddalen o bapur A4 ar gyfer pob pont.

Gallwch ddefnyddio gwahanol gynlluniau ar gyfer y trawst. Mae'r llun yn rhoi peth cymorth i chi, ond defnyddiwch eich syniadau eich hun hefyd.

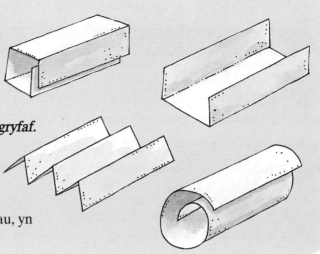

Cynlluniwch ymchwiliad i ganfod *pa siâp sy'n gwneud y bont gryfaf.*

- Sut fyddwch yn sicrhau ei fod yn brawf teg?
- Gofynnwch i'ch athro/athrawes wirio eich cynllun ac yna ewch ati i'w wneud.
- Cofnodwch eich canlyniadau, a brasluniwch y siapiau gorau, yn eich barn chi.

Ymchwiliad 2: Adeiladu pont

Eich tasg yw adeiladu pont i groesi bwlch o 15 cm. Gallwch ddefnyddio gwellt, papur a thâp gludiog – ond maen nhw'n gostus!

Dychmygwch fod:

    1 gwelltyn yn costio £1000
    1 ddalen o bapur yn costio £1000
    30 cm o dâp gludiog yn costio £1000

Pwy sy'n gallu adeiladu'r bont gryfaf am £10 000?

- Cynlluniwch eich pont yn ofalus. Gofalwch fod yna ffordd yn mynd drosti.
- Profwch hi drwy ychwanegu pwysau nes bydd yn dymchwel. Gwnewch yn siŵr eich bod yn profi eich pont yn yr un modd â disgyblion eraill. Byddwch yn ofalus wrth ddefnyddio'r pwysau.

Ysgrifennwch adroddiad, gan gynnwys:

- braslun o'ch cynllun,
- sut y gwnaethoch ei brofi,
- man gwannaf eich cynllun,
- sut y gallech ei wneud yn gryfach.

---

1 Pan fydd pont drawst syml yn plygu, bydd y gronynnau ar y pen uchaf yn cael eu gwasgu at ei gilydd. Yr enw ar hyn yw . . . . Dan y bont, mae gwaelod y trawst mewn . . . . , ac mae'r . . . . yn cael eu hymestyn.

2 Pa fath o bont (gweler y ffotograffau) yw'r gorau ar gyfer pontio afon lydan? Pam?

3 Edrychwch ar y ffotograffau, a brasluniwch ddiagramau syml o'r canlynol:
(a) pont fwa,
(b) pont grog.
Ar eich brasluniau, lliwiwch y rhannau sydd mewn cywasgiad yn las, a'r rhannau sydd mewn tensiwn yn goch.

Pethau i'w gwneud

Plygu ac ymestyn

▶ Dewiswch un o'r 3 ymchwiliad hyn, a'i wneud.
Os oes gennych amser, gwnewch ymchwiliad arall wedyn.

Trawstiau'n plygu

Mae Tara a'i theulu yn peintio'r nenfwd.
Mae Tara yn sylwi bod y planc yn ysigo (plygu) pan fydd
ei thad yn sefyll arno. Mae'n ysigo hefyd pan fydd ei chwaer
fach yn sefyll arno, ond nid yw'n ysigo yr un faint.

- Beth, yn eich barn chi, sy'n gwneud i'r planc ysigo i wahanol raddau?
  Rhowch gymaint o fanylion ag y gallwch. (Dyma eich rhagdybiaeth.)
  Ceisiwch gynnwys y geiriau hyn:

  pwysau   tensiwn   cywasgiad   grymoedd cytbwys

- Cynlluniwch ymchwiliad i weld a yw eich rhagdybiaeth
  yn wir. (Gallech ddefnyddio pren mesur fel planc.)
  Sut fyddwch yn cofnodi eich canlyniadau? ⚠

- Dangoswch eich cynllun i'ch athro/athrawes, ac yna
  rhowch gynnig arno.

- Pan fyddwch wedi gorffen, ysgrifennwch eich adroddiad.
  Gofalwch eich bod yn ceisio egluro eich canlyniadau.

Ymestyn elastig

Rydyn ni'n defnyddio elastig yn ein dillad yn aml – ond weithiau
mae'n colli ei 'hydwythedd'.
Ydych chi'n credu bod ei allu i ymestyn yn newid pan gaiff ei olchi?

- Ysgrifennwch beth rydych chi'n ei feddwl sy'n digwydd i
  allu elastig i ymestyn pan gaiff ei olchi. Ydych chi'n credu ei fod yn
  dibynnu ar sut mae'n cael ei olchi? Os felly, ym mha ffordd?
  (Dyma eich rhagdybiaeth.) Ceisiwch gynnwys y geiriau hyn:

  grym   tensiwn   ymestyn   molecylau

- Cynlluniwch ymchwiliad i weld a yw eich rhagdybiaeth
  yn gywir. (Bydd eich athro/athrawes yn rhoi darnau
  elastig i chi.) ⚠
  Sut fyddwch yn ei wneud yn brawf teg?   sbectol ddiogelwch
  Sut fyddwch yn cofnodi eich canlyniadau?

- Dangoswch eich cynllun i'ch athro/athrawes, ac yna rhowch
  gynnig arno.

- Wedi i chi orffen, ysgrifennwch eich adroddiad.
  Gofalwch eich bod yn ceisio egluro eich canlyniadau.

Ymestyn sbringiau

Mae sbringiau yn ddefnyddiol mewn llawer o ffyrdd:

- Gwnewch restr o'r holl wahanol ffyrdd o ddefnyddio sbringiau y gallwch feddwl amdanyn nhw.

Gallwch wneud eich sbring eich hunan drwy weindio gwifren gopor o amgylch pensil:

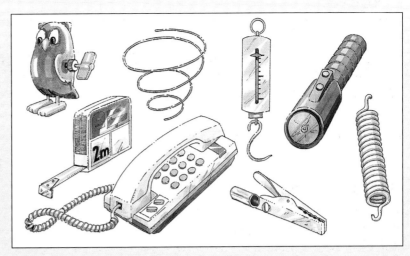

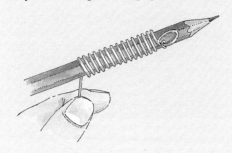

- Gwnewch sbring ac yna ei brofi. Ymchwiliwch i'r modd y mae hyd eich sbring yn dibynnu ar y pwysau sy'n hongian wrtho.

- Cynlluniwch eich ymchwiliad yn ofalus. Sut fyddwch yn cofnodi eich canlyniadau?

- Gwiriwch eich cynllun gyda'ch athro/athrawes, ac yna rhowch gynnig arno. Dechreuwch gyda phwysynnau bychain a daliwch ati nes y bydd eich sbring yn newid ei siâp.

- Plotiwch graff o hyd (neu ymestyniad) eich sbring yn erbyn y pwysau sy'n hongian wrtho. Beth ydych yn sylwi arno?

- Os oes gennych amser, ail-wnewch eich ymchwiliad gan ddefnyddio sbring sydd wedi ei wneud o wifren haearn neu nicrom. Beth ydych yn ei ganfod?

- Ysgrifennwch adroddiad ar yr hyn wnaethoch chi a'ch darganfyddiadau.

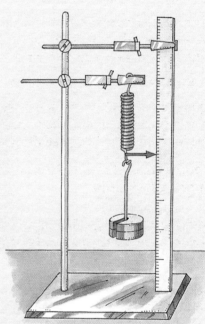

---

1 Mae Ben yn hoffi pysgota. Rhoddodd brawf ar 2 lein bysgota newydd drwy hongian pwysau arnynt. Dyma ei ganlyniadau:

pwysau (N)	0	5	10	15	20
hyd lein A (cm)	50	51	52	53	54
hyd lein B (cm)	50	52	54	56	58

a) Beth sy'n digwydd i'r ddwy lein wrth iddo hongian pwysau arnyn nhw?
b) Beth yw hyd lein A pan yw pwysau'r llwyth yn 20 N?
c) Beth yw'r llwyth pan yw lein B yn 52 cm?
ch) Pa lein oedd yn ymestyn fwyaf?
d) Mae'r ddwy lein wedi eu gwneud o neilon. Pa un fydd y gryfaf?

2 Mae gan Awen wallt hir golau ac ac mae gan Pedr wallt du cwta. Cynlluniwch ymchwiliad i gymharu cryfder eu gwalltiau.

3 Cynlluniwch bram â sbringiau fel y gall fynd dros dir garw heb ysgwyd y babi.

4 Fe ymchwiliodd Robert Hooke i sbringiau dros 300 mlynedd yn ôl, ac yna ysgrifennodd Ddeddf Hooke. Ceisiwch ganfod beth yw Deddf Hooke.

5 Defnyddiwch y data a ddangosir yng Nghwestiwn 1 i blotio 2 graff (ar yr un echelinau).

Pethau i'w gwneud

Symud yn gyflym

Mae rhai pethau yn gallu symud yn gyflym iawn. Mae pethau eraill yn symud yn araf. Mae ganddynt **fuaneddau** gwahanol.

Tybiwch fod gan y ceffyl yn y llun fuanedd cyson o 10 metr yr eiliad. Mae hyn yn golygu ei fod yn teithio 10 metr bob eiliad.

Gellir darganfod y buanedd trwy ddefnyddio'r fformwla:

Buanedd cyfartalog	=	**y pellter a deithiwyd** (mewn metrau)
		yr amser a gymerwyd (mewn eiliadau)

Mae'n bosibl mesur buanedd mewn milltiroedd yr awr (m.y.a.) neu mewn cilometrau yr awr (km/a) hefyd.

Teithio 10 m/s

Enghraifft

Mewn ras, mae'r ferch hon yn rhedeg 100 metr mewn 20 eiliad. Beth yw ei buanedd cyfartalog?

Ateb

$$\text{Buanedd cyfartalog} = \frac{\text{y pellter a deithiwyd}}{\text{yr amser a gymerwyd}}$$

$$= \frac{100 \text{ metr}}{20 \text{ eiliad}}$$

$$= 5 \text{ m/s}$$

(Tua 10 m.y.a.)

Dyma ei buanedd **cyfartalog** oherwydd fe all fynd yn gyflymach neu'n arafach yn ystod y ras.
Os yw ei buanedd yn cynyddu, mae'n **cyflymu**.
Os yw'n gostwng, mae hi'n **arafu**.

▶ Copïwch y tabl hwn, ac yna ei gwblhau.

	Y pellter a deithiwyd	Yr amser a gymerwyd	Buanedd cyfartalog
a	20 m	2 s	
b	100 m	5 s	
c	2 m		1 m/s
ch		10 s	50 m/s
d	2000 km	2 a	

▶ Nawr cyfatebwch y buaneddau yn y tabl â'r gwrthrychau hyn.
Rhowch eu henwau yng ngholofn gyntaf eich tabl.

Ymchwilio i fuanedd

Ymchwiliad 1
Ymchwiliwch pa mor gyflym y gallwch
- gerdded
- redeg

Yn gyntaf, cynlluniwch eich ymchwiliad:

- Pa fesuriadau fyddwch yn eu gwneud?
- Faint o fesuriadau fyddwch yn eu gwneud?
- Gwiriwch eich cynllun gyda'ch athro/athrawes cyn dechrau.

Ymchwiliad 2
Meddai Rhys, *'Rydw i'n meddwl bod pobl â choesau hir bob amser yn gallu cerdded yn gynt na phobl â choesau byr'*.

- Ydych chi'n cytuno â'r rhagdybiaeth hon?
- Cynlluniwch ffordd o ymchwilio i hyn, ac ysgrifennwch adroddiad yn egluro sut fyddech yn ei wneud.
- Os oes gennych amser, gwiriwch eich cynllun gyda'ch athro/athrawes, ac yna rhowch gynnig arno.

Ymchwiliad 3: Buanedd ceir
Mae ceir yn aml yn gyrru yn gyflym heibio ysgolion, ac mae hyn yn beryglus.

Cynlluniwch ymchwiliad *i ganfod pa mor gyflym mae'r ceir yn teithio ar ffordd ger eich ysgol.*

Peidiwch â gwneud yr ymchwiliad hwn oni bai bod eich athro/athrawes yn cytuno ei fod yn ddiogel.

- Pa bellter fyddwch yn ei ddefnyddio?
- Sut fyddwch yn gwybod pryd i ddechrau eich cloc ar yr adeg gywir, a phryd i'w stopio?

Os ydych yn gwneud yr ymchwiliad, darganfyddwch fuaneddau 10 car.

- Beth yw'r cyfyngiad buanedd ar y ffordd hon?
- Oedd yr holl geir yn teithio o fewn y cyfyngiad hwn?
- Trafodwch a ddylai'r cyfyngiad buanedd fod yn uwch neu'n is.
- Dychmygwch eich bod yn ohebydd papur newydd. Defnyddiwch ganlyniadau eich ymchwiliad i ysgrifennu erthygl ar gyfer y papur.

Mae 30 m. y. a. yn 13 m/s

---

1 Copïwch a chwblhewch:
a) Y fformwla ar gyfer buanedd yw:
b) Yr unedau ar gyfer buanedd yw m/s
(.... yr ....) neu m.y.a. (.... yr ....)
c) Os yw buanedd car yn cynyddu, mae'n ....
Os yw'r buanedd yn gostwng, mae'n ....

2 Dychmygwch eich bod mewn car sy'n teithio trwy dref ac yna ar hyd traffordd.
Rhowch enghraifft lle gallai eich car:
a) fod â buanedd uchel ond cyflymiad isel
b) fod â buanedd isel ond cyflymiad uchel.

3 Mae bachgen yn loncian 10 metr mewn 5 eiliad.
a) Beth yw ei fuanedd?
b) Pa mor bell fyddai'n teithio mewn 100 eiliad?

4 Mae'r tabl yn rhoi peth data am 4 rhedwr:

Enw	Pellter (metrau)	Yr amser a gymerwyd (eiliadau)
Ali	60	10
Ben	25	5
Rhys	40	4
Dion	100	20

a) Pwy redodd bellaf?
b) Pwy redodd am yr amser byrraf?
c) Pwy redodd gyflymaf?
ch) Pa bobl redodd ar yr un buanedd?

5 Mae ci yn rhedeg 10 m/s am bellter o 200 m. Faint o amser gymerodd e'?

Pethau i'w gwneud

Cwestiynau

1 Mae Dafydd yn neidio allan o awyren:

a) Yn union wedi iddo neidio allan un grym sy'n gweithredu arno: ei bwysau, sydd yn 1000 N.
Lluniwch ddiagram sy'n dangos hyn, a'i labelu (gan gynnwys Dafydd fel 'dyn pin' syml).

b) Yn ddiweddarach mae ei barasiwt yn agor, ac mae'n disgyn ar fuanedd cyson gyda 2 rym cytbwys yn gweithredu arno: (i) ei bwysau a (ii) ffrithiant aer. Lluniwch ddiagram sy'n dangos hyn, a'i labelu.

c) Wedi iddo lanio, ac mae'n sefyll yn llonydd ar y ddaear: mae yna 2 rym cytbwys yn gweithredu arno: (i) ei bwysau a (ii) y ddaear yn gwthio i fyny ar ei esgidiau. Lluniwch ddiagram sy'n dangos hyn, a'i labelu.

2 Mae tanceri olew yn llongau hir iawn. Os yw tonnau'r môr yn uchel iawn, gallant godi llong hir nes bydd yn gorwedd fel pont rhyngddyn nhw:
Lluniwch fraslun o'r llong hon ac yna:

a) lliwiwch y rhannau sydd mewn cywasgiad yn las,

b) lliwiwch y rhannau sydd yn cael eu hymestyn (mewn tensiwn) yn goch,

c) labelwch eich diagram.

3 Fe brofodd Mali sbring drwy hongian pwysau arno. Dyma ei chanlyniadau:

a) Plotiwch graff llinell o'i chanlyniadau.

b) Ysgrifennwch frawddeg yn dweud pa gasgliad y gallwch ei lunio o'r graff hwn.

pwysau (N)	1	2	3	4	5	6
estyniad (mm)	15	30	45	60	80	120

4 Mae'r data yn y tabl wedi eu cymryd o Reolau'r Ffordd Fawr. Mae'n dangos y pellterau stopio lleiaf ar gyfer car ar wahanol fuaneddau ar ffordd sych. Edrychwch ar y tabl yn ofalus.

a) Beth, yn eich barn chi, yw 'Pellter meddwl'?

b) Sut fyddai hynny'n newid petai'r gyrrwr wedi blino?

c) Beth, yn eich barn chi, yw 'Pellter brecio'?

ch) Sut fyddai hwnnw'n newid pe byddai'r ffordd yn wlyb?

d), dd), e) Beth yw'r ffigurau sydd ar goll o'r tabl?

f) Pa ffigurau ddylai fod yn rhes olaf y tabl?

Buanedd y car	Pellter meddwl (troedfeddi)	Pellter brecio (troedfeddi)	Cyfanswm pellter stopio (troedfeddi)
20 m.y.a.	20	20	40
30 m.y.a.	(d)	45	75
40 m.y.a.	40	(dd)	120
50 m.y.a.	50	125	(e)
60 m.y.a.			

Elfennau

15

Mae eich bywyd yn llawn elfennau.
Rydych chi wedi eich ffurfio o elfennau.
Rydych yn eu bwyta. Rydych yn eu hyfed.
Maen nhw o'ch cwmpas ym mhob man.

Yn yr uned hon byddwch yn darganfod mwy am elfennau.
O beth maen nhw wedi eu ffurfio?
Beth allwn ni ei lunio trwy eu defnyddio?

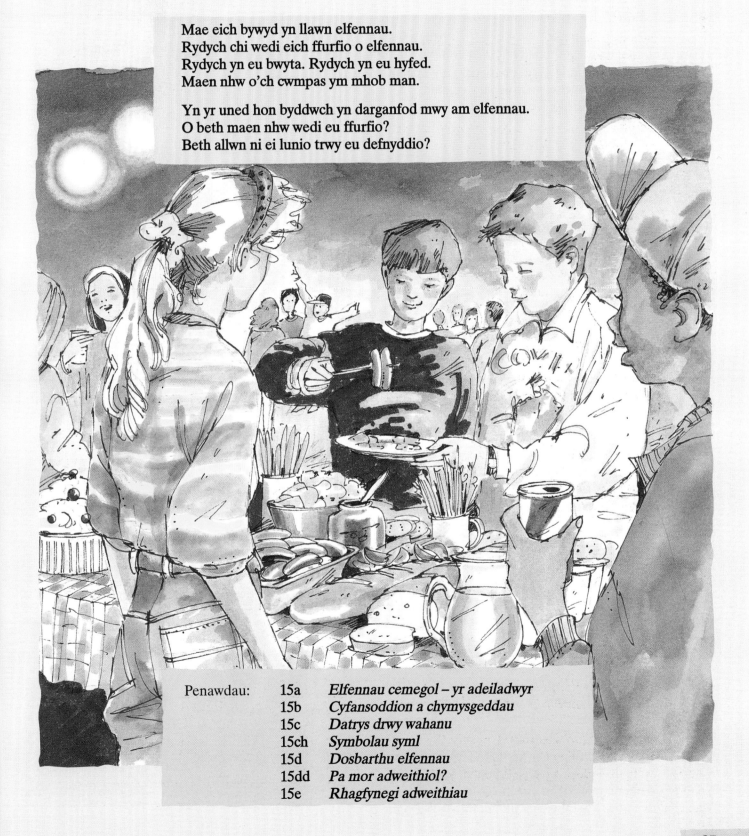

Penawdau:	15a	*Elfennau cemegol – yr adeiladwyr*
	15b	*Cyfansoddion a chymysgeddau*
	15c	*Datrys drwy wahanu*
	15ch	*Symbolau syml*
	15d	*Dosbarthu elfennau*
	15dd	*Pa mor adweithiol?*
	15e	*Rhagfynegi adweithiau*

► Ysgrifennwch eich syniadau am y cwestiynau canlynol:

a Sut rydych chi'n gwybod bod aer o'ch cwmpas ym mhob man?
b Beth yw ysmygu goddefol? Pam mae pobl yn poeni am hyn?
c Mae rhywbeth yn cael ei goginio yn y gegin!
   Pam allwch chi ei arogli wrth y drws?

Yn Llyfr 7, fe welsoch fod popeth wedi ei ffurfio o ronynnau.
Mae'r gronynnau yn anweledig. Maen nhw'n fach iawn.
Yr enw arnyn nhw yw **atomau**.
Atomau yw darnau lleiaf unrhyw sylwedd.
Dyma gynnwys solidau, hylifau a nwyon.

► Edrychwch ar y ffotograff hwn o sylweddau cyffredin:

Pa un yw'r sylwedd *symlaf*, yn eich barn chi?
Ceisiwch esbonio pam.

Mae gan wyddonwyr enw ar y sylweddau symlaf,
sef **elfennau**.
Sylweddau nad oes modd eu torri i lawr yn unrhyw beth symlach
yw **elfennau**. *Un math o atom yn unig* sydd mewn **elfennau**.

Gallwch ddangos atomau fel hyn:

atomau ocsigen

Mae'r holl atomau sy'n ffurfio nwy ocsigen yr un fath â'i gilydd.
Elfen yw ocsigen.

atomau nitrogen

Mae'r holl atomau sy'n ffurfio nwy nitrogen yr un fath â'i gilydd.
Elfen yw nitrogen.

. . . *Ond* cofiwch . . . mae atomau ocsigen yn wahanol i atomau
nitrogen. Mae ocsigen a nitrogen yn elfennau *gwahanol*.

Mae llawer o elfennau yn ffurfio eich corff. Ymhlith y rhain mae:

> calsiwm   carbon   clorin   ffosfforws
> hydrogen   magnesiwm   nitrogen   ocsigen
> potasiwm   sodiwm   sylffwr

Fel arfer, nid yw'r elfennau hyn yn bodoli ar eu pennau eu hunain.
Maen nhw'n bodoli mewn **cyfansoddion** yn eich corff. Sylweddau â
2 neu fwy o elfennau wedi eu cysylltu â'i gilydd yw **cyfansoddion**.
Mae ganddyn nhw 2 neu fwy o wahanol fathau o atom.

▶ Edrychwch ar enwau rhai cyfansoddion cyffredin.
O ba elfennau maen nhw wedi eu ffurfio?

sodiwm clorid   carbon deuocsid   hydrogen ocsid (dŵr)

Mae cyfansoddion yn edrych yn wahanol i'r elfennau sydd
ynddyn nhw.

sodiwm   clorin   sodiwm clorid
(elfen)   (elfen)   (cyfansoddyn)

Mae cyfansoddion yn gallu **ymddwyn** yn wahanol i'r
elfennau sydd ynddyn nhw.
Meddyliwch am brofion y gallech eu cynnal i wirio hyn:

cryfder   caledwch   gallu i ymestyn
dwysedd   ymdoddbwynt   hydoddedd

Cerrig o'r lleuad

Mae cerrig o'r lleuad wedi cyrraedd y Ddaear!
Chi yw prif wyddonydd y llywodraeth.
Cynlluniwch ymchwiliad i ddarganfod unrhyw debygrwydd neu
wahaniaethau rhwng y solidau.
Meddyliwch am brofion y gallwch eu cynnal ar elfennau a
chyfansoddion. Ysgrifennwch gyfarwyddiadau manwl.
Lluniwch ddiagramau i'ch helpu i esbonio'r profion.
Os oes digon o amser, efallai y bydd eich athro/athrawes yn
gadael i chi roi cynnig ar y profion.

PAPUR Y FRO

Canfod cerrig
o'r lleuad

1 Copïwch a chwblhewch:
Mae pob sylwedd wedi ei wneud o
ronynnau bach iawn o'r enw . . . .
Yr enw ar sylweddau sy'n cynnwys
un math yn unig o . . . . yw . . . .
Does dim modd torri . . . . i lawr yn unrhyw
beth symlach. Pan fydd y rhain yn cyfuno,
maen nhw'n ffurfio . . . .

2 Edrychwch ar y labeli ar fwydydd yn
eich cartref. Gwnewch restr o'r elfennau
a'r cyfansoddion sydd yn y bwydydd.

3 Pe byddech yn darganfod elfen
newydd, pa enw fyddech yn ei roi arni?

4 Am bob un o'r canlynol, dywedwch ai
elfen neu gyfansoddyn ydyw:

clorin   magnesiwm   haearn
sylffwr deuocsid   sylffwr
carbon deuocsid   haearn clorid
calsiwm   carbon   sodiwm

5 Y gwyddonydd cyntaf i awgrymu'r enw
elfen oedd Robert Boyle. Y flwyddyn oedd
1661. Casglwch dipyn o wybodaeth am
Robert Boyle.

Pethau
i'w gwneud

Cyfansoddion a chymysgeddau

Un math o atom yn unig sydd mewn **elfennau**.
Mae **cyfansoddion** yn cynnwys 2 neu fwy o wahanol atomau wedi eu cysylltu â'i gilydd.

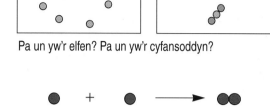

Pa un yw'r elfen? Pa un yw'r cyfansoddyn?

▶ Ysgrifennwch enwau 4 elfen.
Ysgrifennwch enwau 4 cyfansoddyn.

Gall atomau ymuno â'i gilydd. Maen nhw'n ffurfio **molecylau**.

Mae 2 atom ocsigen yn gallu ymuno â'i gilydd. Maen nhw'n ffurfio **molecwl** ocsigen.
Mae atom carbon yn gallu ymuno â 2 atom ocsigen. Maen nhw'n gwneud **molecwl** carbon deuocsid.
Sylwch y gellir cael molecylau **elfen** neu folecylau **cyfansoddyn**.

Cyfansoddyn yw dŵr. Mae wedi ei ffurfio o'r **elfennau** hydrogen ac ocsigen.
Gallwch ddefnyddio lluniau i ddangos hyn:

| molecylau hydrogen (elfen) | molecylau ocsigen (elfen) | molecylau dŵr (cyfansoddyn) |

Pam na allwch **weld** molecylau dŵr?

Adnabod elfennau a chyfansoddion

Edrychwch ar y diagramau hyn o atomau a molecylau.
Pa ateb sy'n perthyn i ba flwch?

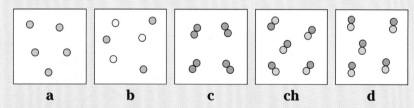

a   b   c   ch   d

Sawl elfen sydd mewn eliffant tybed?

i) Atomau un elfen.
ii) Molecylau un elfen.
iii) Molecylau un cyfansoddyn.
iv) Cymysgedd o 2 elfen.
v) Cymysgedd o 2 gyfansoddyn.

Gallwn rannu sylweddau yn 2 grŵp:

sylweddau pur neu **gymysgeddau**

Mae **sylwedd pur** yn cynnwys un elfen yn unig neu un cyfansoddyn yn unig.
Gellir rhannu **cymysgedd** yn sylweddau pur.
Weithiau mae'n hawdd gwneud hynny. Weithiau, mae'n anodd.

Allech chi roi trefn ar y losin yn y cymysgedd hwn?

Gwahanu cymysgeddau

Meddyliwch am y cymysgeddau canlynol. Trafodwch nhw yn eich grŵp.
Dywedwch pa arbrofion y byddech chi'n eu cynnal i wahanu gwahanol rannau'r
cymysgedd ym mhob achos. Gofynnwch i'ch athro/athrawes am Daflen
Gymorth os ydych chi'n cael trafferth!

Cymysgedd 1 – Bag cymysg!
Cael y rhesins o'r ffrwythau cymysg.

Cymysgedd 2 – Problem ddeniadol!
Gwahanu'r haearn a'r powdr sylffwr.

Cymysgedd 3 – Mwd yn yr ardd!
Cael pridd sych o'r mwd.

Cymysgedd 4 – Nofio yn codi syched!
Cael dŵr pur o ddŵr hallt.

Cymysgedd 5 – Bowlen siwgr wedi torri!
Gwahanu'r darnau gwydr a'r siwgr.

Cymysgedd 6 – Glaw yn y pwll tywod!
Cael tywod sych *a dŵr* o'r tywod gwlyb.

Cymysgedd 7 – Lliwiau digymysg!
Cael y lliwur coch o'r cymysgedd porffor.

Efallai y bydd eich athro/athrawes yn fodlon i chi roi cynnig ar rai o'r
arbrofion hyn.

---

1 Defnyddiwch eich lliwiau eich hunain
ar gyfer atomau. Lluniwch 4 bocs gwahanol
i ddangos:
a) cymysgedd o 3 elfen,
b) cyfansoddyn pur,
c) elfen bur,
ch) cymysgedd o 2 gyfansoddyn.

2 Lluniwch dabl fel hwn:

Elfen	Cymysgedd	Cyfansoddyn

Rhowch y geiriau isod yn y colofnau cywir:

> magnesiwm   aer   hydrogen
> dŵr   dŵr hallt   haearn ocsid
> clorin   sylffwr   lemwnêd

3 Cynlluniwch ymchwiliad i weld pa un o
3 hylif, A, B neu C, sy'n anweddu gyflymaf.

4 Rhowch y disgrifiad cywir wrth bob gair.

Gair	Disgrifiad
elfen	yn cael ei ffurfio pan fydd atomau'n cyfuno
molecwl	un o 3 chyflwr mater
anweddu	yn cynnwys un math o atom yn unig
hylif	newid o hylif i nwy
cyddwyso	newid o solid i hylif
ymdoddi	newid o nwy i hylif

5 Halen o'r ddaear yw halen craig.
Mae ynddo ronynnau halen wedi'u cymysgu
â thywod, baw a chreigiau eraill. Sut mae cael
sampl pur o halen sych o'r halen craig?
Lluniwch ddiagramau o unrhyw gyfarpar y
byddech yn eu defnyddio.

> **Pethau i'w gwneud**

Datrys drwy wahanu

Yn y wers ddiwethaf, fe ddysgoch am rai ffyrdd o wahanu cymysgeddau. Allwch chi gofio rhai ohonyn nhw?

▶ Dylai'r brawddegau **a** i **ch** ddweud rhywbeth wrthoch am wahanu cymysgeddau. Ond mae'r geiriau wedi eu cymysgu! Aildrefnwch y geiriau fel bod pob brawddeg yn gwneud synnwyr. Ysgrifennwch y brawddegau cywir.

a anhydawdd Mae hidlo yn gwahanu hylif solid oddi wrth.

b ddŵr y môr o dŵr pur Mae distyllu yn tynnu.

c cromatograffaeth mewn cymysgedd lliwurau Mae yn gwahanu.

ch yn tynnu magnet haearn Mae o gymysgedd.

Un o'r cymysgeddau pwysicaf sy'n cael ei wahanu yw olew crai. Tanwydd ffosil yw olew crai. Mae i'w gael o dan y ddaear. Sut olwg sydd arno?

Nid yw olew crai yn sylwedd pur. **Cymysgedd** o lawer o wahanol gemegion ydyw. Mae'r cemegion yn ddefnyddiol iawn i ni.

▶ Gwnewch restr o rai o'r ffyrdd rydyn ni'n defnyddio olew crai. Fe fyddai bywyd yn anodd heb olew crai. Ysgrifennwch am rai o'r pethau a fyddai'n fwyaf anodd *i chi*.

Mae olew crai yn cael ei wahanu drwy **ddistyllu ffracsiynol**. Mae'r olew yn cael ei wresogi i tua 350 °C. Ar y tymheredd hwn mae'r rhan fwyaf ohono yn **anweddu** (mae'n troi yn nwy). Mae'r cymysgedd poeth yn cael ei roi mewn tŵr anferth. Mae'n oeri wrth iddo godi i fyny'r tŵr. Mae'r gwahanol hylifau yn y cymysgedd yn ymgasglu ar wahanol dymereddau (berwbwyntiau). Y berwbwynt yw'r tymheredd pan fydd nwy yn troi yn hylif eto.

d Ble mae'r tŵr boethaf: ar y top neu ar y gwaelod?

dd Ar ba dymheredd mae cerosin yn ymgasglu?

Gellir defnyddio **distyllu ffracsiynol** i wahanu cymysgeddau eraill o hylifau. Mae'n gweithio os oes gan yr hylifau ferwbwyntiau gwahanol.

Mae rhai hylifau nad ydyn nhw'n cymysgu â'i gilydd. Defnyddir dull arall i'w gwahanu nhw. Meddyliwch am olew a dŵr.

▶ Dyluniwch ddarn o gyfarpar i wahanu olew a dŵr. Labelwch bob rhan. Esboniwch sut mae'n gweithio.

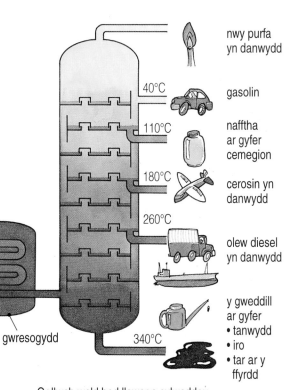

nwy purfa yn danwydd

gasolin

nafftha ar gyfer cemegion

cerosin yn danwydd

olew diesel yn danwydd

y gweddill ar gyfer
• tanwydd
• iro
• tar ar y ffyrdd

olew crai

gwresogydd

40°C · 110°C · 180°C · 260°C · 340°C

Gallwch weld bod llawer o sylweddau defnyddiol mewn olew crai.

Mae gallu gwahanu'r sylweddau sydd mewn olew yn datrys problem fawr i'r byd. Allwch chi ddatrys problemau?

Mae ar y bobl sydd wedi derbyn y memoranda hyn angen tipyn o help. Ceisiwch ddatrys y problemau drwy ddefnyddio dulliau gwahanu.

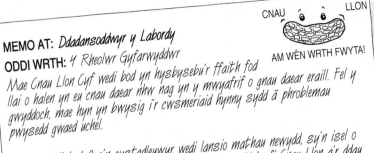

MEMO AT: Ddadansoddwyr y Labordy
ODDI WRTH: Y Rheolwr Gyfarwyddwr

CNAU LLON
AM WÊN WRTH FWYTA!

Mae Cnau Llon Cyf wedi bod yn hysbysebu'r ffaith fod llai o halen yn eu cnau daear nhw nag yn y mwyafrif o gnau daear eraill. Fel y gwyddoch, mae hyn yn bwysig i'r cwsmeriaid hynny sydd â phroblemau pwysedd gwaed uchel.

Rwy'n deall bod 2 o'n cystadleuwyr wedi lansio mathau newydd, sy'n isel o ran halen – Cnau Crwns a Chnau Plaen. Hoffwn i chi brofi Cnau Llon a'r ddau fath newydd. Mae arnaf angen gwybod ym mha un mae'r lleiaf o halen. Hoffwn gael y manylion am y profion a'r canlyniadau mor fuan â phosibl.

ODDI WRTH: Y Prif Gwnstabl

Mae rhywun wedi dod â siec ffug i'n gorsaf ni yn Llanllechi. Mae hi wedi ei hysgrifennu mewn inc gan ddefnyddio ysgrifbin. Mae Twm Dwyllodrus a Cefin Gyfrwys yn byw yn yr ardal ac mae ein plismyn ni wedi darganfod fod ganddyn nhw ysgrifbinnau.

A fyddech cystal â phrofi'r inc sydd ar y siec a'r inc sydd yn ysgrifbinnau Twm a Cefin?

Gadewch imi wybod pa brofion rydych chi'n eu gwneud. Oes un ohonyn nhw'n euog?

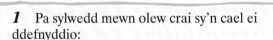

BANCO
Cangen Llanllechi
TALER Arian parod
Tri chan punt
yn unig

1 Pa sylwedd mewn olew crai sy'n cael ei ddefnyddio:
a) i yrru ceir?
b) i wneud moddion?
c) i yrru awyrennau?
ch) i adeiladu ffyrdd?
d) i yrru lorïau?

2 Lliw oren golau sydd ar fath arbennig o losin. Disgrifiwch arbrawf i ddarganfod ai lliw bwyd oren neu gymysgedd o liwiau bwyd coch a melyn sydd yn y losin.

3 Edrychwch ar y diagram. Mae'n dangos cyfarpar syml y gallech ei ddefnyddio i wahanu'r hylifau mewn olew crai.
a) Esboniwch sut mae'r hylif yn cael ei drosglwyddo o'r tiwb poeth i'r tiwb casglu.
b) Pam y rhoddir y tiwb casglu mewn dŵr oer?
c) Pam y defnyddir thermomedr?
ch) Pam y defnyddir gwlân mwynol?
d) Pa fesurau diogelwch fyddech yn eu defnyddio yn yr arbrawf hwn?

Pethau
i'w gwneud

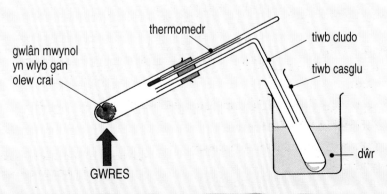

thermomedr
gwlân mwynol
yn wlyb gan
olew crai
tiwb cludo
tiwb casglu
dŵr
GWRES

Symbolau syml

Bydd symbol neu lun yn rhoi gwybodaeth yn gynt na llawer o eiriau.

▶ Profwch eich hun gan ddefnyddio'r enghreifftiau canlynol.
Beth yw ystyr y symbolau?

Elfennau

Mae gan fferyllwyr fath o law-fer i ysgrifennu am elfennau.
Maen nhw'n defnyddio **symbolau** yn lle ysgrifennu'r enwau yn llawn.

▶ Copïwch y tabl isod. Ysgrifennwch yr hyn gredwch chi yw'r symbol
ar gyfer pob elfen. Yna defnyddiwch y Daflen Gymorth y bydd eich
athro/athrawes yn ei rhoi i chi i ddarganfod yr atebion cywir.

Elfen	Fy symbol i	Yr ateb cywir
carbon		
sylffwr		
nitrogen		
ocsigen		
fflworin		
ffosfforws		

a Copïwch a chwblhewch y frawddeg i roi rheol syml ar gyfer
ysgrifennu symbolau elfennau.
Yn achos rhai elfennau, y symbol yw . . . . enw'r elfen.

Nawr, chwiliwch am symbolau:

b calsiwm c clorin **ch** cromiwm.

Mae enwau'r elfennau hyn i gyd yn dechrau â'r un llythyren.
Mae'r symbolau yn defnyddio ail lythyren o'r enw hefyd.
Mae'r ail lythyren yn cael ei hysgrifennu fel llythyren fach.

d Nid yw'r symbolau ar gyfer copor, haearn a sodiwm yn dilyn y
rheolau hyn. O ble, yn eich barn chi, y cafwyd eu symbolau nhw?

Ocsigen
Carbon
Magnesiwm
Calsiwm
Nicel
Boron
Germaniwm
Ïodin
Cobalt
Lithiwm
Hydrogen

Beth Yw Rheolau'r Symbolau?
(Chwiliwch am yr elfennau!)

Cyfansoddion

Cofiwch fod cyfansoddion yn ffurfio pan fydd 2 neu fwy o atomau
yn ymuno â'i gilydd. Gallwn ddefnyddio symbolau elfennau
i ysgrifennu fformwla ar gyfer cyfansoddyn. Er enghraifft,

CuO yw copor ocsid (ocs**id** pan fydd O mewn cyfansoddyn)
$LiCl$ yw lithiwm clorid (clor**id** pan fydd Cl mewn cyfansoddyn)

Beth, yn eich barn chi, yw'r enwau'r cyfansoddion canlynol?
Ysgrifennwch nhw.

dd KCl **e** CaO **f** MgO **ff** NaCl

Mae gan rai cyfansoddion fformwlâu mwy cymhleth.
Edrychwch ar:

$CuCl_2$

Copor clorid yw hwn. Mae gan y cyfansoddyn 1 atom copor a
2 atom clorin. Sut allwch chi ddweud hyn wrth edrych ar y fformwla?

▶ Copïwch a chwblhewch y tabl canlynol. Mae'r cyntaf
wedi ei wneud yn barod.

Enw	Fformwla	Nifer yr atomau o bob math
carbon deuocsid	CO_2	1 carbon, 2 ocsigen
sodiwm fflworid		1 sodiwm, 1 fflworin
	$MgCl_2$	
	$AlCl_3$	
lithiwm ocsid	Li_2O	

Gwyddoniaeth ryngwladol

Mae holl symbolau'r elfennau yn rhai rhyngwladol. Efallai na
allwch ddeall yr iaith. Ond fe allwch chi adnabod yr elfennau
cemegol!
Beth am Rwsieg?

Defnyddiwch werslyfrau i ddysgu am un o'r elfennau a
enwir yn y llyfr Rwsieg hwn.
Lluniwch boster i ddangos beth rydych wedi ei ddarganfod.

1 Copïwch a chwblhewch y tabl:

Symbol	Enw
C	
Cu	
	ocsigen
N	
Ca	
	haearn
	sodiwm
	clorin
Mg	
S	

2 a) Ysgrifennwch enwau 2 elfen ym
mhob achos, sydd yn:
i) solidau ii) hylifau iii) nwyon.

b) Lluniwch ddiagramau yn dangos
sut mae gronynnau'r elfennau wedi eu
trefnu mewn solidau, hylifau a nwyon.

3 Mae'r tabl yn dangos canrannau bras
gwahanol elfennau mewn creigiau yng
nghramen y Ddaear.

Elfen	Canran
ocsigen	48
silicon	26
alwminiwm	8
haearn	5
calsiwm	4
sodiwm	3
potasiwm	2
magnesiwm	2
arall	2

Pethau i'w gwneud

Lluniwch **naill ai** siart cylch **neu**
siart bar o'r wybodaeth hon.

Dosbarthu elfennau

▶ Edrychwch ar y gwrthrychau yn y llun:
  Rhannwch nhw yn 2 grŵp:
  • Y rhai sydd wedi eu gwneud o *elfennau*.
  • Y rhai sydd wedi eu gwneud o *gyfansoddion*.

Mae modd didoli defnyddiau yn grwpiau. Rydyn ni'n dweud ei bod yn bosibl eu **dosbarthu**.
Rydych chi eisoes yn gwybod am rai profion i ddosbarthu defnyddiau.

▶ Trowch yn ôl at yr adran ar dudalen 27 am y cerrig o'r Lleuad.
  Pa briodweddau fyddech yn gallu eu profi?
  Gwnewch restr o'r priodweddau hynny.

Gallech ddefnyddio rhai o'r profion hyn i roi *elfennau* mewn grwpiau.

Mae dros 100 o elfennau.
Mae'n anodd dosbarthu rhai ohonyn nhw.
Gellir rhoi'r mwyafrif mewn 2 grŵp, sef **metelau** ac **anfetelau**.

▶ Copïwch y tabl hwn, gan ei wneud yn 10 cm o leiaf o hyd,
  a 10 cm o led.
  Ysgrifennwch eich syniadau am briodweddau
  metelau ac anfetelau ynddo.
  (Gallech wirio'r rhain gyda'ch athro/athrawes.)

Priodwedd	Metel	Anfetel
edrychiad		
cryfder		
caledwch		
dwysedd		
ymdoddbwynt a berwbwynt		
a yw'n dargludo gwres?		
a yw'n dargludo trydan?		

Ydych chi'n **siŵr** mai metel ydyw?

Metel neu anfetel?

Profwch yr elfennau y bydd eich athro/athrawes yn eu rhoi i chi.
Penderfynwch ai metel neu anfetel yw pob elfen. ⚠

Mae'r defnydd a wneir o elfennau yn dibynnu ar eu priodweddau.

Pam mae alwminiwm yn cael ei ddefnyddio i wneud cyrff awyrennau?

Pam mae copor yn cael ei ddefnyddio i wneud sosbanau?

Pam mae aur yn cael ei ddefnyddio i wneud gemwaith?

Dewis y cebl

Mae Ceblau Codi yn gwmni newydd. Maen nhw'n gwneud ceblau i gario ceir cebl. Mae lle ym mhob car cebl i 4 person.
Pa ddefnydd fyddech chi'n argymell ei ddefnyddio i wneud y ceblau?
Gallech ddefnyddio copor, haearn neu alwminiwm.
Pa un fyddai orau?
Yn eich grŵp, trafodwch y ffactorau y bydd angen eu hystyried.

- Ysgrifennwch eich rhestr ffactorau.
- Pa ddefnydd rydych chi'n ei **feddwl** fydd orau?
- Pam y gwnaethoch chi ddewis hwn? Ydych chi'n fodlon arno?

Nawr, **cynlluniwch** ymchwiliad i'r 3 defnydd (copor, haearn, alwminiwm).

Pa wybodaeth fyddai'n ddefnyddiol cyn argymell defnydd?

Sut allech chi gael mwy o wybodaeth am hyn?

1 Ysgrifennwch enwau a symbolau:
a) 5 metel   b) 5 anfetel.

2 Gwnewch restr o eiriau sy'n disgrifio metelau. Yna gwnewch restr o eiriau sy'n disgrifio anfetelau.

3 Mae Llion wedi dod o hyd i lwmpyn solid du. Mae'n ysgafn, mae'n torri yn hawdd ac nid yw'n dargludo trydan.
Ai metel neu anfetel ydyw?

4 Mae modd gwneud rhai pethau o fetel neu blastig. Trafodwch fanteision ac anfanteision metel neu blastig yn achos pob un o'r canlynol:
a) pren mesur   b) ffrâm ffenestr
c) llwy   ch) bwced.

5 Edrychwch o gwmpas yr ystafell.
a) Enwch 4 gwrthrych sydd wedi eu gwneud o fetel.
b) O ba fetelau maen nhw wedi eu gwneud?
c) Pam y cafodd y metelau eu defnyddio i wneud y gwrthrychau?

Pethau i'w gwneud

Pa mor adweithiol?

▶ Cyfatebwch bob un o'r elfennau sydd yn y bocs ag un o'r disgrifiadau **a – dd**.

a elfen ac iddi'r symbol U
b metel sy'n cael ei ddefnyddio i wneud ffoil coginio
c metel sy'n cael ei ddefnyddio i wneud gwifrau trydan
ch metel sydd yn hylif
d elfen ac iddi'r symbol K
dd anfetel

- potasiwm
- wraniwm
- copor
- mercwri
- carbon
- alwminiwm

Rydych wedi profi priodweddau llawer o ddefnyddiau. Er enghraifft, cryfder a chaledwch. **Priodweddau ffisegol** yw'r rhain.

Mae **priodweddau cemegol** defnydd yn bwysig hefyd.
Ydy'r defnydd yn troi yn sylwedd newydd yn hawdd?
Ydy e'n **adweithio?**

Cofiwch! Mae'r ffordd mae defnydd yn cael ei ddefnyddio yn dibynnu ar ei briodweddau.

TRYCIAU TWM

Peidiwch ag adeiladu pont o fetel sydd yn adweithio â dŵr!

Metel yw potasiwm. Mae'n adweithio'n ffyrnig â dŵr.
Mae potasiwm yn cael ei storio o dan olew. Beth, gredwch chi, yw'r rheswm dros hyn?

Metelau adweithiol

Ydy metelau'n adweithio ag ocsigen yn yr aer o'n cwmpas?

- Gofynnwch i'ch athro/athrawes am ddarn bach o ruban magnesiwm. Gan ddefnyddio gefel, daliwch e' hyd braich. Yna rhowch e' mewn fflam gwresogydd Bunsen (a'r aerdwll ar agor ychydig yn unig). *Peidiwch ag edrych arno yn uniongyrchol.* Beth sy'n digwydd?

⚠️ sbectol ddiogelwch

- Gwnewch yr arbrawf eto gan ddefnyddio ffoil copor yn hytrach na magnesiwm. Beth sy'n digwydd? Pa un yw'r mwyaf adweithiol, magnesiwm neu gopor?

Pan fydd metelau yn adweithio ag ocsigen, maen nhw'n ffurfio sylweddau newydd. Yr enw ar y rhain yw **ocsidau**.

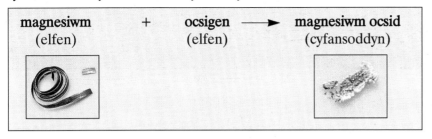

| magnesiwm (elfen) | + | ocsigen (elfen) | → | magnesiwm ocsid (cyfansoddyn) |

Mae aur yn anadweithiol. Pam nad ydym yn defnyddio aur i wneud pontydd?

Nid yw pob metel yn adweithio yn yr un ffordd ag ocsigen neu ddŵr.

Mae rhai yn *adweithiol iawn* – potasiwm.
Mae rhai yn *adweithiol* – magnesiwm.
Mae rhai yn *anadweithiol* – aur.

Mae modd gosod metelau mewn trefn, yn ôl pa mor adweithiol ydyn nhw – eu **trefn adweithedd**. Mae'r rhai mwyaf adweithiol ar ben y rhestr. Mae'r rhai lleiaf adweithiol ar y gwaelod.

Beth yw'r drefn?

Cynlluniwch ymchwiliad i gynhyrchu trefn adweithedd i fetelau.
Gallwch ddefnyddio unrhyw offer angenrheidiol.
Bob tro y byddwch yn ymchwilio, cofiwch ddefnyddio meintiau bach iawn o gemegion.
Dyma'r cemegion y gallwch eu defnyddio:

⚠️ sbectol ddiogelwch

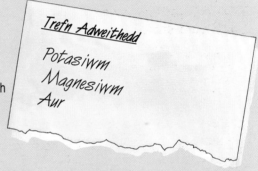

Trefn Adweithedd
Potasiwm
Magnesiwm
Aur

- *samplau metel* – sinc, tun, magnesiwm, haearn, copor,
- poteleidiau o ddŵr distyll (pur),
- poteleidiau o asid gwanedig.

Mae'n **rhaid** i chi ofyn i'ch athro/athrawes wirio eich cynllun.
Yna, cynhaliwch yr ymchwiliad.
Ysgrifennwch adroddiad ar eich darganfyddiadau. Dylech gynnwys eich trefn adweithedd yn eich adroddiad.

1 Copïwch y diagram.
Rhowch y geiriau cywir yn y bocsys gwag.

metelau   cyfansoddion   elfennau   anfetelau

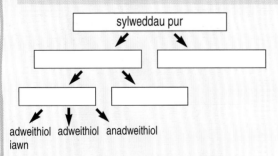

sylweddau pur

adweithiol iawn   adweithiol   anadweithiol

2 Chwiliwch mewn llyfrau i weld pryd y cafodd gwahanol fetelau eu darganfod. Lluniwch siart amser i'w arddangos yn y labordy. Edrychwch am batrwm rhwng y dyddiadau darganfod ac adweithedd y metel.

3 Rhoddodd Siwan rai metelau, A, B, C ac Ch mewn dŵr. Edrychwch faint o amser mae'n ei gymryd i'r metelau adweithio yn llwyr â'r dŵr.

Metel	Amser (eiliadau)
A	15
B	35
C	5
Ch	dim adwaith

Pethau i'w gwneud

a) Pa un yw'r metel mwyaf adweithiol?
b) Pa fetel allai fod yn gopor?
c) Pa fetel sy'n debygol o gael ei storio dan olew?
ch) Sut allai Siwan fod wedi sicrhau bod hwn yn brawf teg?

Rhagfynegi adweithiau

Rydych wedi gweld bod modd gosod metelau yn ôl eu trefn adweithedd. Yr enw ar y drefn hon yw'r **Gyfres Adweithedd**. Math o Dabl Cynghrair ydyw ar gyfer metelau. Defnyddir y profion hyn i ddarganfod y drefn.

metel + aer	metel + dŵr	metel + asid

Y Gyfres Adweithedd

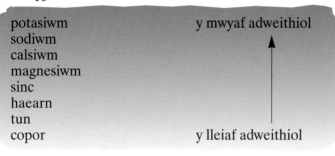

potasiwm	y mwyaf adweithiol
sodiwm	
calsiwm	
magnesiwm	
sinc	
haearn	
tun	
copor	y lleiaf adweithiol

Allwch chi gyfansoddi eich rhigymau eich hun i'ch helpu i gofio'r drefn?
Er enghraifft,
Pwy Sy'n Cofio
Mici'r Sebra?
Harri? Twm?
Caradog?

▶ Defnyddiwch y Gyfres Adweithedd i'ch helpu i ateb y cwestiynau hyn:

a Gallwch roi metelau mewn asid. Ond fydd eich athro/athrawes **ddim** yn rhoi samplau o botasiwm, sodiwm na chalsiwm i chi i wneud hyn. Pam?

b Ble, yn eich barn chi, mae aur yn y drefn hon?

c Mae haearn yn adweithio yn araf â dŵr ac aer. Pa sylwedd sy'n cael ei wneud yn yr adwaith hwn? Oes gennych chi unrhyw enghreifftiau o hyn gartref?

ch Nid yw copor yn adweithio'n hawdd ag aer na dŵr. A fyddai'n syniad da gwneud ceir o gopor?

Mae ffordd arall o ddarganfod trefn adweithedd metelau. Gallwch gynnal *cystadlaethau*.
Mae'n hawdd trefnu cystadlaethau am ocsigen.

Yr ornest fawr!

Mae'r arbrawf gwresogi magnesiwm ocsid â chopor yn ddiflas iawn. Does dim byd yn digwydd! Does dim adwaith.
Mae gwresogi magnesiwm â chopor ocsid yn llawer mwy cyffrous!
Mae yna adwaith mawr.

magnesiwm	+	copor ocsid	➡	magnesiwm ocsid	+	copor
(arian-lwyd)		(du)		(llwyd-wyn)		(brown)

Y rheswm dros hyn yw fod magnesiwm yn fwy adweithiol na chopor. Mae magnesiwm yn ennill y frwydr am yr ocsigen.

Yr enw ar adweithiau fel y rhain yw **adweithiau dadleoli**.
Mae'r magnesiwm yn **dadleoli'r** copor. Mae'n gwthio'r copor allan. Mae'n ennill yr ocsigen.

Dadleoli metelau

Rhowch gynnig ar arbofion dadleoli eraill. Edrychwch i weld a oes adweithiau eraill yn digwydd. Fe ddylech edrych i weld:

- a oes nwy yn cael ei wneud,

neu
- a fydd unrhyw solidau neu hydoddiannau yn newid lliw,

neu
- a fydd unrhyw solidau yn diflannu (hydoddi) mewn hydoddiannau.

Cymerwch hambwrdd canfod. Rhowch ddarnau **bach** o'r 4 metel yn y rhesi yn yr hambwrdd.

Defnyddiwch biped â theth i ychwanegu 4 hydoddiant gwahanol at y 4 metel. Gwnewch yn siŵr fod eich hambwrdd yn edrych fel hyn:

<table>
<tr><td></td><td style="text-align:center">Metelau</td></tr>
</table>

Metelau
• sinc
• haearn
• magnesiwm
• copor

Hydoddiannau
• copor sylffad
• magnesiwm sylffad
• haearn sylffad
• sinc sylffad

Darnau:

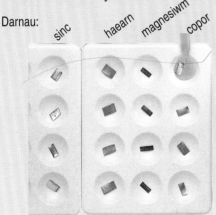

ychwanegwch hydoddiant copor sylffad

ychwanegwch hydoddiant magnesiwm sylffad

ychwanegwch hydoddiant haearn sylffad

ychwanegwch hydoddiant sinc sylffad

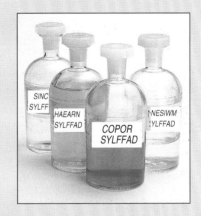

Nawr rydych wedi ychwanegu pob hydoddiant at bob metel. A gafwyd unrhyw adweithiau?

Do ✓   ✗

Llanwch y tabl gan ddefnyddio ticiau neu groesau:

d Pa un o'r rheolau hyn sy'n gywir?
  i) Mae metelau llai adweithiol yn dadleoli rhai adweithiol.
  ii) Mae metelau adweithiol yn dadleoli rhai llai adweithiol.
      Copïwch y rheol gywir.

sinc	haearn	magnesiwm	copor	
			✗	copor sylffad
		✗		magnesiwm sylffad
	✗			haearn sylffad
✗				sinc sylffad

---

1 Copïwch a chwblhewch y canlynol: Mewn adwaith, mae metel sy'n uchel yn y Gyfres Adweithedd yn . . . . un islaw iddo. Er enghraifft, fe allai . . . . ddadleoli haearn mewn adwaith.

2 Rhagfynegwch a fydd adweithiau yn digwydd rhwng y sylweddau hyn ai peidio:
a) copor + sinc sylffad
b) haearn + copor ocsid
c) magnesiwm + haearn nitrad
ch) haearn + potasiwm clorid
d) tun + magnesiwm ocsid
dd) sinc + copor ocsid.

3 Dydy'r metel nicel ddim yn adweithio â haearn ocsid. Mae nicel yn adweithio â chopor ocsid.
a) Copïwch a chwblhewch:
   nicel + copor ocsid → . . . . + ...
b) Esboniwch pam na fydd nicel yn adweithio â haearn ocsid.
c) Yn y Gyfres Adweithedd, wrth ymyl pa fetel fyddech chi'n gosod nicel ?

4 Mae carbon yn anfetel pwysig. Sut allech chi ei roi yn ei safle cywir yn y Gyfres Adweithedd? Pa arbrofion allech chi eu cynnal?

Pethau i'w gwneud

Cwestiynau

1 Beth, gredwch chi, yw ystyr pob un o'r geiriau canlynol?
Peidiwch ag ysgrifennu mwy na 2 linell ar bob un.
a) atom b) molecwl c) elfen ch) cyfansoddyn d) cymysgedd.

2 Mae'r 8 brawddeg isod yn ymwneud â phroses tynnu halen pur
o halen craig. Rhowch y brawddegau yn y drefn gywir fel y
bydd y wybodaeth yn gwneud synnwyr.
Copïwch y brawddegau pan fydd y drefn iawn gennych chi.
* Mae halen craig yn cael ei falu yn ddarnau mân.
* Mae'r cymysgedd yn cael ei hidlo.
* Mae'r hydoddiant yn anweddu'n araf i adael halen sych.
* Mae'r halen pur yn hydoddi.
* Mae'r cymysgedd yn cael ei gynhesu a'i droi.
* Mae'r hydoddiant halen yn pasio trwy'r papur hidlo.
* Mae dŵr yn cael ei ychwanegu at y cymysgedd.
* Mae'r tywod a'r baw yn ymgasglu yn y papur hidlo.

3 Darganfuwyd bod sampl o olew crai yn cynnwys y canlynol:

Sylwedd	Y ganran mewn olew crai (%)
nwy purfa	0.2
gasolin	30.0
nafftha	7.0
cerosin	10.0
olew diesel	30.0
olew tanwydd	20.0
olew iro	2.0
bitwmen	0.8

Rhowch y wybodaeth hon ar ffurf siart bar.

4 Mae modd cymysgu metelau gyda'i gilydd i wneud **aloiau**.
Beth yw'r metelau ym mhob un o'r aloiau hyn?
a) pres
b) sodr
c) efydd
ch) Dwralwmin.
Ysgrifennwch un ffordd o ddefnyddio pob un o'r aloiau hyn.

5 Cynlluniwch ymchwiliad i roi'r defnyddiau canlynol mewn trefn
yn ôl eu caledwch:

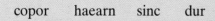

copor   haearn   sinc   dur

6 Yn y Gyfres Adweithedd, mae carbon yn cael ei osod yn union
uwchben haearn fel arfer. Powdrau du yw carbon a chopor ocsid fel
ei gilydd. Yn anffodus, nid oes labeli ar eu cynwysyddion yn y labordy.
Pa arbrofion allech eu gwneud i ddarganfod pa bowdr
sydd yn y 2 gynhwysydd?

Bwyd a threulio bwyd

Mae arnoch angen bwyd i fyw.
Eich bwyd sy'n rhoi egni i chi.
Heb y mathau cywir o fwyd, fyddwch chi ddim yn tyfu yn gryf ac yn iach.

Yn yr uned hon bydd cyfle i chi weld beth sy'n digwydd i'ch bwyd pan fydd yn cael ei dorri i lawr y tu mewn i'ch corff.

Penawdau:	16a	*Ystyried bwyd*
	16b	*Dannedd a phydredd*
	16c	*Treulio bwyd*
	16ch	*Eich coludd*

Ystyried bwyd

Oes gennych chi hoff fwydydd?

▶ Lluniwch restr o rai o'r bwydydd rydych chi'n hoffi eu bwyta.
Pa rai o'r bwydydd hyn sy'n llesol i chi, yn eich barn chi?
Rhowch gylch o amgylch y bwydydd hynny nad ydynt yn llesol i chi.

Bwyta'n iach

Mae angen diet cytbwys er mwyn:
• tyfu • atgyweirio celloedd • cael egni • cadw'n iach
Dylai diet cytbwys gynnwys rywfaint o bob un o'r rhain:

Mae **proteinau** yn hybu twf. Maen nhw'n cael eu defnyddio i wneud celloedd newydd ac adnewyddu ac atgyweirio meinwe a niweidiwyd.

Carbohydradau, e.e. siwgr a starts, yw ein bwydydd egni uchel, ond os ydym yn bwyta gormod ohonyn nhw maen nhw'n troi yn fraster.

Mae **brasterau**'n storio egni, a hefyd yn ynysu ein cyrff fel nad ydym yn colli llawer o wres.

Mae angen ychydig o **fitaminau a mwynau** i'n cadw'n iach e.e. haearn ar gyfer y gwaed a fitamin D ar gyfer yr esgyrn.

Y ffordd hawsaf o gael diet cytbwys yw bwyta amrywiaeth o fwydydd bob dydd.

▶ Dewiswch un enghraifft o bob llun i gynllunio prydau iach.

▶ Edrychwch ar yr adroddiad papur newydd:

a Beth yw ystyr 'bwyd sothach' neu 'fwyd cyflym'?

b Pam, yn eich barn chi, mae llawer o blant yn bwyta 'bwyd sothach' neu 'fwyd cyflym' i) gartref? ii) yn yr ysgol?

c Pam y mae'n bwysig bwyta ffrwythau a llysiau ffres?

Arolwg yn dangos mai sothach sy'n mynd â hi

Sglodion yn lle salad

BWYD sothach yw hoff fwyd plant amser cinio, yn ôl arolwg a gyhoeddwyd heddiw.

Pizza, byrgyr a selsig sydd ar frig y fwydlen cinio ysgol, ac nid yw'r disgyblion yn meddwl llawer am fwyta'n iach.

Mae bwyd ffres yn cael ei ddisodli gan fwyd sothach. Mae plant yn bwyta 40% yn llai o ffrwythau nag yr oeddent 4 blynedd yn ôl.

Profion bwyd

Dyma 4 ffordd o brofi bwydydd.

Gwnewch bob prawf yn ofalus ac arsylwi ar y canlyniad.

Ysgrifennwch eich canlyniadau ym mhob achos.

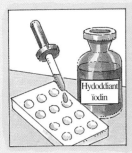

Profi am starts
Ychwanegwch 2 ddiferyn o **hydoddiant *iodin*** at hydoddiant starts.
Beth welwch chi?

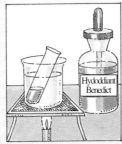

Profi am glwcos
Ychwanegwch 10 diferyn o **hydoddiant Benedict** at diwb profi mae traean ohono'n cynnwys hydoddiant glwcos.
Yna gwresogwch e'n ofalus mewn bicer o ddŵr.
Beth welwch chi? sbectol ddiogelwch

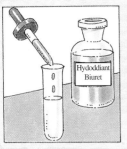

Profi am brotein
Ychwanegwch 10 diferyn o **hydoddiant Biuret** (yn ofalus: mae'n gyrydol) at diwb profi sy'n hanner llawn o hydoddiant protein.
Beth welwch chi? sbectol ddiogelwch

Profi am fraster
Rhwbiwch beth o'r bwyd ar ddarn o bapur hidlo.
Daliwch y papur at y golau.
Beth welwch chi?

Nawr ceisiwch brofi rhai bwydydd. Os solid yw'r bwyd, bydd rhaid i chi ei falu a'i gymysgu ag ychydig o ddŵr i ddechrau.

Cofnodwch eich canlyniadau mewn tabl fel hwn:

Bwyd	Starts	Glwcos	Protein	Braster
Cnau			✓	✓

Pethau i'w gwneud

1 Copïwch a chwblhewch y tabl:

Bwyd	Ei ddefnydd i'r corff	Bwyd sy'n cynnwys llawer ohono	Prawf cemegol
protein starts braster glwcos			

2 Gwnewch waith ymchwil i ganfod ar gyfer beth mae angen y fitaminau a'r mwynau hyn. Beth sy'n digwydd os nad ydych yn cael digon ohonyn nhw?
a) fitamin C
b) haearn
c) fitamin A
ch) calsiwm
d) grŵp fitaminau B
dd) ïodin.

3 Cadwch gofnod gofalus o'r holl fwyd yr ydych yn ei fwyta yn ystod y 24 awr nesaf. Defnyddiwch dabl y Meintiau Beunyddiol Argymelledig i weld a yw eich diet yn un iach.

4 Gwnewch arolwg o arferion bwyta aelodau eich dosbarth. Edrychwch am unrhyw batrymau yn y canlyniadau, e.e. faint o fwydydd brasterog, bwydydd sothach neu ffibr maen nhw'n eu bwyta?

Dannedd a phydredd

Oes gennych chi ddannedd iach?

Maen nhw'n gwneud i'ch ceg edrych yn dda a theimlo yn dda.

Mae eich dannedd yn bwysig a dylech gofio cymryd gofal ohonyn nhw.

Maen nhw'n cnoi eich bwyd yn ddarnau mân cyn i chi ei lyncu. Dychmygwch geisio llyncu afal yn gyfan!

a Pa fwydydd allech chi eu bwyta pe na bai gennych ddannedd o gwbwl?

Mathau o ddannedd

▶ Edrychwch ar eich dannedd mewn drych.

Pan fyddwch yn oedolyn dylai fod gennych 32 o ddannedd, ond fydd y cwbl ddim gennych chi nawr!

Edrychwch yn ofalus am y 4 math o ddannedd.

b Ysgrifennwch beth, yn eich barn chi, yw gwaith pob un o'r 4 math.

▶ Fe gewch ddiagram o set o ddannedd gan eich athro/athrawes.

Lliwiwch y rhai y mae gennych lenwadau ynddyn nhw a chroeswch unrhyw rai rydych wedi eu colli.

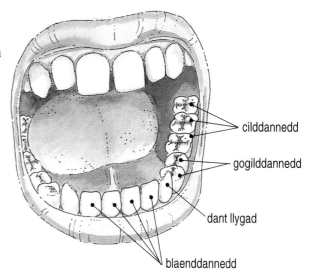

cilddannedd

gogilddannedd

dant llygad

blaenddannedd

Rhannau dant

Mae'r rhan o ddant y gallwch ei gweld yn eich ceg wedi ei gorchuddio â haen o **enamel** gwyn.

Enamel yw'r sylwedd caletaf yn eich corff.

c Pam y mae i'w ganfod yma?

O dan yr enamel mae rhan fyw y dant, sydd wedi ei wneud o **ddentin**. Mae hwn yn feddalach nag enamel.

Yng nghanol pob dant mae **ceudod y bywyn** sy'n cynnwys nerfau a phibellau gwaed.

ch Pan fyddwch yn cael tynnu dant, pam mae'n gwaedu ac yn teimlo'n boenus?

Ydych chi'n brwsio eich dannedd yn gywir?

▶ Ceisiwch ddysgu sut i'w brwsio yn gywir. Efallai y cewch Daflen Gymorth gan eich athro/athrawes.

Cofiwch, gallwch gadw eich dannedd a'ch deintgig yn iach drwy wneud y canlynol:

enamel

dentin

ceudod y bywyn

deintgig

sment

nerfau a phibellau gwaed

GLANHEWCH EICH DANNEDD DDWYWAITH Y DYDD
ar ôl brecwast a chyn mynd i'r gwely!

PRYNWCH FRWS DANNEDD NEWYDD
bob 4-6 mis

DYLECH OSGOI DIODYDD A BWYDYDD MELYS
rhwng prydau

EWCH I WELD EICH DEINTYDD YN RHEOLAIDD BOB 6 MIS

Ymosodiadau!

Dydy dannedd sydd wedi pydru ddim yn edrych yn dda a gallan nhw fod yn boenus.
Pydredd dannedd yw'r clefyd mwyaf cyffredin sy'n effeithio ar blant ysgol ym Mhrydain.
Ydy eich dannedd yn teimlo yn arw ac yn ludiog mewn mannau, cyn i chi eu brwsio?
Plac yw hwn. Gall ffurfio pan fydd bwyd yn glynu at arwyneb eich dannedd.

 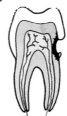

1 Mae bacteria yn tyfu ar y bwyd (yn enwedig bwydydd melys) ac yn ffurfio plac.

3 Mae bwyd yn casglu yn y ceudod ac mae bacteria yn gwneud mwy o asid. Mae'r asid hwn yn effeithio ar yr enamel ac mae'r twll yn mynd yn fwy.

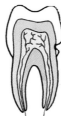 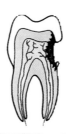

2 Mae'r bacteria yn gwneud asid. Mae'r asid hwn yn effeithio ar yr enamel ac yn gwneud twll bach (**ceudod**).

4 Unwaith y bydd wedi mynd trwy'r enamel, mae'r ceudod yn ymledu yn gyflym trwy'r dentin i'r bywyn. Yna, mae'n effeithio ar y nerf. Gall fod yn boenus iawn.

Plac ar waith

Pa mor effeithiol yw gwahanol fathau o bast dannedd yn lladd bacteria?

1 Cymerwch blât agar â bacteria diniwed yn tyfu arno. Mae tyllau wedi eu gwneud yn y jeli i chi.

2 Gan ddefnyddio pin ysgrifennu, marciwch rif pob twll ar ochr isaf eich plât.

3 Yna codwch y caead a llenwi pob twll yn ofalus â phast dannedd gwahanol, gan nodi pa un sydd ym mhob twll.

4 Rhowch y caead yn ei ôl a'i gau â thâp gludiog.

5 Rhowch eich plât agar mewn deorydd cynnes ar 25 °C am 2 ddiwrnod.

6 Golchwch eich dwylo â dŵr a sebon.

7 Ar ôl 2 ddiwrnod, mesurwch ddiamedr unrhyw ddarnau clir. Brasluniwch eich canlyniadau ar gopi o'r diagram.
   Peidiwch ag agor y plât.
   Pan fyddwch wedi gorffen, rhowch y plât yn ôl i'ch athro/athrawes.

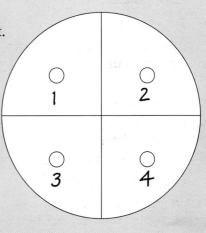

d Pa effaith mae'r gwahanol fathau o bast dannedd yn ei gael ar y bacteria?

dd Pa bast dannedd yw'r gorau i'w ddefnyddio, yn eich barn chi? Pam?

e Mae llawer math o bast dannedd yn alcalïaidd. Sut mae hyn o gymorth i atal pydredd dannedd?

1 Copïwch a chwblhewch:
Yr enw ar y gorchudd caled sydd y tu allan i ddant yw . . . . Mae'n amgylchynu haen feddalach o'r enw . . . . Yng nghanol y dant mae . . . . y bywyn sy'n cynnwys pibellau . . . . a . . . .

2 Os ychwanegir ychydig o fflworid at ddŵr yfed, gall leihau pydredd dannedd, ond gall gormod o fflworid fod yn wenwynig i bobl. Gwnewch arolwg i ganfod beth yw barn pobl am y broblem hon.

3 Cymerwch hanner moronen amrwd a'i defnyddio i ganfod beth mae pob math o ddant yn ei wneud. Brathwch ddarn bychan, ac yna un mwy. Rhwygwch ddarn i ffwrdd fel y bydd ci yn rhwygo cig. Yn olaf cnowch ef yn barod i'w lyncu. Cofnodwch sut mae pob un o'ch dannedd yn cael ei ddefnyddio.

4 Dychmygwch eich bod yn mynd i siarad â phlant ysgol gynradd am 2 funud ynglŷn â gofalu am eu dannedd. Ysgrifennwch beth fyddech yn ei ddweud wrthyn nhw.

Pethau i'w gwneud

Treulio bwyd

Meddyliwch am y gwahanol fwydydd rydych yn eu bwyta. Faint o'ch bwyd sy'n **hydawdd** (yn hydoddi mewn dŵr)? Dim llawer, mae'n debyg.

Cyn i'n cyrff allu defnyddio'r bwyd rydym yn ei fwyta, rhaid ei **dreulio**. Pan fydd bwyd yn cael ei dreulio, mae'n cael ei dorri i lawr yn folecylau bach iawn.

Mae **suddion treulio** arbennig yn ein cyrff. Mae'r rhain yn treulio molecylau mawr yn rhai bach.

▶ Ceisiwch gnoi bara am gyfnod hir. Yn y diwedd bydd blas melys arno oherwydd bydd eich poer wedi troi'r starts sydd yn y bara yn siwgr.

Mae starts yn folecwl mawr iawn. Mae wedi ei wneud o lawer o folecylau siwgr wedi eu huno â'i gilydd.

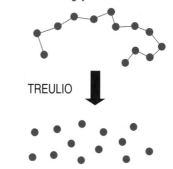

TREULIO

mae molecylau siwgr yn fychan iawn

Newid starts yn siwgr

Gallwch ganfod sut mae poer yn effeithio ar starts drwy gynnal yr arbrawf hwn.

1 Gosodwch y 2 diwb profi fel yn y diagram.
2 Gadewch y cyfarpar am 10 munud ar 40 °C.
3 Profwch ddiferyn o bob tiwb am starts gan ddefnyddio ïodin. Beth welwch chi?
4 Ychwanegwch hydoddiant Benedict at bob tiwb profi a phrofwch am siwgr. Beth welwch chi?
5 Cofnodwch eich canlyniadau mewn tabl fel hwn:

thermomedr

tiwb profi A   tiwb profi B

sbectol ddiogelwch

hydoddiant starts a phoer

dŵr wedi ei gadw ar 40 °C

hydoddiant starts a phoer wedi ei ferwi

	Lliw ag ïodin	Lliw â hydoddiant Benedict
tiwb profi A tiwb profi B		

a Ym mha diwb profi yr oedd y starts wedi ei dorri i lawr?
b I beth y newidiwyd y starts, yn eich barn chi?
c Beth, yn eich barn chi, oedd effaith berwi'r poer?
ch Pam yr oedd eich tiwbiau profi yn cael eu cadw ar 40 °C?

Coginio?

Roedd Sam a Sioned yn trafod treulio bwyd:

Cynlluniwch ymchwiliad i weld pwy sy'n iawn.
Gallech ddefnyddio bwydydd starts fel pasta neu datws.
Cofiwch fod yn rhaid i chi ei wneud yn brawf teg.
Wedi i chi benderfynu ar eich cynllun, dangoswch ef i'ch athro/athrawes, a rhowch gynnig arno.

Mae Mam yn dweud bod bwydydd sydd wedi eu coginio yn haws i'w treulio na bwydydd sydd heb eu coginio.

Dwi'n meddwl dy fod ti'n anghywir. Dwi'n meddwl ei bod yn haws treulio bwydydd sydd heb eu coginio.

Sut mae starts yn cael ei dreulio yn siwgr?

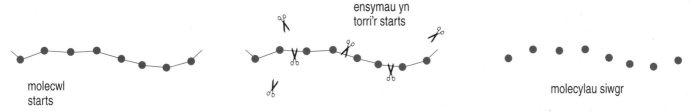

molecwl starts

ensymau yn torri'r starts

molecylau siwgr

Mae poer yn cynnwys cemegyn o'r enw **ensym**.
Mae hwn yn gweithredu fel siswrn i dorri'r molecwl starts yn folecylau siwgr.

Mae *proteinau* yn folecylau bwyd mawr.
Maen nhw wedi eu gwneud o **asidau amino** bychain wedi eu huno â'i gilydd.

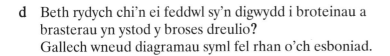

Mae **brasterau** yn folecylau bwyd mawr.
Maen nhw wedi eu gwneud o **asidau brasterog** bychain wedi eu huno â'i gilydd.

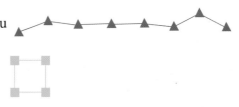

d   Beth rydych chi'n ei feddwl sy'n digwydd i broteinau a brasterau yn ystod y broses dreulio?
Gallech wneud diagramau syml fel rhan o'ch esboniad.

Pam treulio?

Mae'n rhaid i fwyd gael ei dorri i lawr a'i wneud yn hydawdd fel y gall fynd trwy fur eich coludd i mewn i'ch gwaed. Yna mae eich gwaed yn cludo'r bwyd sydd wedi ei dreulio o amgylch eich corff i gyd.

dd Pam na all bwyd heb ei dreulio fynd trwy fur y coludd i'ch gwaed?

e   Pa rannau o'ch corff sydd angen y bwyd?

f   Ym mha ffyrdd mae eich corff yn 'defnyddio' bwyd?

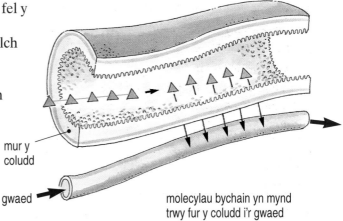

molecwl bwyd mawr yn cael ei dreulio yn folecylau bychain

mur y coludd

gwaed

molecylau bychain yn mynd trwy fur y coludd i'r gwaed

---

1   Copïwch a chwblhewch:
Yn ystod y broses dreulio mae bwyd yn cael ei .... gan gemegion o'r enw .... Mae'n rhaid i fwyd gael ei dreulio fel y gall fynd trwy fur y .... i lif y .... Mae starts yn cael ei dreulio yn ...., proteinau yn cael eu treulio yn asidau .... a brasterau yn cael eu treulio yn asidau ....

2   Mae powdrau golchi biolegol yn cynnwys ensymau. Mae llawer o staeniau yn cynnwys braster a phrotein y gellir eu treulio gan ensymau. Cynlluniwch ymchwiliad i effaith tymheredd ar bowdrau golchi biolegol ac anfiolegol.

3   Mae'r graff yn dangos effaith tymheredd ar weithgaredd ensym.
a)   Ar ba dymheredd mae'r ensym fwyaf gweithredol?
b)   Esboniwch beth sy'n digwydd i weithrediad yr ensym i) rhwng X ac Y ii) rhwng Y a Z.

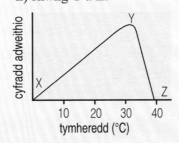

Pethau i'w gwneud

Eich coludd

Beth sy'n digwydd i'ch bwyd pan fyddwch yn llyncu?
Mae'n mynd i mewn i bibell sy'n dechrau â'ch ceg ac yn gorffen yn eich anws.
Yr enw ar y bibell fwyd hon yw'r **coludd**.

Mae eich coludd tua 9 metr o hyd.

▶ Cyfrifwch sawl gwaith mwy na'ch taldra yw hyn.

a Sut mae'r coludd hir hwn yn ffitio yn eich corff?

b Pam, yn eich barn chi, mae'n rhaid i'ch coludd fod mor hir?

Edrychwch ar y diagram isod o goludd bod dynol.

▶ Dilynwch lwybr eich bwyd. Mae yna lawer o droadau.

c Ysgrifennwch enwau'r rhannau y mae'r bwyd yn pasio trwyddynt, yn eu trefn.

I lawr y bibell

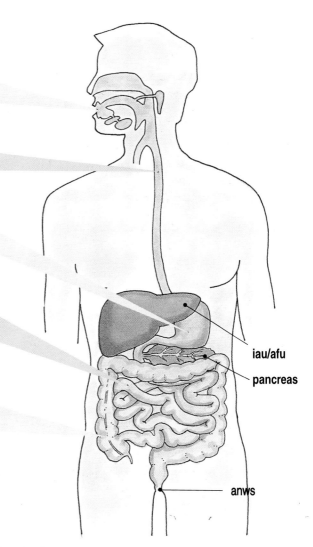

iau/afu

pancreas

anws

Y geg
Y bwyd yn cael ei gnoi a'i gymysgu â phoer.
Yna rydych yn ei lyncu.
(Mae'r bwyd yma am 20 eiliad.)

Y llwnc
Tiwb syth, cyhyrol sy'n arwain i'ch stumog.
(10 eiliad)

Y stumog
Y bath asid! Mae suddion treulio ac asid yn cael eu hychwanegu at y bwyd yma. Mae eich stumog yn corddi'r cymysgedd. (2 i 6 awr)

Coluddyn bach
Mae mwy o suddion yn cael eu hychwanegu o'ch iau/afu a'ch pancreas. Mae'r rhain yn cwblhau'r broses dreulio. Yna mae'r bwyd yn pasio i'ch gwaed.
(Tua 5 awr)

Coluddyn mawr
Dim ond bwyd na ellir ei dreulio (e.e. ffibr) sy'n cyrraedd y fan hon. Mae llawer o ddŵr yn mynd yn ôl i'ch corff. Mae hyn yn gadael gwastraff solid sy'n pasio drwy eich anws.
(Hyd at 24 awr)

ch Ym mha ran o'ch coludd mae bwyd yn aros hiraf? Beth yw'r rheswm dros hyn?

d Mae proteinau yn cael eu treulio yn eich stumog. Pa fath o amodau sydd yno?

dd Faint o amser mae'n ei gymryd i fwyd fynd ar hyd y bibell fwyd gyfan?

Model o'r coludd

Gallwch wneud model o'r coludd drwy ddefnyddio **tiwbin Visking**.

1 Golchwch y tiwbin Visking mewn dŵr cynnes i'w feddalu.

2 Clymwch un pen yn gwlwm tyn.

3 Defnyddiwch chwistrell i lenwi'r tiwbin â 5 cm^3 o hydoddiant starts a 5 cm^3 o hydoddiant glwcos.

4 Golchwch ochr allan y tiwbin.

5 Cynhaliwch y model o'r coludd mewn tiwb berwi gyda band elastig.

6 Llanwch y tiwb berwi â dŵr a'i adael am 15 munud.

7 Ar ôl 15 munud, profwch y dŵr am starts a siwgr.

e Pa fwyd aeth drwy'r tiwbin i'r dŵr? Sut rydych yn egluro hyn?

f Pa fwyd na wnaeth fynd trwy'r tiwbin i'r dŵr? Sut rydych yn egluro hyn?

ff Pa ran o'r offer oedd fel: i) bwyd yn eich coludd?
   ii) wal eich coludd? iii) y gwaed o amgylch eich coludd?

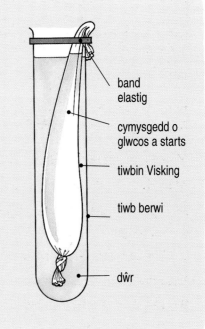

⚠️ sbectol ddiogelwch

band elastig

cymysgedd o glwcos a starts

tiwbin Visking

tiwb berwi

dŵr

Sut mae bwyd yn symud ar hyd eich coludd?

Mae cyhyrau ym mur y coludd yn gwasgu eich bwyd yn ei flaen.
Mae fel gwasgu past dannedd o diwb.
Ond mae angen rhywbeth ar y cyhyrau i wthio yn ei erbyn a dyna lle mae **ffibr** yn ddefnyddiol.
Ni ellir treulio ffibr, felly nid yw'n cael ei dorri i lawr.
Mae ffibr yn rhoi swmp a siâp solid i'ch bwyd fel y gellir ei wthio ar hyd eich coludd.
Mae llawer o ffibr mewn planhigion gwydn, llinynnog fel seleri.

▶ Lluniwch restr o fwydydd sy'n cynnwys llawer o ffibr.

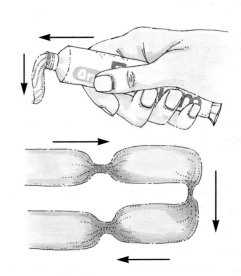

1 Cyfatebwch rannau'r corff yn y golofn gyntaf â'r disgrifiadau yn yr ail golofn:

a) y stumog   i) mae'r rhan fwyaf o'r dŵr yn cael ei amsugno yma.
b) coluddyn bychan   ii) mae poer yn cael ei wneud yma.
c) coluddyn mawr   iii) mae'r rhan fwyaf o'r bwyd yn cael ei amsugno yma.
ch) y geg   iv) mae'n cludo bwyd i lawr i'r stumog.
d) y llwnc   v) mae'n asidig iawn.

2 Ceisiwch ddarganfod sut mae pob un o'r canlynol yn cynorthwyo i dreulio bwyd:
a) yr iau/afu   b) y pancreas   c) y pendics.

3 Dyma rai o glefydau'r coludd:
a) rhwymedd   b) briw'r stumog
c) dolur rhydd.
Ceisiwch ganfod beth sy'n achosi pob un o'r rhain.

Pethau i'w gwneud

Cwestiynau

1 Chwiliwch am ddiagram o ddannedd cigysydd, e.e. ci neu gath. Copïwch y diagram ac ysgrifennwch ym mha fodd mae'r dannedd wedi ymaddasu ar gyfer bwyta cig. Gwnewch yr un fath ar gyfer dannedd llysysydd e.e. cwningen neu ddafad. Sut maen nhw wedi ymaddasu ar gyfer bwyta planhigion?

2 Pan wneir rhai bwydydd, ychwanegir cemegion. Gelwir y cemegion hyn yn **adchwanegion bwyd**. Mae rhai ohonyn nhw'n gallu gwneud i'r bwyd bara yn hirach. Mae eraill yn gallu rhoi gwell lliw neu flas i'r bwyd. Gwnewch arolwg o'r adchwanegion bwyd sydd yn eich cegin. Edrychwch ar y labeli bwyd ac yna rhestrwch yr adchwanegion. Bydd gan rai ohonyn nhw enw cemegol fel 'monosodiwm glwtamad' neu 'rif E' fel E330. Ceisiwch ganfod pam maen nhw wedi'u rhoi yn y bwyd.

3 Cynlluniwch ymchwiliad i gymharu faint o ddŵr sydd mewn darn o fwyd planhigyn â faint o ddŵr sydd mewn darn o gig. Gallech ddefnyddio'r cyfarpar sydd ar gael yn eich labordy gwyddoniaeth. Cofiwch ei wneud yn brawf teg a gwiriwch eich cynllun gyda'ch athro/athrawes cyn ei wneud.

4 Ewch i ymweld â'ch archfarchnad leol i ganfod prisiau gwahanol grwpiau o fwyd, gan ddefnyddio'r enghreifftiau sydd yn y tabl:

a) Pa fwyd allwch chi brynu fwyaf ohono am £5?

b) Pa fwyd allwch chi brynu leiaf ohono am £5?

Mae gan rai teuluoedd fwy i'w wario ar fwyd nag eraill.

c) Pa grwpiau bwyd ydych chi'n meddwl y byddai raid i deulu ar incwm isel iawn eu prynu?

ch) Pa grwpiau bwyd allai teulu incwm uchel fforddio eu prynu?

d) Ydych chi'n meddwl y byddai eich atebion i c) ac ch) yn wir yn India ac yn yr Unol Daleithiau?

Grŵp bwyd	Enghraifft	Cost 1 kg
carbohydradau	tatws reis	
brasterau	caws menyn	
proteinau	cyw iâr cig oen	
fitaminau a mwynau	orenau brocoli	

5 Bydd eich athro/athrawes yn rhoi tabl i chi sy'n cynnwys Meintiau Beunyddiol Argymelledig maethynnau.

a) Nodwch faint o egni rydych chi ei angen. Sut mae hyn yn cymharu â'r canlynol:
   i) plentyn blwydd oed?
   ii) rhywun o'r un oed â chi ond o ryw gwahanol?
   iii) dynes fywiog iawn?

b) Pa grŵp sy'n dangos y cynnydd mwyaf o ran anghenion protein ar gyfer y ddau ryw? Beth yw'r rheswm dros hyn?

c) Pa fwydydd mae ar ddynes feichiog angen mwy ohonyn nhw na merch sy'n gweithio wrth ddesg? Ceisiwch esbonio'r gwahaniaethau hyn.

6 Cynlluniwch y prydau canlynol, gan ddewis bwydydd fyddai'n llesol i chi:

a) Brecwast da i berson 12 oed.

b) Cinio â llawer o egni i athletwr cyn ras fawr.

c) Pryd nos yn cynnwys ychydig o fraster ond â llawer o ffibr a phrotein.

Y Ddaear a'r Gofod

17

Dyma ffotograff o'n planed hardd ni, sef y Ddaear.
Mae'r Ddaear yn un o'r 9 planed sy'n symud o amgylch yr Haul.

Un ymysg biliynau o sêr yn ein galaeth yw'r Haul, ac mae ein galaeth ni yn un ymysg biliynau o alaethau eraill yn y Bydysawd . . . .

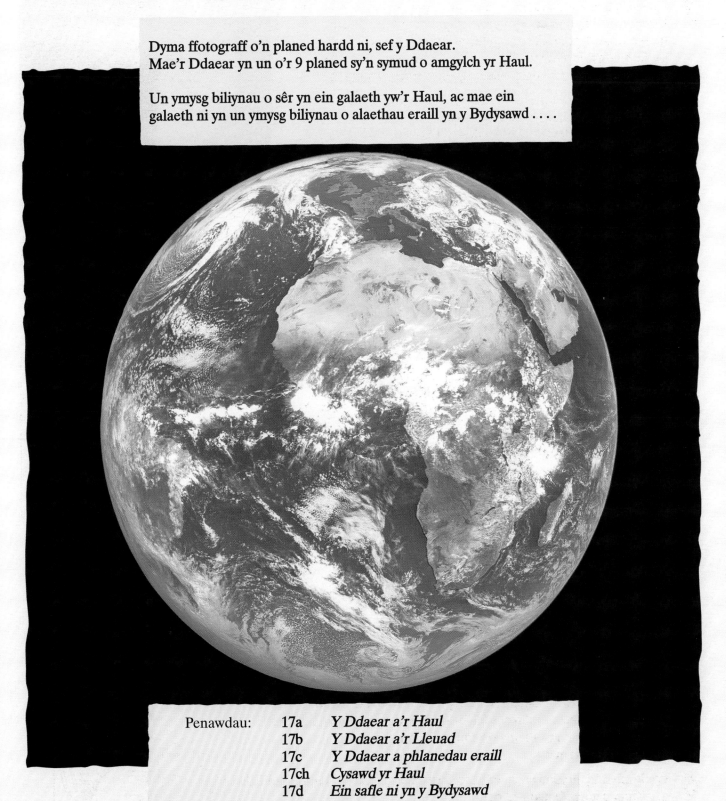

Penawdau:
17a *Y Ddaear a'r Haul*
17b *Y Ddaear a'r Lleuad*
17c *Y Ddaear a phlanedau eraill*
17ch *Cysawd yr Haul*
17d *Ein safle ni yn y Bydysawd*

Y Ddaear a'r Haul

Bob bore, mae'r Haul yn codi yn y Dwyrain.

a   Ym mha gyfeiriad mae'r Haul yn machlud?

b   Ym mha gyfeiriad mae'r Haul am hanner dydd?

c   Pam na ddylech edrych yn syth ar yr Haul?

ch Yn y gaeaf, ydy'r dydd yn fyrrach neu yn hirach nag ydyw yn yr haf?

d   Yn y gaeaf, ydy'r Haul yn is neu yn uwch yn yr awyr?

dd Beth ddigwyddai ar y Ddaear pe na bai'r Haul yn tywynnu?

Yr Haul – y seren agosaf atom. Ar yr un raddfa, mae'r Ddaear tua'r un maint â'r atalnod llawn hwn .

Dydd a nos

Defnyddiwch bêl a lamp (neu fflachlamp) i ddarganfod pam mae nos a dydd yn digwydd ar y Ddaear:

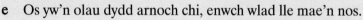

e   Os yw'n olau dydd arnoch chi, enwch wlad lle mae'n nos.

f   Sawl awr mae'n ei gymryd i'r Ddaear droelli unwaith?

ff Ym mha ffordd mae'r Ddaear yn troelli os yw'r Haul yn 'codi' yn y Dwyrain?

Blwyddyn

Defnyddiwch bêl a lamp i ddarganfod sut mae'r Ddaear yn symud mewn orbit o amgylch yr Haul:

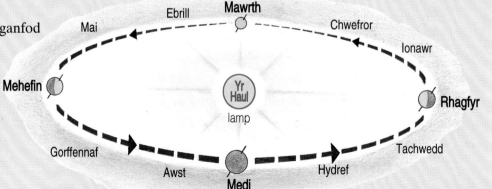

g   Faint o amser mae'n ei gymryd i'r Ddaear fynd o amgylch yr Haul unwaith?

ng Faint o weithiau mae'r Ddaear yn troelli ar ei hechel wrth wneud y daith hon?

h   Grym disgyrchiant sy'n gyfrifol am ein cadw ar y Ddaear. Pa rym, feddyliwch chi, sy'n gyfrifol am gadw'r Ddaear mewn orbit o amgylch yr Haul?

Y 4 tymor

▶ Edrychwch ar y 4 ffotograff hyn.

i Pa dymor (gaeaf, gwanwyn, haf, hydref) sydd i'w weld ym mhob un?

Mae'r Ddaear yn cael gwahanol dymhorau oherwydd bod echel y Ddaear **ar ogwydd**. Mae ar ogwydd o $23\frac{1}{2}°$, fel hyn:

$23\frac{1}{2}°$

echel

Wrth i'r Ddaear symud o amgylch yr Haul, **mae bob amser yn gogwyddo i'r un cyfeiriad**, fel hyn:

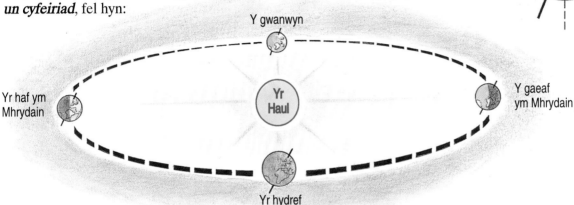

Y gwanwyn

Yr haf ym Mhrydain

Yr Haul

Y gaeaf ym Mhrydain

Yr hydref

Yn yr haf, mae ein rhan ni o'r Ddaear yn gogwyddo tuag at yr Haul. Mae'r Haul yn ymddangos yn uwch yn yr awyr, ac mae'r dydd yn hirach. Oherwydd hyn mae'n gynhesach. Yn y gaeaf, mae ein rhan ni o'r Ddaear yn gogwyddo oddi wrth yr Haul. Mae'r Haul yn is yn yr awyr, mae'r dydd yn fyrrach, ac felly mae'n oerach.

Defnyddiwch bêl a lamp i ddangos y 4 tymor. Marciwch safle'r bêl, a gwyliwch hi yn ofalus wrth i'r Ddaear fynd o amgylch yr Haul. (Cofiwch gadw'r bêl ar ogwydd i'r un cyfeiriad trwy gydol yr amser.)

▶ Dychmygwch eich bod ar begwn y Gogledd. Ar ba adeg o'r flwyddyn mae'n

j olau dydd am 24 awr?

l nos am 24 awr?

1 Copïwch a chwblhewch y canlynol:
a) Mae'n cymryd . . . . i'r Ddaear . . . . unwaith ar ei hechel.
b) Mae'n cymryd blwyddyn i'r . . . . fynd unwaith o amgylch yr . . . .
c) Mae . . . . o ddyddiau mewn blwyddyn.
ch) Mae echel y Ddaear ar ongl o . . . .
d) Yn yr haf, mae ein rhan ni o'r . . . . ar ogwydd tua'r . . . . , felly mae'r Haul yn ymddangos yn . . . . yn yr awyr ac mae'r dyddiau yn . . . . ac yn gynhesach.

2 Mae bwgan brain sydd yn 1 metr o uchder yn sefyll ar ganol cae. Ysgrifennwch gymaint o wybodaeth ag y gallwch am ei gysgod,
a) yn yr haf, b) yn y gaeaf.

Pethau i'w gwneud

3 Ym mha ffordd fyddai ein bywydau yn wahanol pe bai:
a) Y Ddaear yn llawer nes at yr Haul?
b) Y Ddaear yn troelli'n arafach ar ei hechel?
c) Echel y Ddaear heb fod ar ogwydd?

Y Ddaear a'r Lleuad

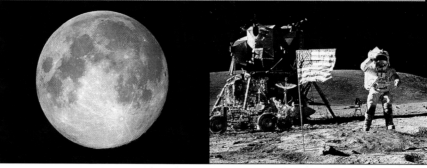

Lleuad lawn   Gofodwr ar y Lleuad

▶ Edrychwch ar y ffotograffau:

a   Ysgrifennwch 5 peth rydych yn ei wybod am y Lleuad.

b   Fyddech chi'n hoffi byw ar y Lleuad? Pam?

c   Mae'r Lleuad yn disgleirio yn y nos, ond nid yw'n boeth fel yr Haul. O ble, yn eich barn chi, mae'r golau'n dod?

Mae'r Lleuad yn symud mewn orbit o amgylch y Ddaear. Grym disgyrchiant sy'n ei chadw yn yr orbit hwn.
Bydd y Lleuad yn cymryd tua mis i wneud un orbit cyfan.
Mae'r Lleuad yn edrych yn wahanol ar wahanol adegau yn y mis.
Mae ganddi sawl **gwedd**. 'Lleuad lawn' yw un o'r gweddau hyn.

Gweddau'r Lleuad

Defnyddiwch lamp a 2 bêl i ymchwilio i weddau'r Lleuad:

Mae'r rhifau 1–8 yn dangos 8 safle gwahanol i'r Lleuad wrth iddi fynd o amgylch y Ddaear. Mae tua 4 diwrnod rhwng pob safle.

Edrychwch ar y Lleuad ym mhob un o'r safleoedd hyn o safle'r Ddaear. Hynny yw, o **ganol** y cylch.

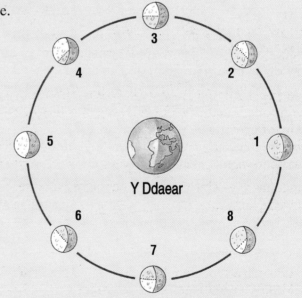

Yr Haul

golau haul

Y Ddaear

Yn y diagram hwn, mae rhai rhannau o'r Lleuad yn felyn. Dyma'r rhannau sydd yng ngolau'r Haul ac y gallwch eu gweld o'r ddaear.

• Gwnewch fraslun o'r hyn welwch chi ym mhob safle pan ydych yng nghanol y cylch. Rhowch enw'r wedd gywir ar eich braslunia:

llawn   amgrwm   hanner   cilgant   newydd   cilgant   hanner   amgrwm

Edrych ar y Lleuad

Byddwch yn cael taflen gymorth gan eich athro/athrawes. Defnyddiwch y daflen hon i gofnodi gweddau'r Lleuad yn ystod y mis nesaf.

Eclips Lleuad

Pan ydych yn sefyll yng ngolau'r Haul, mae cysgod y tu ôl i chi.
Yn yr un modd, mae cysgod mawr y tu ôl i'r Ddaear. Os yw'r Lleuad yn
symud i'r cysgod hwn, mae **eclips** Lleuad yn digwydd.

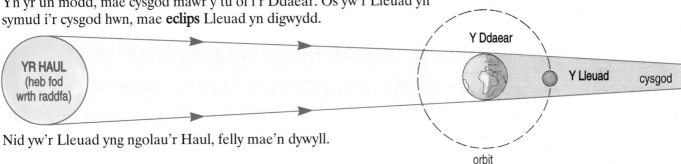

Nid yw'r Lleuad yng ngolau'r Haul, felly mae'n dywyll.

Eclips Haul

Mae hyn yn digwydd pan fydd y Lleuad yn symud i safle sy'n union rhwng yr
Haul a'r Ddaear. Mae rhan o'r Ddaear yng nghysgod y Lleuad.
Er ei bod yn olau dydd, mae'r awyr yn dywyll, oherwydd bod y Lleuad yn
cuddio pelydrau'r Haul. Os oes eclips Haul cyflawn, yna'r fflamau o amgylch
ymyl yr Haul yn unig fydd i'w gweld.

Eclips Haul
cyflawn

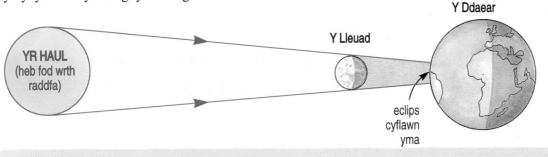

Defnyddiwch lamp a 2 bêl i ddangos:
1) eclips Lleuad, a   2) eclips Haul.

Mae llawer o grateri ar wyneb y Lleuad. Credir mai darnau mawr
o greigiau o'r gofod yn disgyn ar wyneb y Lleuad sydd wedi creu'r
rhain. **Meteorynnau** yw'r enw ar y creigiau hyn.
Cynlluniwch ymchwiliad i ddarganfod beth sy'n newid *maint a siâp
crateri*. (Cyngor: gallech ddefnyddio tywod a marblis.)

Cynlluniwch ymchwiliad, ac os oes gennych amser wrth gefn,
rhowch gynnig arno.

1 Copïwch a chwblhewch:
a) Mae'r Lleuad yn cymryd . . . . i fynd o
    amgylch y . . . . Pan fydd y Lleuad yn
    ei gwahanol . . . . mae'r hyn rydym yn ei
    weld o'r Ddaear yn wahanol.
b) Pan fydd eclips Lleuad, bydd y Lleuad yn
    symud i mewn i gysgod y . . . .
c) Pan fydd eclips Haul, bydd y . . . . yn
    rhwystro golau o'r . . . . rhag tywynnu, ac
    felly yn gwneud i'r . . . . fod mewn cysgod.

2 Gwnewch gynllun gorsaf ar gyfer gofodwr
sy'n byw ar y Lleuad, a labelu'r rhannau pwysig.

3 Lluniwch ddiagram o'r Ddaear a'r
Lleuad, graddfa 1 mm = 1000 milltir.

Pellter o'r Ddaear i'r Lleuad	=	240 000 milltir
Diamedr y Ddaear	=	8000 milltir
Diamedr y Lleuad	=	2000 milltir

Mae'r Haul 93 000 000 milltir i ffwrdd, ac
mae ei ddiamedr yn 900 000 o filltiroedd. Ble
fyddai'r Haul ar eich diagram?

4 Ysgrifennwch hanes taith i'r Lleuad.
Disgrifiwch rai o'r problemau fyddai angen
eu datrys.

Pethau i'w gwneud

Y Ddaear a phlanedau eraill

Planed yw'r ddaear. Mae'n symud mewn orbit o amgylch ein seren, sef yr Haul.

a Pa un yw'r mwyaf: yr Haul neu'r Ddaear?

b Faint o amser mae'r Ddaear yn ei gymryd i wneud un orbit o amgylch yr Haul?

Mae'r Ddaear yn un o 'deulu' o 9 planed, pob un ohonyn nhw yn symud mewn orbit o amgylch yr Haul. Dyma **Gysawd yr Haul**.

Mae'r 9 planed o feintiau gwahanol.

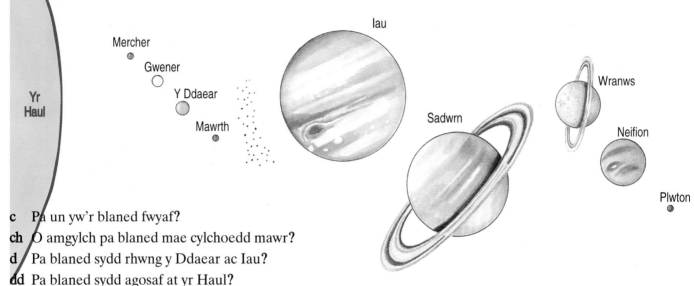

c Pa un yw'r blaned fwyaf?

ch O amgylch pa blaned mae cylchoedd mawr?

d Pa blaned sydd rhwng y Ddaear ac Iau?

dd Pa blaned sydd agosaf at yr Haul?

e Pa blaned sydd bellaf oddi wrth yr Haul?

f Pa blaned yw'r oeraf, yn eich barn chi?

Dyma ychydig o ddata am y planedau:

	Mercher	Gwener	Y Ddaear	Mawrth	Asteroidau	Iau	Sadwrn	Wranws	Neifion	Plwton
Diamedr (km)	5000	12 000	12 800	7000	–	140 000	120 000	52 000	50 000	3000
Pellter oddi wrth yr Haul (miliwn km)	60	110	150	230	–	780	1400	2900	4500	6000
Amser un orbit o amgylch yr Haul (blynyddoedd)	0.2	0.6	1	2	–	12	30	84	160	250

ff Pa blaned sydd bron yr un faint â'r Ddaear?

g Pa blanedau sydd yn fwy na'r Ddaear?

ng Pa blaned sydd yn mynd o amgylch yr Haul yn yr amser byrraf?

h Pa batrwm sydd i'w weld rhwng y *pellter* oddi wrth yr Haul a'r *amser* mae'n ei gymryd i wneud un orbit?

i Beth yw asteroidau?

Beth yw'r pellter rhwng y planedau?

Mae'r pellter rhwng y planedau yn enfawr – llawer pellach nag y mae'r diagram ar y dudalen gyferbyn yn ei awgrymu.

Dyma ddarlun wrth raddfa o'r pellteroedd rhwng y planedau:

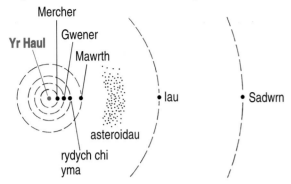

j Nid yw Plwton ar y diagram hwn. Ble fyddai'r blaned hon?

l Ysgrifennwch enwau'r 4 planed fewnol.

ll Pam mae'r planedau hyn yn boethach na'r 5 planed allanol?

m Fyddai'r Haul yn edrych yn fwy neu'n llai o'r blaned Mercher?

n Fyddai'r Haul yn edrych yn llachar neu yn dywyll o'r blaned Plwton?

o Beth yw enw'r grym sy'n cadw'r planedau sydd yng Nghysawd yr Haul yn eu horbit?

p Nid yw orbit pob planed yn gylch perffaith. **Elips** ydyw. Darluniwch elips.

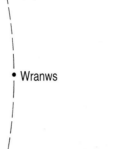

Gorsaf ofod Voyager-2

Gwnewch fodel wrth raddfa o Gysawd yr Haul

1 Ar gyfer yr Haul, defnyddiwch rawnffrwyth neu ddisg gardbord, diamedr 11 cm.

2 Ar gyfer y Ddaear, defnyddiwch belen fach o blastisîn tua 1 mm ar draws.
Gwnewch y planedau eraill i gyd wrth yr un raddfa, gan ddefnyddio'r tabl isod:

3 Gosodwch 'y Ddaear' 12 metr oddi wrth yr 'Haul'. Rhowch y planedau eraill yn eu lle, gan ddefnyddio'r tabl isod.
Bydd angen i chi fynd allan i'r cae!

O ddefnyddio'r raddfa hon, byddai'r seren agosaf yn rawnffrwyth arall, tua 3000 km i ffwrdd!

	Mercher	Gwener	Y Ddaear	Mawrth	Asteroidau	Iau	Sadwrn	Wranws	Neifion	Plwton
Maint y 'blaned'	$\frac{1}{2}$ mm	1 mm	1 mm	$\frac{1}{2}$ mm		11 mm	9 mm	4 mm	4 mm	$\frac{1}{4}$ mm
Pellter o'r 'Haul'	5 m	8 m	12 m	18 m		60 m	110 m	220 m	350 m	460 m

1 Copïwch a chwblhewch y canlynol:
a) Mae . . . . o blanedau yng Nghysawd yr . . . .
b) Enwau'r 9 planed, yn ôl eu trefn, yw:
c) Y blaned oeraf yw . . . . Y rheswm am hyn yw mai hon sydd bellaf oddi wrth yr . . . .

2 Pam mai Plwton oedd y blaned olaf i gael ei darganfod?

3 Pa fath o fywyd fyddai person sy'n byw ar y blaned Mercher yn ei gael, yn eich barn chi?

4 Plotiwch siart bar i ddangos diamedr y planedau.

5 Ar gyfer y 5 planed gyntaf, plotiwch graff llinell o'r **amser** mae'n ei gymryd i wneud 1 orbit o amgylch yr Haul yn erbyn y **pellter** oddi wrth yr Haul.

Creigiau mawr sy'n symud ar bellter cyfartalog o 400 miliwn km oddi wrth yr Haul yw asteroidau. Defnyddiwch eich graff i amcangyfrif faint o amser fyddai'n ei gymryd iddynt wneud 1 orbit.

Pethau i'w gwneud

Cysawd yr Haul

Defnyddiwch y wybodaeth ar y ddwy dudalen hyn i lenwi tabl tebyg i hwn:

Planed	Math o arwyneb	Tymheredd cyfartalog	Y math o atmosffer	Hyd 'diwrnod'	Lleuadau, cylchoedd
Mercher					

Planed fechan yw **Mercher**; mae tua'r un faint â'n Lleuad ni. Mae arwyneb y blaned yn greigiog iawn ac mae llawer o grateri yno.

Nid oes atmosffer yno. Mae'r rhan sy'n wynebu'r Haul yn boeth iawn (tua 430 °C, digon poeth i wneud i blwm ymdoddi).

Mae **Gwener** bron gymaint â'r Ddaear, ond nid yw'n lle braf iawn. Mae cymylau trwchus o asid sylffwrig yn gorchuddio'i harwyneb creigiog.

Carbon deuocsid yw'r atmosffer yn bennaf. Mae hyn yn golygu nad yw gwres yr Haul yn gallu dianc oddi yno (yr effaith 'Tŷ Gwydr'). Felly mae Gwener yn boethach hyd yn oed na Mercher.

Wrth edrych o'r gofod, mae'r **Ddaear** yn blaned las sy'n llawn o gymylau. Hon yw'r unig blaned lle mae dŵr, ocsigen a phethau byw i'w cael. Oherwydd pellter y Ddaear oddi wrth yr Haul, ac oherwydd bod cemegion arbennig yno, mae'n gallu cynnal bywyd. Wrth reswm, efallai bod gan sêr eraill yn y Bydysawd yr un amodau.

Mawrth – Hon yw'r blaned goch; mae'n cynnwys anialwch sych, oer a chreigiau coch. Ceir yma fynyddoedd uchel iawn.

Nid oes bywyd ar y blaned hon. Haen denau o garbon deuocsid yw'r atmosffer, ac mae ganddi 2 leuad fechan. I Fawrth yr anfonwyd y llong ofod gyntaf o'r Ddaear.

Planed	Diamedr (km)	Pellter o'r Haul (miliwn km)	Amser 1 orbit ('blwyddyn' y blaned)	Amser 1 tro ('diwrnod' y blaned)	Tymheredd cyfartalog yr ochr heulog (°C)	Lleuadau
Mercher	5000	60	88 diwrnod	1400 awr	+430	0
Gwener	12 000	110	220 diwrnod	5800 awr	+470	0
Y Ddaear	12 800	150	$365\frac{1}{4}$ diwrnod	24 awr	+20	1
Mawrth	7000	230	2 flynedd	25 awr	−20	2
Asteroidau						
Iau	140 000	780	12 mlynedd	10 awr	−150	16
Sadwrn	120 000	1400	30 o flynyddoedd	10 awr	−180	18 + cylchoedd
Wranws	52 000	2900	84 o flynyddoedd	17 awr	−210	15 + cylchoedd
Neifion	50 000	4500	160 o flynyddoedd	16 awr	−220	8
Plwton	3000	6000	250 o flynyddoedd	150 awr	−230	1

Iau – y blaned fwyaf; mae'n oer iawn. Dim arwyneb solid. Mae'n cynnwys hydrogen hylifol a heliwm yn bennaf, wedi'u hamgylchynu â'r nwyon hyn a chymylau. Storm anferthol, 3 gwaith maint y Ddaear, yw'r Smotyn Mawr Coch. Mae gan Iau 16 lleuad.

Mae **Sadwrn** yn blaned anferth arall sy'n llawn o nwy, ac yn debyg iawn i Iau. Nid yw'r cylchoedd hardd yn solid, ond yn hytrach yn filiynau o ddarnau o rew a chreigiau. Mae grym disgyrchiant Sadwrn yn eu cadw yn eu horbit.

Mae **Wranws** eto yn blaned sy'n llawn o nwyon hydrogen a heliwm. Yn wahanol i blanedau eraill, mae'n gorwedd ar ei hochr wrth fynd o amgylch yr Haul. Cafodd y blaned ei darganfod yn 1781 gan William Herschel.

Planed debyg i Wranws yw **Neifion**. Mae'n llawn o nwyon ac yn las ei lliw. Storm o faint y Ddaear yw'r Smotyn Tywyll arni.

a   Pa blaned yw'r un debycaf i'r Ddaear? Eglurwch eich rhesymau.

b   Pam y mae darganfod rhagor am i) Gwener a ii) Plwton yn waith anodd iawn?

c   Un blaned yn unig sydd â dŵr hylifol ar ei harwyneb. Beth yw'r rheswm dros hyn?

Plwton yw'r blaned leiaf un. Cafodd ei darganfod yn 1930. Planed greigiog yw hon ac mae wedi ei gorchuddio gan rew. Haen denau o fethan yw ei hatmosffer.

Mae America yn gwneud cynlluniau i anfon gofodwr i'r blaned Mawrth. Byddai'n golygu gwario biliynau o ddoleri. A yw'n werth gwario cymaint?

Trafodwch hyn yn eich grŵp, ac yna ysgrifennwch y dadleuon o blaid ac yn erbyn.

1   Dychmygwch eich bod yn asiant hysbysebu gwyliau yn y flwyddyn 2020. Dewiswch un o'r planedau (ar wahân i'r Ddaear) a gwneud y canlynol:
a)   lluniwch slogan yn hysbysebu'r gwyliau,
b)   darluniwch boster neu ysgrifennwch hysbyseb deledu sy'n sôn am y gwyliau.

2   Ysgrifennwch stori: 'Taith trwy Gysawd yr Haul'.

3   Eglurwch pam, yn eich barn chi, y mae bywyd wedi datblygu ar y Ddaear, ond nad yw hynny wedi digwydd ar y planedau erail.

4   Ar ba blanedau mae atmosffer tenau iawn neu ddim atmosffer o gwbl?
Defnyddiwch eich data i weld a yw hyn yn gysylltiedig â maint.
Allwch chi feddwl am reswm dros hyn?

Pethau i'w gwneud

Seren yw ein Haul ni, ac mae'n debyg i'r holl sêr eraill welwn ni yn y nos. O ran maint, mae'r Haul yn debyg i sêr cyffredin eraill.

Cytser yw'r enw ar batrwm o sêr a welir yn yr awyr yn y nos. Er enghraifft, mae'r Aradr (neu'r Arth Fawr) yn edrych fel hyn:

▶ Ysgrifennwch enwau unrhyw gytserau eraill y gwyddoch amdanynt. Efallai bydd eich athro/athrawes yn rhoi map o'r sêr i ddangos y patrymau hyn i chi.

Mae'r Haul yn rhan o gasgliad o sêr, sef **galaeth**. Gelwir ein galaeth ni yn Llwybr Llaethog. Casgliad yw hwn o dros 100 000 miliwn o sêr!

Siâp *sbiral* sydd i'n galaeth ni. Rydyn ni ar y Ddaear yn un o 'freichiau'r sbiral':

Mae ein galaeth yn anferth. Mae'n cymryd 8 munud yn unig i olau deithio o'r Haul i'r Ddaear, ond mae'n cymryd 100 000 o flynyddoedd i olau deithio ar draws ein galaeth!

Mae'r term **blwyddyn goleuni** yn cyfeirio at y *pellter* mae golau yn ei deithio mewn blwyddyn. Mae golau yn teithio ar fuanedd o 300 000 km yr eiliad!
Mae tonnau radio yn teithio ar y buanedd hwn hefyd.
Ni all unrhyw beth deithio yn gyflymach na hyn.

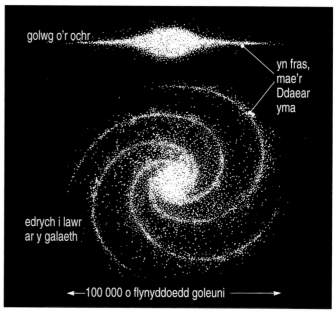

golwg o'r ochr

yn fras, mae'r Ddaear yma

edrych i lawr ar y galaeth

◀—100 000 o flynyddoedd goleuni —▶

Y Llwybr Llaethog, sef ein galaeth ni

Galaethau eraill

Y Llwybr Llaethog yw ein galaeth ni, ond nid hon yw'r unig alaeth sy'n bod. Mae'n un o grŵp o 20 o alaethau sy'n cael eu hadnabod fel y **Grŵp Lleol**.
Mae galaeth Andromeda yn un o'r rhain:

Drwy ddefnyddio telesgop gallwn weld *miliynau* o alaethau eraill!
Mae'r galaethau i gyd, yn ogystal â'r gofod sydd rhyngddynt, yn ffurfio'r **Bydysawd**.

Mae rhai galaethau mor bell fel ei bod yn cymryd 10 000 miliwn o flynyddoedd i olau ein cyrraedd ni oddi yno. Felly, fe welwn ni'r sêr hyn fel *roedden* nhw 10 000 miliwn o flynyddoedd yn ôl!

O ystyried hyn felly, mae'n rhaid bod y bydysawd yn hŷn hyd yn oed na hyn.

Galaeth Andromeda
Mae'n cynnwys 300 biliwn o sêr ac mae
2 filiwn o flynyddoedd goleuni oddi wrthym ni ar y Ddaear.

Y bydysawd sy'n dal i dyfu

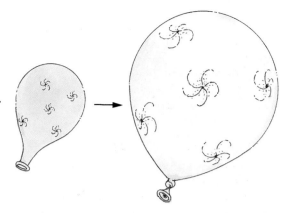

Yn 1929, darganfu Edwin Hubble fod y galaethau yn symud ymhellach oddi wrth ei gilydd. Roedd y bydysawd yn ehangu.

Mae hyn yn debyg i falŵn a marciau inc arni. Mae'r marciau yn cynrychioli'r galaethau, a'r balŵn ei hun yn cynrychioli'r bydysawd. Wrth i'r balŵn gael ei chwythu, mae'r bydysawd yn ehangu a'r galaethau yn mynd ymhellach oddi wrth ei gilydd.
Dyma 'fodel' o'r bydysawd sy'n ehangu.

Lawer iawn o flynyddoedd yn ôl, roedd y bydysawd yn fach iawn. Mae seryddwyr yn credu iddo ddechrau tua 15 000 miliwn o flynyddoedd yn ôl gyda'r **Glec Fawr**.
Mae wedi bod yn tyfu fyth ers hynny.

Eich lle yn y bydysawd

Bydd eich athro/athrawes yn rhoi Taflen Gymorth i chi. Torrwch o amgylch y lluniau a'u gosod mewn trefn. Bydd hyn yn dangos ble rydym yn y bydysawd.

* Beth yw eich cyfeiriad llawn yn y bydysawd?

Gwneud telesgop

Er mwyn edrych ar y bydysawd, rhaid i seryddwyr ddefnyddio **telesgop**.

Gallwch wneud telesgop gan ddefnyddio 2 lens, fel hyn:

Edrychwch drwy'r lensiau, a symudwch y lens tenau ar hyd y pren mesur hyd nes bydd gennych ddelwedd glir.

* Sut mae'r ddelwedd yn ymddangos i chi?

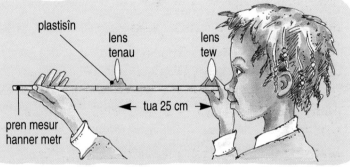

Annaearol!

Tybed a oes 'na fywyd arall yn y bydysawd? Ar blaned arall sydd yn symud o amgylch seren, efallai?

Dychmygwch eich bod yn mynd i anfon 'capsiwl gofod' ar daith hir i'r gofod. Efallai y bydd estroniaid ar blanedau eraill yn darganfod y capsiwl yn y dyfodol.

Beth fyddech yn ei roi yn y capsiwl er mwyn iddyn nhw gael gwybod amdanoch chi? (Cofiwch: fyddan nhw ddim yn siarad Cymraeg!)

---

1 Copïwch a chwblhewch:
a) . . . . gyffredin yw ein Haul ni. Mae'n rhan o'n . . . . , sef y Llwybr Llaethog.
b) Mae blwyddyn goleuni yn golygu y . . . . mae golau yn ei deithio mewn un . . . .
c) Mae'r bydysawd wedi bod yn . . . . ers amser y . . . .

2 Mae golau yn teithio ar fuanedd o 300 000 km/s. Beth yw hyd blwyddyn goleuni, mewn cilometrau?

3 Dyma restr o bethau:
seren lleuad galaeth planed bydysawd
a) Rhowch nhw mewn trefn yn ôl eu maint (gan roi'r lleiaf yn gyntaf).
b) Ysgrifennwch frawddeg yn egluro beth yw ystyr pob gair.

4 Byddai taith i seren arall yn cymryd canrifoedd. Gwnewch fraslun o gynllun llong ofod ar gyfer y daith. Pa broblemau fyddai'r bobl ar fwrdd y llong ofod hon yn eu hwynebu?

Pethau i'w gwneud

Cwestiynau

1 Mae'r tabl yn dangos data golau haul yn Llundain:
  a) Eglurwch pam mae'r haf yn boethach na'r gaeaf.
  b) Gwnewch fraslun o lwybr yr Haul drwy'r awyr ar gyfer:
     i) diwrnod ym mis Ionawr, a ii) diwrnod ym mis Gorffennaf.

Mis	Uchder haul ganol dydd	Oriau o olau dydd
Ionawr	isel, 15°	8
Gorffennaf	uchel, 62°	16

2 Mae'r tabl yn dangos pa bryd mae'r Haul yn codi ac yn machlud yn Llundain trwy gydol y flwyddyn.

Dyddiad	Ion 21	Chwe 21	Maw 21	Ebr 21	Mai 21	Meh 21	Gorff 21	Awst 21	Med 21	Hyd 21	Tach 21	Rhag 21
Codiad haul	8.0	7.2	6.0	5.0	4.1	3.7	4.1	4.8	5.8	6.6	7.4	8.1
Machlud haul	16.3	17.3	18.2	19.1	19.8	20.3	20.1	19.3	18.1	17.0	16.1	16.0

(Mae'r amserau hyn mewn oriau degol ac Amser Safonol Greenwich ar gloc 24 awr)

  a) Ar bapur graff, plotiwch amserau codiad haul yn erbyn y dyddiad. Yna plotiwch amserau machlud haul ar yr un diagram.
  b) Pa bryd mae'r diwrnod hiraf?
  c) Pa bryd mae'r diwrnod byrraf?
  ch) Pa bryd mae'r dydd yr un hyd â'r nos?

3 Mae'r ffotograff yn dangos y gofodwr cyntaf ar y Lleuad:

  a) Yn gyntaf disgrifiwch yr hyn welwch chi yn y ffotograff. Y disgrifiadau hyn fydd eich **arsylwadau**.
  b) Yna ysgrifennwch eich **casgliadau** o edrych ar:
     i) ei ddillad,
     ii) ei gysgod,
     iii) yr awyr ddu,
     iv) ôl ei draed,
     v) y llong ofod fechan
     vi) y label o dan y ffotograff.

Neil Armstrong, 1969

4 Dyma syniadau a rhagdybiaethau rhai disgyblion:

"Po bellaf yw planed oddi wrth yr Haul, yr oeraf ydyw," meddai Anwen.

"Po fwyaf y blaned, y mwyaf o leuadau sydd ganddi," meddai Dafydd.

"Po bellaf yw planed oddi wrth yr Haul, y mwyaf o amser mae'n ei gymryd i wneud un orbit ('blwyddyn' y blaned)," meddai Clwyd.

A yw'r data ar dudalen 58 yn cadarnhau'r hyn sy'n cael ei ddweud yma? Eglurwch eich barn. Os gallwch wneud hynny, lluniwch graffiau i ddangos sut mae'r data yn cadarnhau'r rhagdybiaethau hyn.

5 Gan ddefnyddio llyfr seryddiaeth neu wyddoniadur, ysgrifennwch baragraff am bob un o'r canlynol:
  a) uwchnofa, b) seren niwtron (pylsar), c) twll du, ch) cwasar.

6 Yn 1670, ysgrifennodd Blaise Pascal, gwyddonydd o Ffrainc, 'Le silence éternel de ces espaces infinis m'effraie' *(Mae tawelwch tragwyddol y gwagleoedd diderfyn hyn yn fy nychryn)*. Ysgrifennwch ddarn byr o farddoniaeth am eich syniadau chi am y gofod.

Aros yn fyw

Am faint o amser allech chi fyw heb ocsigen? Ddim yn hir iawn.
Mae eich ysgyfaint yn cymryd ocsigen o'r aer.
Yn eich ysgyfaint mae'r ocsigen yn mynd i mewn i'ch gwaed.
Mae eich calon yn pwmpio'r gwaed o amgylch eich corff.
Does dim rhyfedd bod eich calon a'ch ysgyfaint mor bwysig!

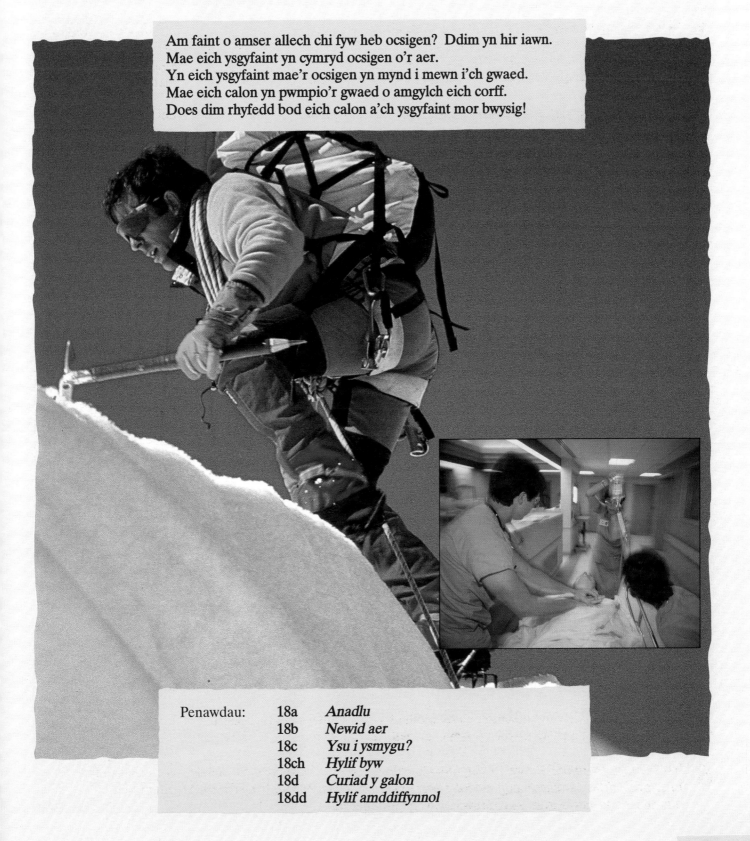

Penawdau:
18a	*Anadlu*
18b	*Newid aer*
18c	*Ysu i ysmygu?*
18ch	*Hylif byw*
18d	*Curiad y galon*
18dd	*Hylif amddiffynnol*

Anadlu

Rydyn ni i gyd yn gwneud ymarfer corff o bryd i'w gilydd.
Wnaethoch chi unrhyw ymarfer corff yn ystod yr wythnos ddiwethaf?

Ydych chi'n teimlo'n wahanol ar ôl ymarfer?

▶ Ysgrifennwch rai o'r newidiadau sy'n digwydd i'ch corff pan
fyddwch yn ymarfer.

Gallwch ganfod sut mae ymarfer yn effeithio arnoch drwy wneud yr
ymchwiliad hwn:

Chwythu a chwysu

1 Eisteddwch yn llonydd a chyfrif sawl gwaith yr ydych yn anadlu allan
mewn munud. Dyma eich cyfradd anadlu wrth orffwys.

2 Copïwch y tabl hwn a rhowch eich darlleniad cyntaf ynddo:

Cyfradd anadlu wrth orffwys (anadliad y munud)	Cyfradd anadlu ar ôl ymarfer ysgafn (anadliad y munud)	Cyfradd anadlu ar ôl ymarfer caled (anadliad y munud)

3 Gwnewch ymarfer ysgafn (camu i fyny ac i lawr) am 1 munud.
Cyn gynted ag y byddwch wedi gorffen, eisteddwch i lawr a chyfrif eich
cyfradd anadlu. Cofnodwch eich darlleniad yn y tabl.

4 Nawr gwnewch yr ymarfer camu mor gyflym ag y gallwch am 3 munud
(ymarfer caled). Cyn gynted ag y byddwch wedi gorffen, eisteddwch i
lawr a chyfrif eich cyfradd anadlu. Cofnodwch eich darlleniad yn y tabl.

a Beth ddigwyddodd i'ch cyfradd anadlu yn ystod yr ymchwiliad?
b Pam ddigwyddodd hyn, yn eich barn chi?
c Pa bethau sy'n effeithio ar eich cyfradd anadlu, yn eich barn chi?
ch Wnaethoch chi sylwi ar unrhyw newidiadau corfforol eraill yn
ystod yr ymarfer?
   i) Beth am newidiadau yn eich croen?
   ii) Oeddech chi'n teimlo'n boeth?

Pam mae'n rhaid inni anadlu?

Mae ar yr holl gelloedd sydd yn eich corff angen egni i aros yn
fyw. Fedrwch chi gofio o ble rydych yn cael eich egni?
Rydych yn cael egni o'ch bwyd drwy resbiradu:

SIWGR + OCSIGEN ➔ CARBON DEUOCSID + DŴR + EGNI

Mae angen ocsigen er mwyn i resbiradu ddigwydd.
Pan fydd siwgr yn cael ei losgi mewn ocsigen, mae'n
rhyddhau egni y gall eich celloedd ei ddefnyddio. Rydych yn
cael ocsigen i'ch corff drwy ei anadlu i mewn.

▶ Defnyddiwch y wybodaeth hon i esbonio pam y gwnaeth eich
cyfradd anadlu gynyddu pan wnaethoch fwy o ymarfer corff.

Sut rydych chi'n cael ocsigen i'ch corff?

Pan fyddwch yn anadlu i mewn, mae aer yn mynd i lawr eich pibell wynt i'ch ysgyfaint. Mae pob ysgyfant tua maint pêl rygbi.

d Ble, yn eich barn chi, mae eich ysgyfaint?

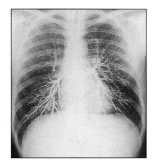

Pelydr-X o'r frest

Edrychwch ar y 2 ddiagram.
Mae'r un uchaf yn dangos y tu mewn i'ch brest.
Mae'r un isaf yn dangos model o frest.

dd Pa ran o'r frest sy'n cael ei dangos gan
i) y balwnau? ii) y jar cloch? iii) yr haenen rwber? iv) y tiwb gwydr?

e Pan fyddwch yn anadlu i mewn, a yw eich ysgyfaint yn mynd yn fwy (enchwythu) neu'n llai (dadchwythu)?

f Beth sy'n digwydd i'ch ysgyfaint pan fyddwch yn anadlu allan?

▶ Ewch at y model o'r frest.
Tynnwch yr haenen rwber i lawr ac yna ei gwthio i fyny.
Gwnewch hyn eto a gwyliwch beth sy'n digwydd i'r balwnau.

ff Pan fyddwch yn anadlu i mewn, a yw eich **llengig** yn symud i fyny neu i lawr?

g Beth sy'n digwydd pan fyddwch yn anadlu allan?

▶ Mesurwch faint eich brest gan ddefnyddio tâp mesur.
Nawr anadlwch yn ddwfn.

ng Beth sy'n digwydd i faint eich brest pan fyddwch yn anadlu i mewn?

h Beth sy'n digwydd pan fyddwch yn anadlu allan?

▶ Rhowch eich dwylo ar eich brest.
Anadlwch i mewn ac allan yn ddwfn ac yn araf.

i Ym mha ffordd mae eich asennau yn symud pan fyddwch yn anadlu i mewn ac allan?

Mae cyhyrau yn codi a gostwng eich asennau ac yn codi a gostwng eich llengig.

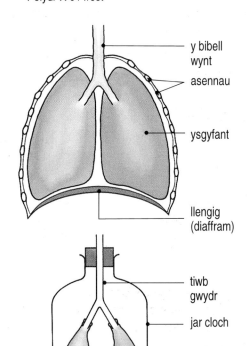

y bibell wynt

asennau

ysgyfant

llengig (diaffram)

tiwb gwydr

jar cloch

balŵn

haenen rwber

1 Copïwch a chwblhewch y tabl gan ddefnyddio'r wybodaeth ar y dudalen hon.

	Anadlu i mewn	Anadlu allan
Beth mae'r asennau yn ei wneud?		
Beth mae'r llengig yn ei wneud?		
Beth sy'n digwydd i'r gwagle y tu mewn i'ch brest?		
Beth sy'n digwydd i'ch ysgyfaint?		

Pethau i'w gwneud

2 Ceisiwch wneud eich model eich hun o'r ysgyfaint. Gallech ddefnyddio hen botel lemwnêd, balwnau, band rwber a gwelltyn yfed plastig.
Gwnewch dwll yn y top ar gyfer y gwelltyn a'i wneud yn aerglos gan ddefnyddio plastisîn. Torrwch waelod y botel i ffwrdd a rhoi balŵn drosti fel llengig.

3 Ar gopa mynydd uchel mae llawer llai o ocsigen yn yr aer.
a) Sut mae dringwyr mynyddoedd yn llwyddo i anadlu?
b) Pam, yn eich barn chi, mae llawer o athletwyr yn ymarfer mewn mannau uchel?

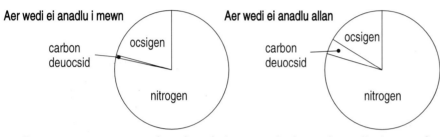

Newid aer

"Rydych yn anadlu ocsigen i mewn ac yn anadlu carbon deuocsid allan," meddai Robert. Ydych chi'n credu ei fod yn gywir?

▶ Ceisiwch anadlu allan drwy welltyn i diwb profi sy'n cynnwys dŵr calch. Pa newid welsoch chi?
Mae hwn yn brawf am garbon deuocsid.

▶ Edrychwch ar y siartiau cylch:

Aer wedi ei anadlu i mewn

carbon deuocsid — ocsigen — nitrogen

Aer wedi ei anadlu allan

carbon deuocsid — ocsigen — nitrogen

a Pa nwy yw cynnwys y rhan fwyaf o'r aer rydych yn ei anadlu i mewn?

b Pa nwy rydych yn ei anadlu i mewn fwyaf?

c Pa nwy rydych yn ei anadlu allan fwyaf?

▶ Gwyliwch beth sy'n digwydd i gannwyll pan adewir iddi losgi mewn i) awyr iach a ii) aer sydd wedi ei anadlu allan (bydd eich athro/athrawes yn dangos i chi sut i'w gasglu).
(Cyngor: efallai y bydd stopwats yn ddefnyddiol.)

ch Beth wnaethoch chi sylwi arno?

d Ceisiwch esbonio beth welsoch chi.

sbectol ddiogelwch

I mewn ac allan . . .

Gosodwch y cyfarpar fel y dangosir yn y diagram:

Anadlwch i mewn ac allan yn ysgafn o'r darn ceg nifer o weithiau.

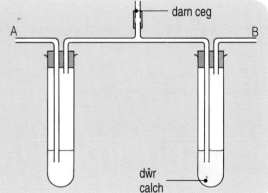

darn ceg

A   B

dŵr calch

dd Pan ydych yn anadlu i mewn, a yw'r aer yn dod i mewn drwy A neu drwy B?

e Pan ydych yn anadlu allan, a yw'r aer yn mynd drwy A neu drwy B?

f Ym mha diwb wnaeth y dŵr calch droi'n gymylog gyntaf?

Ysgrifennwch eich casgliadau ar sail eich arbrawf.

Dywedodd Gwen, "Mae'n rhaid cael yr un cyfaint o ddŵr calch yn y ddau diwb."
Fedrwch chi esbonio pam y mae hi'n gywir?

Edrychwch yn ôl ar yr hyn ddywedodd Robert ar ben y dudalen.
Fedrwch chi lunio gwell brawddeg?

Edrych ar eich ysgyfaint

Mae'r diagram yn dangos sut mae aer yn cyrraedd eich ysgyfaint drwy eich pibell wynt ac yna drwy'r pibellau aer.
Mae'r pibellau aer yn diweddu mewn **codennau aer**. Mae gan y rhain furiau tenau iawn. Maen nhw wedi eu hamgylchynu gan lawer o **bibellau gwaed** bychain.

ff Sut, yn eich barn chi, mae ocsigen yn mynd o'ch ysgyfaint i holl gelloedd eich corff?

g Sut, yn eich barn chi, mae carbon deuocsid yn mynd o gelloedd eich corff i'ch ysgyfaint?

ng Pa nwy, yn eich barn chi, sy'n mynd o'r codennau aer i bibellau'r gwaed?

h Pa nwy, yn eich barn chi, sy'n mynd i'r cyfeiriad dirgroes?

i Mae'r nwyon hyn yn cael eu cyfnewid yn gyflym iawn. Ysgrifennwch 2 beth sy'n gymorth i hyn ddigwydd (Cyngor: darllenwch y brawddegau uchod eto).

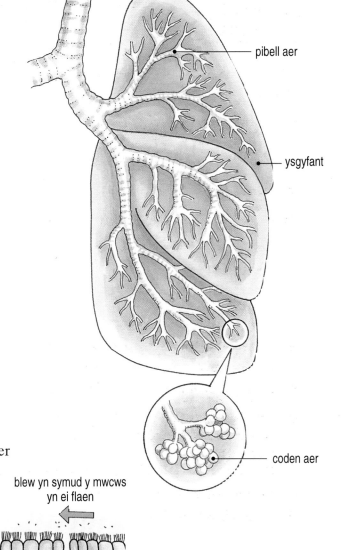

pibell wynt

pibell aer

ysgyfant

coden aer

Aer poeth

▶ Rhowch gynnig ar anadlu allan ar arwyneb gwydr oer – bicer sy'n cynnwys dŵr oer neu ffenestr, er enghraifft. Beth welwch chi?
Nawr rhowch stribed o **bapur cobalt clorid** glas ar y gwydr. Beth sy'n digwydd?
Ysgrifennwch eich casgliadau.

Fedrwch chi feddwl am unrhyw wahaniaethau eraill rhwng yr aer rydych yn ei anadlu i mewn a'r aer rydych yn ei anadlu allan?
Yn un peth, mae'r aer rydych yn ei anadlu allan yn *lanach*.
Mae eich pibellau aer wedi eu leinio â hylif gludiog o'r enw **mwcws**. Mae hwn yn dal llwch a germau.
Yna mae miliynau o **flew** microsgopig yn cario'r mwcws i fyny i'ch trwyn a'ch gwddf.

blew yn symud y mwcws yn ei flaen

mae'r celloedd hyn yn gwneud mwcws

1 Copïwch a chwblhewch:
Rydym yn anadlu aer sy'n cynnwys nitrogen, ... a pheth carbon deuocsid. Mae'r aer rydym yn ei anadlu . . . . yn cynnwys yr un faint o . . . . , llai o . . . . a . . . . o garbon deuocsid. Mae'r aer rydym yn ei anadlu allan hefyd yn cynnwys mwy o anwedd . . . . ac mae ar dymheredd . . . .

2 Wyddoch chi unrhyw beth am **resbiradu artiffisial**?
Ffordd o wneud i rywun ailddechrau anadlu ydyw.
Gallwch ddysgu amdano mewn dosbarth cymorth cyntaf.

Gall eich athro/athrawes roi Taflen Gymorth i chi yn esbonio sut mae'n gweithio.

3 Beth yw mwcws? Sut mae'n helpu i lanhau'r aer rydych yn ei anadlu?

4 Pan fyddwch yn anadlu i mewn, rydych yn cymryd aer ffres i'ch ysgyfaint.
a) Ysgrifennwch lwybr ocsigen o'r aer y tu allan nes bydd yn mynd i mewn i'ch gwaed.
b) Beth sy'n digwydd i gyfaint yr aer rydych yn ei anadlu i mewn yn ystod ymarfer corff?

Pethau i'w gwneud

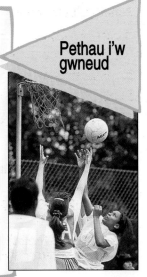

Ysu i ysmygu?

Ydych chi'n adnabod rhywun sy'n ysmygu?
Mae yna lai o ysmygwyr o gwmpas y dyddiau hyn.
Roedd llawer o bobl yn arfer ysmygu ond erbyn heddiw nid yw'n apelio cymaint at bobl.

▶ Ysgrifennwch eich syniadau ynghylch pam y mae hyn wedi digwydd.

Oeddech chi'n gwybod bod mwg sigaréts yn cynnwys llawer o gemegion, llawer ohonynt yn wenwynig?
Os ydych yn ysmygu, mae'r cemegion hyn yn mynd i mewn i'ch corff drwy eich ceg ac ar hyd eich pibellau aer.

Ffansio'r rhain?

NICOTÎN
Hedd, perffaith hedd

Cyffur y gellir mynd yn ddibynnol arno. Mae'n mynd i mewn i'r gwaed yn yr ysgyfaint. Mae'n achosi i bwysedd eich gwaed godi ac i'ch calon guro'n gyflymach.

TAR

Sylwedd brown, gludiog sy'n casglu yn eich ysgyfaint os ydych yn anadlu mwg sigaréts. Rydym yn gwybod ei fod yn cynnwys sylweddau sy'n achosi canser.

CARBON MONOCSID
Hedd, perffaith hedd

Nwy gwenwynig. Mae hwn yn rhwystro eich gwaed rhag cario cymaint o ocsigen ag y dylai ac felly rydych yn colli eich gwynt yn hawdd.

Y peiriant ysmygu

Yn gyntaf gosodwch y cyfarpar heb y sigarét.

Trowch y pwmp sugno ymlaen.

Ar ôl 5 munud, cofnodwch:

- y tymheredd
- lliw'r gwlân gwydr
- lliw'r dŵr calch.

Nawr gwnewch yr arbrawf eto gan ddefnyddio sigarét.

Cofnodwch eich arsylwadau.

Beth mae'r arbrawf hwn yn ei ddweud wrthych am y gwahaniaeth rhwng anadlu awyr iach ac anadlu mwg sigaréts?

thermomedr

sigarét

i'r pwmp sugno

tiwbin rwber

gwlân gwydr

dŵr calch

Mae ysmygu yn newid pobl

Mae'r dannedd, y bysedd a'r ewinedd yn troi yn felyn – dyna'r nicotîn.

Peswch cas – i gael gwared o'r mwcws.

Mae'r gwallt a'r dillad yn drewi – dyna'r mwg.

Mae'r tafod yn troi yn felyn – fedrwch chi ddim blasu bwyd yn iawn.

Gêm ffyliaid

▶ Darllenwch yr hyn mae rhai pobl yn ei ddweud am ysmygu. Dyluniwch daflen ar gyfer plant ysgol gynradd yn esbonio pam na ddylen nhw ddechrau ysmygu.

> Mae ysmygwyr 2 neu 3 gwaith mwy tebygol o farw o drawiad ar y galon.

> Allwch chi ddim gwario'r arian a wariwyd ar sigaréts ar fwyd, dillad, etc.

> Mae ysmygu yn cynyddu'r posibilrwydd o gael afiechydon difrifol fel broncitis.

> Mae 90% o ganser yr ysgyfaint yn digwydd i ysmygwyr.

> Fedrwch chi ddim cadw'r mwg i chi eich hun. Mae'n rhaid i bawb o'ch cwmpas ei anadlu.

> Mae'n rhaid i salwch a achoswyd gan ysmygu gael ei drin. Pe na bai pobl yn ysmygu, byddai hyn yn costio llai o arian i'r wlad.

> Mae ysmygu yn eich gwneud yn fyr eich anadl a heb fod cystal mewn chwaraeon.

Pam dechrau?

Mae Anwen yn 13 oed. Mae hi'n ysmygu tua 5 sigarét y dydd.

▶ Darllenwch yr hyn sydd gan Anwen i'w ddweud am ysmygu:

"Fe ges i fy sigarét cyntaf pan oeddwn i'n 10 oed.
Fe wnaeth fy ffrind Siân, sy 2 flynedd yn hŷn na mi, gynnig un i mi.
Doeddwn i ddim yn ei hoffi ar y dechrau, ond roedd yn gyffrous.
Fe fyddai Mam wedi fy lladd petai hi wedi dod i wybod.
Mae hi'n trio cael fy Nhad i roi'r gorau iddi ond all o ddim.
Mae'n siŵr fy mod yn gwario £3 neu £4 yr wythnos ar sigaréts.
Fe wna i roi'r gorau iddi pan fydda i'n hŷn oherwydd mae'n effeithio ar eich iechyd. Ac yn sicr fe fyddwn i'n rhoi'r gorau iddi petawn i'n disgwyl babi."

Yn eich grwpiau, trafodwch pam mae pobl yn dechrau ysmygu.

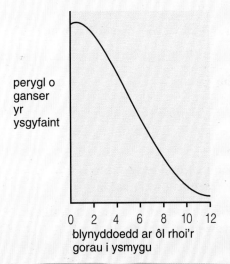

1 Copïwch a chwblhewch:
Mae mwg sigaréts yn cynnwys . . . . gwenwynig. Cyffur o'r enw . . . . yw un ohonynt. Mae hwn yn mynd i mewn i'ch gwaed yn yr . . . . Mae'n achosi i'ch . . . . gwaed godi ac i'r calon guro yn . . . . Mae nwy gwenwynig o'r enw . . . . yn rhwystro eich gwaed rhag cario gymaint o . . . . ag y dylai.

2 Gofynnir i chi siarad â rhai plant ysgol gynradd ynglŷn â pheryglon ysmygu. Cynlluniwch beth ydych yn mynd i'w ddweud wrthynt.

3 Ysgrifennwch eich barn am y canlynol:
a) Dylid gwahardd ysmygu mewn siopau a swyddfeydd.
b) Unwaith y dechreuwch ysmygu mae'n anodd rhoi'r gorau iddi.
c) Mae ysmygu yn costio llawer o arian i ni i gyd.

4 Mae'r graff yn dangos sut mae'r perygl o gael canser yr ysgyfaint yn newid ar ôl rhoi'r gorau i ysmygu. Esboniwch pam y credwch y dylai ysmygwyr roi'r gorau i'r arfer.

perygl o ganser yr ysgyfaint

0 2 4 6 8 10 12
blynyddoedd ar ôl rhoi'r gorau i ysmygu

Pethau i'w gwneud

69

Hylif byw

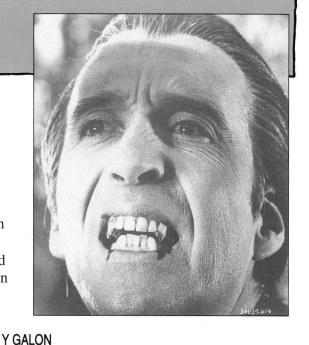

Am beth rydych chi'n meddwl pan glywch chi'r gair gwaed? Am ffilmiau arswyd, rhyfeloedd, fampirod?

Mae'n debyg fod tua 4 litr o waed yn eich corff.
Mae hynny gymaint â llond bwced.
Mae'n llifo o amgylch eich corff drwy'r amser.
Ond beth yw ei bwrpas?

▶ Ysgrifennwch eich syniadau am y modd y mae eich gwaed yn eich helpu.

Rydych eisoes yn gwybod bod angen bwyd ac ocsigen ar gelloedd eich corff i roi egni i chi yn ystod resbiradu. Mae eich celloedd yn gwneud cemegion gwastraff hefyd. Mae eich arennau yn cael gwared o'r rhan fwyaf o'r cemegion gwastraff hyn.

▶ Edrychwch ar y diagram ac atebwch y cwestiynau:

Y GALON

dd Beth mae'r gwaed yn ei ryddhau i'r arennau?

YR ARENNAU

e Beth sy'n cadw'r gwaed i gylchdroi?

Dechreuwch yma
a Beth mae'r gwaed yn ei gasglu yma?

Y COLUDDION

d Beth mae'r gwaed yn ei gymryd o'r celloedd?

ch Enwch 2 beth mae'r gwaed yn ei ryddhau y mae'r celloedd yn eu defnyddio i fyw.

CELLOEDD Y CORFF

YR YSGYFAINT

b Beth mae'r gwaed yn ei gasglu yma?

c Beth mae'r gwaed yn cael gwared ohono yma?

Y daith yn ôl

Felly mae eich gwaed yn cludo llawer o bethau o amgylch eich corff. Mae'n debyg i system reilffordd, lle mae trenau yn codi pethau mewn un man ac yn eu cludo i fan arall.

f Sut, yn eich barn chi, mae'r gwaed yn cael ei gadw ar fynd?

Mae'r gwaed yn cael ei gludo o amgylch eich corff mewn tiwbiau o'r enw **pibellau gwaed**.

▶ Edrychwch ar y diagram:

ff Beth yw enw'r tiwbiau sy'n cludo gwaed o'r galon?
g Beth yw enw'r tiwbiau sy'n cludo gwaed yn ôl i'r galon?
Â'ch bys, dilynwch lwybr y gwaed:
• o'r galon i'r corff   • o'r galon i'r ysgyfaint
• o'r corff i'r galon   • o'r ysgyfaint i'r galon.

Yn agos at y celloedd mae'r pibellau gwaed lleiaf, sef **capilarïau**. Mae'r rhain yn cysylltu eich rhydwelïau â'ch gwythiennau.

ng Pam, yn eich barn chi, mae gan gapilarïau furiau tenau iawn?

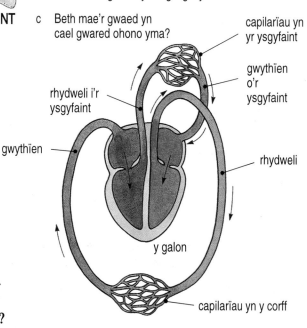

capilarïau yn yr ysgyfaint

gwythïen o'r ysgyfaint

rhydweli i'r ysgyfaint

gwythïen

rhydweli

y galon

capilarïau yn y corff

Rownd a rownd . . .

Ydych chi'n cofio sut i fesur eich pwls?
Pan fyddwch yn mesur eich pwls rydych yn gallu teimlo rhydweli.
Mae gwaed yn llifo trwy eich rhydwelïau mewn hyrddiau.
Dyma'r pwls rydych yn ei deimlo.

A yw cyfradd curiad eich calon a'ch cyfradd anadlu yn codi ac yn gostwng gyda'i gilydd?

Cynlluniwch ymchwiliad i weld sut mae ymarfer corff yn effeithio ar eich pwls a'ch anadlu.

- Pa ymarfer ydych chi'n bwriadu ei wneud?
- Pa fesuriadau fyddwch yn eu cymryd?
- Sut fyddwch yn sicrhau ei fod yn brawf teg?
- Sut fyddwch yn dangos eich canlyniadau?
- Gwiriwch eich cynllun gyda'ch athro/athrawes cyn rhoi cynnig arno.

Gwythïen neu rydweli?

▶ Codwch un fraich uwch eich pen a gadael i'r fraich arall hongian wrth eich ochr. Arhoswch fel hyn am funud neu ddau. Nawr rhowch y ddwy fraich o'ch blaen ac edrych ar y gwahaniaethau rhwng y gwythiennau ar gefn y ddwy law. Pa wahaniaethau fedrwch chi eu gweld?

▶ Edrychwch ar y ffotograff o drawstoriad o rydweli a gwythïen.

h Pa wahaniaethau fedrwch chi eu gweld?

i Fedrwch chi ddod o hyd i wybodaeth am unrhyw wahaniaethau eraill rhwng rhydwelïau a gwythiennau?

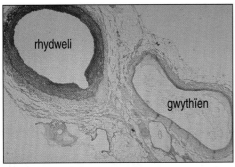

Trawstoriad o rydweli a gwythïen

1 Copïwch a chwblhewch:
Mae gwaed yn cael ei bwmpio o amgylch fy nghorff gan fy . . . . Mae gwaed yn symud oddi wrth fy nghalon mewn . . . . ac yn ôl i'm calon mewn . . . . Yr enw ar y pibellau gwaed lleiaf yw . . . . ac mae muriau . . . . iawn ganddynt fel y gall pethau fynd drwyddynt. Pan fyddaf yn cymryd fy mhwls rwy'n cyffwrdd . . . .

2 Gwnewch dabl o'r gwahaniaethau rhwng rhydwelïau a gwythiennau.

3 Weithiau mae ein rhydwelïau yn culhau. Y rheswm yw bod sylwedd brasterog yn glynu wrth du mewn y rhydweli ac yn ei gwneud yn gulach. Sut, yn eich barn chi, fyddai hyn yn effeithio ar lif y gwaed yn y rhydweli?

Pethau i'w gwneud

71

Curiad y galon

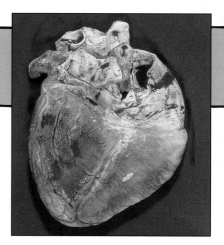

Calon ddynol

Pa un, yn eich barn chi, yw'r cyhyryn cryfaf yn eich corff?
Ychydig iawn o bobl sy'n meddwl mai eu calon yw'r ateb.
Meddyliwch am y gwaith y mae eich calon yn ei wneud.
Mae'n curo tua 70 gwaith y funud, am 60 munud yr awr
a 24 awr y dydd, i'ch cadw'n fyw.

a Defnyddiwch gyfrifiannell i gyfrifo sawl gwaith mae eich calon
yn curo: i) yr awr   ii) y dydd   iii) y flwyddyn.

Y pwmp dwbl

Ble, gredwch chi, mae eich calon?
Rhowch eich llaw ar y man y credwch y
mae eich calon.
Beth fedrwch ei deimlo?

b Sut mae eich calon yn cael ei hamddiffyn?

c Sawl gwagle sydd yna o fewn eich calon?

▶ Edrychwch ar y diagram. Mae wedi ei lunio fel
petaech yn wynebu rhywun.

Mewn gwirionedd, 2 bwmp ochr yn ochr yw eich calon.
Pan fydd eich calon yn curo, bydd y cyhyryn yn gwasgu'r
gwaed allan.

ch I ble mae ochr dde eich calon yn pwmpio'r gwaed?

d I ble mae ochr chwith eich calon yn pwmpio'r gwaed?

dd Pa ochr i'r galon fydd â gwaed sy'n cynnwys y mwyaf o ocsigen?

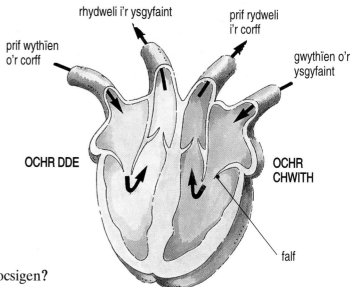

rhydweli i'r ysgyfaint

prif rydweli i'r corff

prif wythïen o'r corff

gwythïen o'r ysgyfaint

OCHR DDE

OCHR CHWITH

falf

Gwrando ar y galon

Mae'r 2 bwmp yn curo ar yr un pryd.
Gallwch glywed curiad calon eich partner drwy
ddefnyddio **stethosgop**.
Ceisiwch wneud un eich hun fel y dangosir yn
y diagram. Pa seiniau fedrwch chi eu clywed?

Dylech glywed 2 sŵn.
Mae meddygon yn eu galw yn synau lỳb-dỳb.
Mae'r 2 sŵn yn cael eu hachosi wrth i'r **falfiau** yn eich calon gau.
Gwrandewch eto . . . lỳb-dỳb . . . lỳb-dỳb . . . lỳb-dỳb.

e Pam mae falfiau eich calon yn cau? (Cyngor:
edrychwch ar y diagram uchaf.)

Cyfrifwch a yw cyfradd curiad eich calon (nifer curiadau'r
munud) yr un fath â chyfradd eich pwls.

f A yw'n newid yn yr un ffordd ag y mae cyfradd eich pwls yn
newid pan fyddwch yn ymarfer?

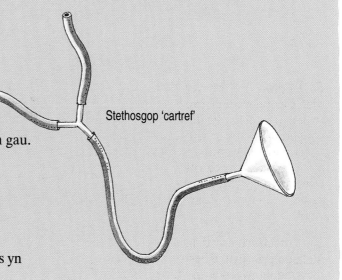

Stethosgop 'cartref'

Clefyd sy'n lladd

Clefyd y galon yw un o brif achosion marwolaeth ym Mhrydain. Gall sylweddau brasterog gulhau'r rhydwelïau sy'n arwain at gyhyryn y galon.

ff Beth fyddai'r culhau hwn yn ei wneud i lif y gwaed i gyhyryn y galon?

g Beth allai ddigwydd i'r cyflenwad ocsigen i gyhyryn y galon?

Os nad yw cyhyryn y galon yn cael digon o ocsigen gall achosi poenau yn y frest.
Angina yw'r enw ar hyn.
Mae'n rhybudd fod y person yn fwy tebygol o gael trawiad ar y galon.

Weithiau gall y gwaed geulo o fewn **rhydweli goronaidd**.

ng Sut, yn eich barn chi, y gallai hyn achosi **trawiad ar y galon**?

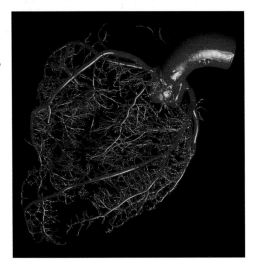

Cast o'r rhydwelïau coronaidd

▶ Edrychwch ar y cartwnau:
Yn eich grwpiau, trafodwch y pethau sy'n gallu cynyddu'r tebygolrwydd o drawiad ar y galon, yn eich barn chi.
Sut y gellid lleihau'r perygl gyda phob un o'r rhain?
Gwnewch restr o'ch syniadau.

---

1 Copïwch a chwblhewch:
Mae'r galon wedi ei gwneud o . . . . Mae'r gwaed ar yr ochr chwith yn cynnwys . . . . o ocsigen na gwaed ar yr ochr . . . . Mae hyn oherwydd bod y gwaed newydd ddychwelyd o'r . . . . Mae ochr chwith y galon yn pwmpio gwaed o amgylch y . . . . i gyd. Mae gan y galon . . . . i rwystro'r gwaed rhag llifo tuag at yn ôl.

2 Edrychwch ar y diagram o'r galon ar y dudalen gyferbyn. Rhestrwch y pethau sy'n digwydd i'r gwaed wrth iddo fynd o'r brif wythïen i'r galon ac ymlaen i'r brif rydweli.

3 Pa fathau o bobl sydd fwyaf tebygol o ddioddef trawiad ar y galon, yn eich barn chi? Pa mor hen fyddan nhw? Beth fydd eu pwysau? Pa fath o arferion fydd ganddynt? Gwnewch gartŵn o 1 person a'i labelu.

4 Dyluniwch daflen neu gwnewch boster i hysbysu pobl am risgiau clefyd y galon.

Pethau i'w gwneud

Hylif amddiffynnol

Ydych chi'n gwybod beth yw **trallwysiad gwaed**?
Fe achubodd fywyd Rhys unwaith.
Bu mewn damwain ar y draffordd.
Roedd yn colli llawer o waed.
Yn ffodus, fe gyrhaeddodd y tîm ambiwlans yn
gyflym. Felly roedden nhw'n gallu rhoi gwaed
ychwanegol iddo.
Ond nid yw gwaed pawb yr un fath. Roedd gan
Rhys gerdyn yn dangos ei grŵp gwaed.

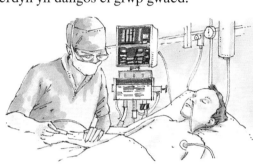

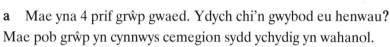

a Mae yna 4 prif grŵp gwaed. Ydych chi'n gwybod eu henwau?

Mae pob grŵp yn cynnwys cemegion sydd ychydig yn wahanol.

b Pam mai dim ond trallwysiad gwaed o'r un grŵp
allech chi ei gael?

Roedd Rhys yn ddiolchgar iawn i'r rhai a oedd wedi rhoi gwaed.

c Beth sy'n rhaid i chi ei wneud i roi gwaed?

Banc gwaed

Mae gwaed a gymerir gan berson sy'n rhoi gwaed yn cael
ei drin fel na fydd yn ceulo. Mae'n bosibl y bydd yn setlo yn 2 ran:
hylif melyn golau o'r enw **plasma** a haen goch dywyll o **gelloedd
gwaed**.

ch Ai plasma neu gelloedd gwaed yw cynnwys gwaed yn bennaf?

Dŵr sy'n cynnwys cemegion wedi hydoddi yw plasma yn bennaf.

Bydd eich athro/athrawes yn rhoi sleid o gelloedd gwaed i chi.
Edrychwch arni drwy eich microsgop. Bydd angen i chi ffocysu yn
ofalus iawn ar bŵer uchel.

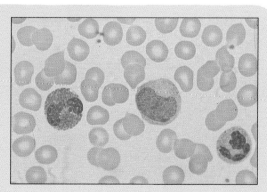

d Pa rai yw'r mwyaf yn eich barn chi: y cellocdd coch neu'r
celloedd gwyn?

dd Pa rai sydd fwyaf niferus: celloedd coch neu gelloedd gwyn?

Gwnewch ddiagram o'r gwahanol gelloedd a welwch.

e Fedrwch chi weld unrhyw wahaniaethau eraill rhwng celloedd
coch a chelloedd gwyn?

f Pam, yn eich barn chi, mae'r celloedd gwyn yn edrych yn biws?

Y cludwyr ocsigen

Mae celloedd coch y gwaed yn cludo ocsigen.
Maen nhw'n goch oherwydd eu bod yn cynnwys **haemoglobin**.
Cemegyn sy'n gallu casglu a chludo ocsigen yw hwn.
Mae haemoglobin yn rhyddhau ocsigen pan fydd yn cyrraedd rhan o'r corff lle mae ei angen.

ff O ble mae'r haemoglobin yn casglu ocsigen?

▶ Copïwch y diagram hwn. Ychwanegwch gymaint o labeli a nodiadau ag y gallwch ato i esbonio sut mae ocsigen yn cael ei gludo o amgylch eich corff.

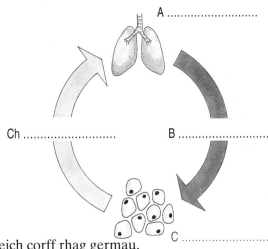

A ....

Ch ....   B ....

C ....

Y criw amddiffyn

Mae celloedd gwyn y gwaed yn amddiffyn eich corff rhag germau.

g Sut mae germau yn gallu mynd i mewn i'ch corff?

Mae un math o gell wen yn *bwyta* unrhyw germau y daw ar eu traws. Mae math arall yn gwneud cemegion (**gwrthgyrff**) sy'n gallu lladd germau.

ng Fedrwch chi weld 2 fath o gelloedd gwyn yn y ffotograff ar waelod tudalen 74? Ym mha ffyrdd maen nhw'n edrych yn wahanol?

h Beth sy'n digwydd yn union wedi i chi dorri eich croen?

Yn y pen draw bydd crachen yn ffurfio.
Ond yn gyntaf rhaid atal y gwaedu. Mae'r briw yn cael ei selio gan ddarnau bychain o gelloedd, sef **platennau**.

i Pam y mae'n bwysig selio'r briw yn gyflym?

---

1 Copïwch a chwblhewch:
Yr enw ar ran hylifol y gwaed yw'r . . . . Mae'r celloedd coch yn cynnwys sylwedd o'r enw . . . . Mae'r sylwedd hwn yn helpu'r celloedd . . . . i gludo . . . . Mae'r celloedd gwyn yn . . . . y corff rhag germau. Mae un math o gell wen yn . . . . germau. Mae math arall yn gwneud . . . . sy'n lladd germau.

2 Gnewch dabl o'r gwahaniaethau rhwng celloedd coch a chelloedd gwyn y gwaed.

3 Mae gan bobl sy'n byw mewn mannau uchel lawer mwy o gelloedd coch na chi. Fedrwch chi feddwl pam?

4 Nid yw cymryd samplau gwaed mewn gwersi gwyddoniaeth yn cael ei ganiatáu y dyddiau hyn. Fedrwch chi feddwl pam?

Pethau i'w gwneud

Cwestiynau

1 Mesurodd Gwenno a Beth eu cyfradd anadlu (yn ôl anadliad y munud) cyn iddynt redeg ras. Yna fe fesuron nhw eu cyfraddau anadlu eto, bob munud, nes roedd eu cyfraddau yn normal. Fe wnaethon nhw gofnodi eu canlyniadau mewn tabl:

	Cyn ymarfer	Munudau ar ôl ymarfer						
		1	2	3	4	5	6	7
Gwenno	16	45	38	31	24	20	17	16
Beth	13	35	32	28	22	18	13	13

a) Plotiwch 2 graff llinell ar yr un dudalen. Defnyddiwch yr echelin fertigol ar gyfer cyfradd anadlu a'r un lorweddol ar gyfer amser.

b) Pwy gymerodd yr amser hiraf i adfer ar ôl yr ymarfer?

c) Pa un o'r ddwy yw'r mwyaf ffit, yn eich barn chi? Rhowch eich rhesymau.

2 Ymhle yn eich corff y mae'r canlynol:
a) y llengig? b) codennau aer? c) falfiau? ch) capilariau?
Beth yw eu swyddogaeth?

3 A yw'r gosodiadau canlynol yn wir neu'n anwir?
a) Nid yw'r rhan fwyaf o'r aer yr ydych yn ei anadlu yn cael ei ddefnyddio gan eich corff.

b) Nid yw ysmygu yn cynyddu'r risg o glefyd y galon.

c) Gallwch gael canser yr ysgyfaint drwy anadlu mwg sigaréts pobl eraill.

ch) Mae ymarfer corff yn cynyddu'r risg o glefyd y galon.

4 Mae gan waed lawer o wahanol swyddogaethau.
Pa ran o'r gwaed sy'n:
a) cludo ocsigen?   b) cludo bwyd sydd wedi ei hydoddi?
c) ymladd yn erbyn germau?   ch) helpu eich gwaed i geulo?

5 Gall bwyta gormod o fraster dirlawn mewn bwydydd fel cig, menyn a hufen achosi clefyd y galon. Dylech ddewis brasterau annirlawn, mewn bwydydd fel pysgod ac olewau llysiau. Edrychwch ar becynnau bwyd a gwneud rhestr o fwydydd ar gyfer y 2 fath o fraster.

6 a) Ceisiwch ganfod ble y mae celloedd coch eich gwaed yn cael eu gwneud.

b) Ceisiwch ganfod sut mae diffyg haearn yn achosi **anaemia** a sut mae hyn yn effeithio ar y corff.

c) Pam, yn eich barn chi, mae merched yn cymryd mwy o dabledi haearn na dynion?

7 Edrychwch ar y dystysgrif drallwyso gwaed hon:
I ba grŵp gwaed mae'r person yn perthyn?
Gwnewch daflen neu boster yn perswadio pobl i roi gwaed.

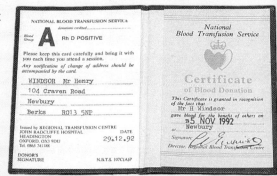

Mae gweld a chlywed yn bwysig i bob un ohonom.
Mae angen i ni allu gweld a chlywed er mwyn cysylltu â phobl eraill.
Wnaethoch chi feddwl ryw dro sut beth fyddai bod yn fyddar neu yn ddall?
Yn yr uned hon, byddwch yn dysgu mwy am y modd y byddwn yn defnyddio golau a thonnau sain.

Penawdau:	19a	*Plygu golau*
	19b	*Byd o liw*
	19c	*Tonnau electromagnetig*
	19ch	*Sain yn symud*
	19d	*Sŵn drwg*

Plygu golau

▶ Edrychwch ar y darlun hwn:

Mae pelydryn o olau yn cael ei *adlewyrchu* oddi ar y drych.

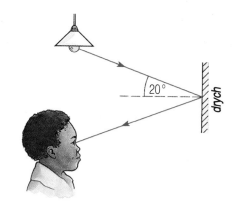

a Pa un yw'r pelydryn trawol?

b Pa un yw'r pelydryn adlewyrchol?

c Os yw'r ongl drawiad yn 20°, beth yw maint yr ongl adlewyrchiad?

ch Pam y mae'r bachgen yn gweld y lamp?

Mae creu adlewyrchiad oddi ar ddrych yn un ffordd o newid cyfeiriad pelydryn. Mae defnyddio **plygiant** yn ffordd arall o wneud hyn.

Ymchwilio i blygiant

Bydd eich athro/athrawes yn rhoi Taflen Gymorth i chi a blocyn hanner cylch o wydr (neu bersbecs).

1 Rhowch eich blocyn gwydr yn ei le ar y Daflen Gymorth, fel y dangosir yma:

2 Defnyddiwch flwch pelydru i anfon paladr cul o olau ar ongl drawiad o 30° fel y dangosir.

3 Edrychwch yn ofalus ar y pelydryn wrth iddo ddod allan o'r blocyn. Ydych chi'n gallu gweld nad yw'r pelydryn yn mynd yn syth ymlaen? Mae'n newid cyfeiriad ar arwyneb y blocyn. Dywedwn fod y pelydryn yn cael ei *blygu*. Yr enw ar hyn yw **plygiant.**

4 Ar y papur, marciwch lwybr y pelydryn wrth iddo ddod allan o'r blocyn. Labelwch ef yn belydryn ①.

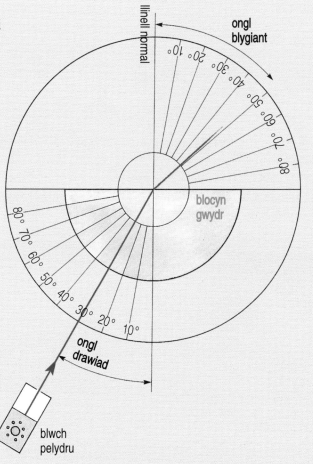

5 Gwnewch yr ongl drawiad yn 40°. Beth sy'n digwydd? Marciwch lwybr newydd y pelydryn plyg, a'i labelu yn ②.

Pan ddaw'r golau allan o'r blocyn gwydr, mae'n plygu *i ffwrdd oddi wrth* y llinell normal.

6 Gwnewch yr ongl drawiad yn 50°. Beth sy'n digwydd nawr? Marciwch lwybr newydd y pelydryn a'i labelu yn ③.

Pan fydd yr ongl drawiad yn fawr, fe welwch fod y golau yn cael ei adlewyrchu y **tu mewn** i'r gwydr. Yr enw ar hyn yw **adlewyrchiad mewnol cyflawn.** Gall hyn fod yn ddefnyddiol iawn, fel y gwelwch ar y dudalen nesaf.

Defnyddio plygiant

Darn o wydr o siâp arbennig yw **lens**. Mae dau fath o lens:

Lens *amgrwm* sydd yn dew yn y canol.
Lens *ceugrwm* sydd yn denau yn y canol.

Mae golau'n plygu wrth fynd trwy lens.

Mae lens amgrwm yn dod â'r pelydrau golau yn nes at ei gilydd. Bryd hyn byddwn yn dweud eu bod yn *cydgyfeirio.*

Mae lens ceugrwm yn gwneud i'r pelydrau ledaenu. Bryd hynny maen nhw'n *dargyfeirio.*

Mae'r pelydrau bob amser yn plygu tuag at ran fwyaf trwchus y lens.

d Ym mha ran o'ch corff mae lens?

dd Ai lens ceugrwm neu lens amgrwm yw hwn?

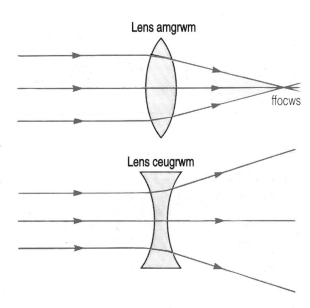

Lens amgrwm

ffocws

Lens ceugrwm

Defnyddio adlewyrchiad mewnol cyflawn

Fe welsoch y gellir adlewyrchu golau *y tu mewn* i'r blocyn gwydr. Mae'r 'llygaid cath' *(cat's eyes)* sydd ar y ffordd fawr yn defnyddio'r syniad hwn. **Prism,** sef darn trionglog o wydr, yw'r 'llygad' hwn.

Mae golau prif lampau ceir yn cael ei adlewyrchu ddwywaith o fewn y prism, ac yna yn disgleirio yn ôl i lygad y gyrrwr.

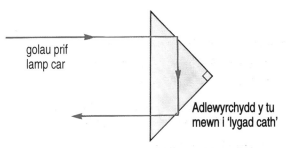

golau prif lamp car

Adlewyrchydd y tu mewn i 'lygad cath'

Gall meddygon ddefnyddio adlewyrchiad mewnol cyflawn i edrych i mewn i'ch stumog.
Bryd hynny maen nhw'n defnyddio darn hir cul o wydr, sef **ffibr optegol**.
Mae'r golau yn cael ei adlewyrchu o un ochr i'r llall ar hyd y ffibr gwydr:

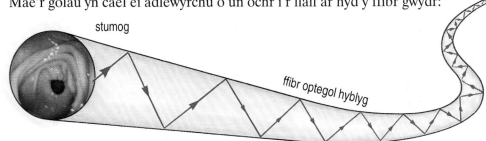

stumog

ffibr optegol hyblyg

---

1 Copïwch a chwblhewch:
a) Pan fydd golau yn mynd i mewn neu allan o wydr, mae'n . . . . cyfeiriad. Mae'r pelydrau yn cael eu . . . . Yr enw ar hyn yw . . . .
b) Pan fydd golau yn dod allan o wydr, mae'n . . . . oddi wrth y llinell normal. Pan fydd yn mynd i mewn i wydr, mae'n . . . . at y normal.
c) Mae lens amgrwm yn gwneud i'r . . . . ddod yn nes at ei gilydd. Mae'r pelydrau'n . . . .
ch) Mewn lens . . . . mae'r pelydrau yn lledaenu. Bryd hynny maen nhw'n . . . .

d) Mae adlewyrchiad . . . . cyflawn yn cael ei ddefnyddio mewn . . . . ac mewn ffibrau . . . .

2 Edrychwch ar y diagram o'r lens **amgrwm** ar ben y dudalen. Lluniwch ddiagramau tebyg yn dangos yr hyn fyddai'n digwydd i'r pelydrau pe byddai'r lens: a) yn dewach, b) yn deneuach.

3 Gwnewch restr o gymaint ag sy'n bosibl o bethau sy'n cynnwys lensiau.

4 Pe bai gennych ffibr optegol rai metrau o hyd, sut allech ei ddefnyddio i anfon negeseuon i ffrind mewn ystafell arall? Allwch chi feddwl am ffyrdd eraill o'i ddefnyddio?

Pethau i'w gwneud

Byd o liw

a Pam mae rhai arwyddion ffyrdd yn goch, yn eich barn chi?

b Dychmygwch eich bod yn byw mewn byd di-liw. Disgrifiwch eich bywyd ynddo.

c Ysgrifennwch liwiau'r enfys.

Mae lliwiau'r enfys yn ffurfio **sbectrwm**.

Gwneud sbectrwm

Disgleiriwch ychydig o olau gwyn o'r blwch pelydru trwy brism, ac ar sgrin:

Trowch y prism hyd nes byddwch yn gweld sbectrwm ar y sgrin.

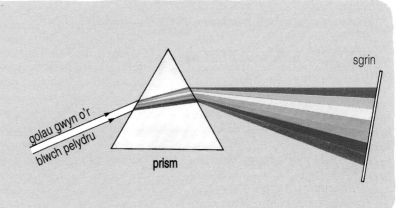

ch Faint o liwiau welwch chi?

d Pa liw sy'n plygu leiaf?

dd Pa liw sy'n plygu fwyaf?

Mae'r arbrawf hwn yn dangos mai cymysgedd o nifer o liwiau yw golau gwyn. Mae'r prism yn rhannu'r cymysgedd o liwiau.

Dywedwn fod y golau gwyn wedi cael ei *wasgaru* gan y prism a'i fod yn ffurfio sbectrwm gweledol. Yr enw ar hyn yw **gwasgariad**.

Y lliwiau, yn eu trefn, yw: Coch, Oren, Melyn, Gwyrdd, Glas, Indigo, Fioled.

Tonnau golau

Pe byddech yn taflu carreg i bwll o ddŵr, byddech yn gweld **tonnau** mân yn symud allan o'r man lle disgynnodd y garreg. Mae golau yn lledaenu yn yr un ffordd, yn donnau.

Mae gan bob ton ei **thonfedd** ei hun.
Mae gan bob lliw donfedd o hyd arbennig.

Gan olau coch mae'r donfedd hiraf, sef tua $\frac{1}{1000}$ mm.

Gan y lliw fioled mae'r donfedd fyrraf. Mae tua 2000 o donfeddi golau fioled mewn 1 mm.

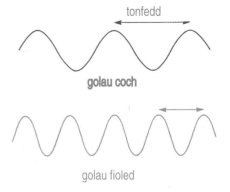

Gweld gwrthrychau lliw

Pan fydd golau'n disgleirio ar wrthrych lliw, mae peth o'r golau yn cael ei **amsugno**.
Mae gweddill y golau yn cael ei adlewyrchu.
Byddwch yn gweld lliw'r golau sy'n cael ei adlewyrchu. Er enghraifft:

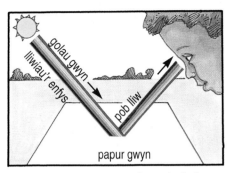

Mae pethau gwyn yn adlewyrchu holl liwiau goleuni, h.y. lliwiau'r enfys.

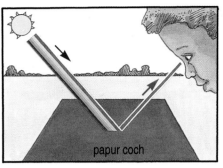

Mae pethau coch yn adlewyrchu golau coch ac yn amsugno'r lliwiau eraill. Y golau coch fyddwn ni yn ei weld.

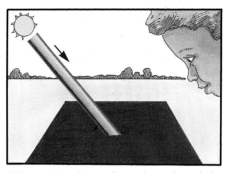

Nid yw pethau du yn adlewyrchu unrhyw olau. Mae'r golau i gyd yn cael ei amsugno.

e   Golau o ba liw sy'n cael ei adlewyrchu gan grys-T glas?
f   Eglurwch beth sy'n digwydd wrth i chi edrych ar yr inc coch hwn

Edrych ar wrthrychau trwy olau o liwiau gwahanol

Cynlluniwch ymchwiliad fydd yn rhoi'r data ar gyfer y tabl hwn:

- I wneud golau lliw, gallech osod **hidlen** liw ar flwch pelydru (neu fflachlamp).
  Golau coch yn unig sy'n mynd trwy'r hidlen goch.

- Dangoswch eich cynllun i'ch athro/athrawes, ac yna gwnewch yr arbrawf.

- Pa batrwm sydd i'w weld?

Lliw gwrthrychau dan oleuadau lliw				
Lliw'r gwrthrych yng ngolau dydd	Lliw'r golau sy'n disgleirio arno			
	gwyn	coch	gwyrdd	glas
gwyn	gwyn			
coch				
gwyrdd				
glas				

Ceir o bob lliw

Cynlluniwch ymchwiliad i weld **pa liw yw'r un mwyaf diogel ar gyfer ceir.** Hynny yw, pa liw sydd hawsaf i'w weld
a) yng ngolau dydd,
b) dan oleuadau stryd,
c) gyda phrif lampau car.
Dangoswch eich cynllun i'ch athro/athrawes, ac os oes gennych amser wrth gefn, gwnewch yr arbrawf.

1   Copïwch a chwblhewch:
a) Mae golau . . . . yn gymysgedd o 7 lliw.
b) Lliwiau'r sbectrwm yw:
c) Golau . . . . sydd â'r donfedd hiraf.
ch) Mae crys-T coch yn adlewyrchu golau . . . . ac yn . . . . pob lliw arall.

2   Pa liw fyddai ar lyfr glas:
a) mewn golau gwyn?   c) mewn golau coch?
b) mewn golau glas?   ch) trwy hidlen goch?

3   Dychmygwch eich bod yn aelod o grŵp roc, a bod eich goleuadau llwyfan fel arfer yn fflachio'n goch ac yn las. Cynlluniwch ddillad a fydd yn edrych yn dda mewn golau coch, glas a gwyn.
Lluniwch ddarluniau lliw ohonyn nhw mewn golau: a) gwyn,   b) coch,   c) glas.

4   Beth yw cuddliw? Darluniwch wisg a fydd yn cuddio person sy'n gwylio adar
a) yn yr anialwch,   b) yn y jyngl.

Pethau i'w gwneud

Tonnau electromagnetig

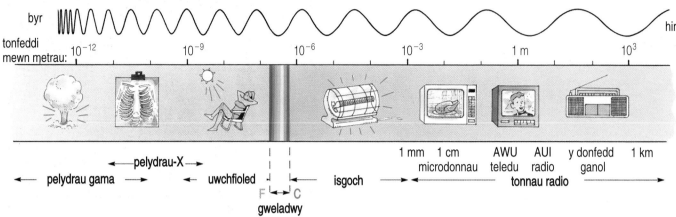

byr						hir
tonfeddi mewn metrau:	10^{-12}	10^{-9}	10^{-6}	10^{-3}	1 m	10^3

pelydrau-X

pelydrau gama → ← uwchfioled → ← isgoch →

F ← → C
gweladwy

1 mm 1 cm AWU AUI y donfedd 1 km
microdonnau teledu radio ganol
tonnau radio

a Ysgrifennwch enwau'r 7 lliw sydd i'w gweld yn y sbectrwm.

Darn bach iawn o sbectrwm llawer mwy yw'r hyn welwch chi. Gelwir y sbectrwm cyfan yn **sbectrwm electromagnetig**. Ffurfiwyd y sbectrwm hwn o nifer o wahanol fathau o *belydriad*.

Dangosir y sbectrwm electromagnetig llawn yn y diagram uchod. Edrychwch ar y diagram yn ofalus.

b Ysgrifennwch enwau'r 6 phrif fath o belydriad, gan ddechrau â'r pelydrau gama.

c Pa fath o belydriad sydd â'r donfedd hiraf?

ch Pa fath o belydriad sydd â'r donfedd fyrraf?

Defnyddiwch y data sydd ar y ddwy dudalen hyn i ateb cwestiynau **d** i **j**.

Tonnau electromagnetig:

1 Gallant i gyd symud trwy wactod.
2 Maen nhw i gyd yn symud ar yr un buanedd â golau, sef 300 000 km yr eiliad.
3 Gellir eu hadlewyrchu a'u plygu.
4 Maen nhw i gyd yn trosglwyddo egni o un man i fan arall.
5 Po fyrraf y donfedd, y mwyaf peryglus ydyw.

Pelydrau gama (pelydrau-γ) sydd â'r donfedd fyrraf. Gallant dreiddio yn ddwfn a mynd trwy fetel hyd yn oed.

Sylweddau ymbelydrol sy'n eu cynhyrchu a gallant fod yn hynod o beryglus i bobl os nad ydynt yn cael eu defnyddio'n ofalus. Defnyddir pelydrau gama i ladd bacteria ac i steryllu offer mewn ysbyty.
O gael eu defnyddio yn y ffordd gywir, gallant ladd celloedd canser. Gelwir hyn yn radiotherapi:

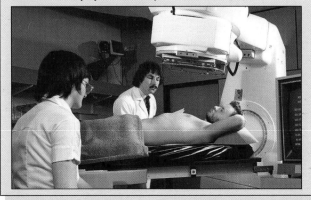

Mae **pelydrau-X** yn debyg iawn i belydrau gama. Tonfedd fer sydd ganddyn nhw. Mae lefel uchel o egni mewn pelydrau-X a gallant dreiddio i mewn i bethau. Gallant fynd trwy groen yn hawdd, ond nid esgyrn. Defnyddir hwy gan feddygon a deintyddion.

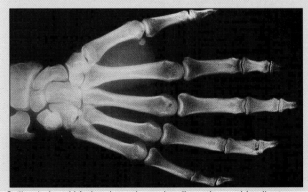

Gall pelydrau-X fod yn beryglus ar brydiau, oherwydd gallant wneud niwed i gelloedd sy'n ddwfn yn y corff.
Ni ddylai merched beichiog gael pelydrau-X oherwydd gallant wneud niwed i'r baban yn y groth.

Pelydrau uwchfioled – o'r Haul a lampau haul. Dyma'r tonnau sy'n creu lliw haul ar eich croen.

Gall pelydrau uwchfioled wneud niwed i'ch croen. Gallant achosi canser y croen. Ond gellir atal hyn trwy ddefnyddio hufen haul sy'n rhwystro'r pelydrau niweidiol rhag cyrraedd y croen.

Gellir eu defnyddio hefyd i ladd bacteria.

d Pa fathau o belydriad sydd yn amhosibl i ni eu gweld â'n llygaid?

dd Pa belydrau sydd yn debyg iawn i belydrau-X?

e Enwch un math o don electromagnetig sydd:
  i) yn achosi lliw haul ar y croen,
  ii) yn gallu mynd trwy fetelau,
  iii) yn cael ei gynhyrchu gan wrthrychau cynnes,
  iv) i'w gweld â'r llygad.

f Pa donnau sy'n cael eu defnyddio yn aml iawn wrth gyfathrebu?

ff A oes tonnau radio yn yr ystafell hon ar hyn o bryd? Sut mae darganfod hyn?

g Pa mor bell mae tonnau radio yn symud mewn 1 eiliad?

ng Pa belydrau sy'n niweidiol i fywyd?

h Ysgrifennwch erthygl bapur newydd sy'n sôn am dorheulo. Trafodwch pam mae pobl yn gwneud hyn, a beth yw'r peryglon.

i Lluniwch boster yn rhybuddio pobl am beryglon pelydrau-X.

j Dychmygwch eich bod yn ddieithryn o'r gofod sydd newydd lanio ar y Ddaear. Trwy gyfrwng pelydriad isgoch yn unig mae eich llygaid yn gweld pethau. Disgrifiwch yr hyn welwch wrth i chi adael eich llong ofod a cherdded trwy dref arbennig.

Pelydrau isgoch Tonnau yw'r rhain sy'n hirach na golau coch. Nid yw'n bosibl gweld pelydrau isgoch ond mae'n bosibl teimlo eu gwres ar y croen. Mae unrhyw beth sy'n boeth neu'n gynnes yn cynhyrchu pelydrau isgoch – gan eich cynnwys chi eich hun!

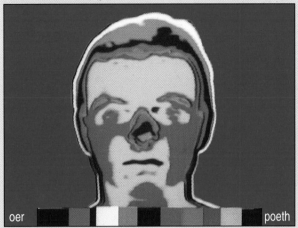

oer   poeth

Fe'u defnyddir i chwilio am bobl mewn ystafelloedd llawn mwg neu yn dilyn daeargryn.

Tonnau radio Mae eu tonfedd yn hirach, ac mae gwahanol fathau ohonyn nhw:

Microdonnau Defnyddir y tonnau hyn mewn poptai microdon. Mae egni'r microdonnau yn cynhesu'r bwyd. Fe'u defnyddir hefyd ar gyfer radar ac i gyfathrebu trwy ddefnyddio lloerennau.

Tonnau Amledd Wltra Uchel (AWU) Fe'u defnyddir i ddarlledu rhaglenni teledu i'ch cartref.

Tonnau Amledd Uchel Iawn (AUI) Fe'u defnyddir ar gyfer rhaglenni radio lleol, a chan yr heddlu.

Defnyddir y **donfedd ganol** (*medium wave*) a'r **donfedd hir** (*long wave*) ar gyfer darlledu dros bellter.

1 Copïwch a chwblhewch:
a) Mae'r sbectrwm electromagnetig yn cynnwys y canlynol yn ôl eu trefn: pelydrau gama, ... , ... , ... , ... , ...
b) Tonnau . . . . sydd â'r donfedd hiraf.

2 Ysgrifennwch 5 peth sy'n gyffredin i donnau electromagnetig.

3 Torrwch luniau o gylchgronau er mwyn gwneud *collage* sy'n dangos sut y defnyddir gwahanol fathau o belydriad.

4 Mae gan neidr ruglo (*rattlesnake*) bâr ychwanegol o lygaid sy'n gweld pelydrau isgoch. Eglurwch sut mae hyn o gymorth i'r neidr ddod o hyd i fwyd. Pam fyddai'n haws i'r neidr wneud hyn yn y nos?

5 Beth yw effaith microdonnau ar fwyd? Enwch y defnyddiau mae microdonnau:
a) yn gallu mynd trwyddynt,   b) yn methu mynd trwyddynt.

6 Dywed Gareth fod y 6 math gwahanol o belydriad yn cael eu defnyddio mewn ysbyty. Ydych chi'n cytuno? Eglurwch eich ateb.

Pethau i'w gwneud

Sain yn symud

▶ Edrychwch ar y llun:

a Mae gwddf Siân yn dirgrynu.
Eglurwch, fesul cam, sut mae
Manon yn clywed y tonnau sain.

▶ Mae cwningod yn gallu rhybuddio ei gilydd o
berygl trwy daro'r tir yn galed.
b A yw sain yn gallu mynd trwy solidau?
c Sut mae morfilod yn 'siarad' gyda'i gilydd?
ch A yw sain yn gallu symud trwy ddŵr?

Sain yn symud

Defnyddiwch sbring hwylus
i ddangos sut mae sain yn
symud.
Gwthiwch un pen i'r sbring er
mwyn ei wasgu at ei gilydd.

dirgryniad

Yna tynnwch y sbring yn ei ôl:

Gwthiwch e' at ei gilydd eto,
i'w gywasgu:

Rydych yn **dirgrynu** pen y sbring.
Mae **ton** o egni yn symud i lawr y sbring.

ton

Yr enw ar y math hwn o don yw ton arhydol.

Gallwch weld bod rhai rhannau o'r sbring yn cael eu gwthio at ei
gilydd, a rhannau eraill yn cael eu tynnu oddi wrth ei gilydd.

Yn yr un modd mae egni sain yn symud o'ch ceg wrth i chi siarad.
Ond yn hytrach na sbring y tro hwn, ceir gronynnau bach o aer o'r enw **molecylau**.
Pan fyddwch yn siarad, mae'r molecylau yn cael eu gwthio at ei gilydd ac yn cael eu tynnu oddi
wrth ei gilydd, gan ddirgrynu fel y sbring.
Mae'r egni sain hwn yn symud oddi wrth eich ceg, fel y don ar y sbring. Mae sain yn symud ar
fuanedd o 340 metr yr eiliad.

Ydy sain yn gallu symud trwy wactod?

d Beth yw gwactod?

Bydd eich athro/athrawes yn dangos i chi beth sy'n digwydd i sain
pan fydd aer yn cael ei dynnu allan o glochen:

dd Yn gyntaf, ceisiwch **ragfynegi** beth fydd yn digwydd.

e Beth sy'n digwydd wrth i'r aer gael ei bwmpio allan?

f Beth sy'n digwydd wrth i'r aer gael ei ollwng yn ôl i mewn?

ff Eglurwch yr arbrawf.

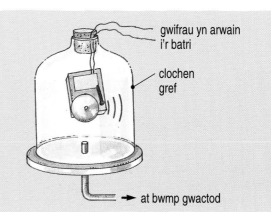

gwifrau yn arwain
i'r batri

clochen
gref

at bwmp gwactod

Pa nodau allwch chi eu clywed?

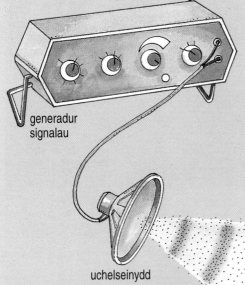

generadur signalau

uchelseinydd

Bydd eich athro yn cysylltu **generadur signalau** ag **uchelseinydd**. Mae'r generadur signalau yn gwneud i'r uchelseinydd ddirgrynu, ac o ganlyniad bydd hwnnw yn creu ton o sain.

Mae'r deial ar y generadur yn dangos beth yw **amledd** y dirgryniad. Gelwir uned mesur amledd yn **herts** (ysgrifennir hyn fel **Hz** hefyd). Os yw'r amledd yn 100 Hz, mae'r uchelseinydd yn dirgrynu 100 gwaith bob eiliad. Mae hyn yn cynhyrchu nodyn isel ei sain, fel nodyn ar gitâr fas. Dywedwn fod **traw** isel i'r nodyn hwn.

- Trowch y deial ar y generadur i amledd uwch.
- **g** Beth sy'n digwydd i draw'r nodyn?
- **ng** Beth yw'r amledd uchaf allwch chi ei glywed?
- **h** Beth yw'r amledd isaf allwch chi ei glywed?

- Nawr cysylltwch **ficroffon** wrth osgilosgop pelydrau catod (*cathode ray oscilloscope* – CRO).

  Math o set deledu arbennig yw'r osgilosgop pelydrau catod. Mae'n dangos **tonffurf** y don sain.

- Edrychwch ar y donffurf wrth i chi newid amledd (traw) y sain ei hun.

- **i** Lluniwch fraslun o'r donffurf pan fydd gan y sain amledd uchel. Labelwch y braslun.

- **j** Gwnewch hyn eto ar gyfer sain sydd ag amledd isel.

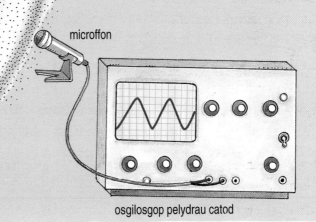

microffon

osgilosgop pelydrau catod

▶ Mae'r diagram yn dangos amrediad clyw rhai anifeiliaid:
Beth ydych chi'n sylwi arno?

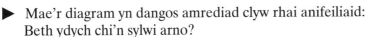

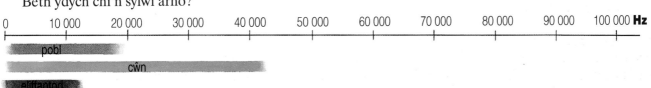

| 0 | 10 000 | 20 000 | 30 000 | 40 000 | 50 000 | 60 000 | 70 000 | 80 000 | 90 000 | 100 000 **Hz** |

pobl

cŵn

eliffantod

ystlumod

dolffiniaid

---

1 Copïwch a chwblhewch:
a) Gall sain deithio drwy solidau, ... a nwyon.
b) Nid yw sain yn gallu teithio trwy . . . .
c) Mae'r . . . . bach sydd mewn ton sain yn cael eu gwthio at ei gilydd a'u tynnu oddi wrth ei gilydd hefyd.
ch) Mesurir amledd dirgryniad mewn unedau o'r enw . . . ., yn fyr . . . .
d) Mae gan nodyn o draw uchel . . . . uchel.
dd) Mae amrediad clyw pobl rhwng tua 30 Hz a thua . . . . Hz.

2 Pam nad yw sain yn gallu teithio:
a) mewn gwactod?   b) ar y Lleuad?

3 Mae sain yn symud ar fuanedd gwahanol mewn gwahanol ddefnyddiau:

Defnydd	aer	dŵr	pren	haearn
Buanedd sain (m/s)	340	1500	4000	5000

a) Lluniwch siart bar i ddangos y wybodaeth hon.
b) Pa batrwm sydd i'w weld?

Pethau i'w gwneud

Sŵn drwg

▶ Beth, yn eich barn chi, yw'r gwahaniaeth rhwng *cerddoriaeth* a *sŵn*?

a Ysgrifennwch 3 gair sy'n disgrifio cerddoriaeth.
b Ysgrifennwch 3 gair sy'n disgrifio sŵn.

Ystyr y gair sŵn yw unrhyw sain nad ydym yn ei hoffi. Mae'n fath o lygredd.

c Rhowch 3 enghraifft o seiniau sy'n sŵn, yn eich barn chi.

Mae cryfder unrhyw sain yn cael ei fesur mewn **decibelau**. Ysgrifennir hyn yn aml fel **dB.**

Mae'r sain dawelaf y gall pobl ei chlywed yn mesur sero decibel (0 dB). Mae mwy o *egni,* a mwy o ddecibelau, mewn sain gryfach.

Mae'r raddfa hon yn dangos cryfder gwahanol seiniau:

ch Beth yw cryfder sain sgwrsio cyffredin (mewn dB)?

Ceisiwch amcangyfrif pa mor gryf yw'r seiniau canlynol (mewn dB),
d cân aderyn,
dd cymysgydd bwyd.

Gall seiniau cryf fod yn beryglus. Gallant wneud pobl yn fyddar am byth.

e Pe byddech yn defnyddio llif drydan, beth ddylech ei wisgo?
f Pam mae'r sŵn sydd mewn disgo yn gallu bod yn beryglus?

ff Pam mae'r sŵn a ddaw o neuadd chwaraeon bob amser yn sŵn cryf iawn?
g *Pam* fyddai gosod carped a llenni yn y neuadd yn newid y sefyllfa?

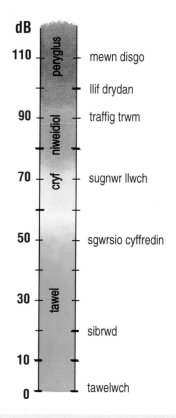

dB		
110	peryglus	mewn disgo
		llif drydan
90	niweidiol	traffig trwm
70	cryf	sugnwr llwch
50		sgwrsio cyffredin
30	tawel	
		sibrwd
10		
0		tawelwch

Edrych ar lefelau sain

Defnyddiwch fesurydd lefelau sain i fesur cryfder rhai seiniau:

Dangoswch eich canlyniadau ar raddfa debyg i'r un uchod:

Defnyddio mesurydd lefelau sain   Gwisgo gorchudd dros y clustiau wrth weithio

Cymdogion swnllyd

Mae cymdogion Carys yn swnllyd iawn. Daw'r sŵn trwy'r waliau pan fydd Carys yn gwneud ei gwaith cartref. Mae am wneud waliau ei hystafell wely yn rhai gwrth-sain.

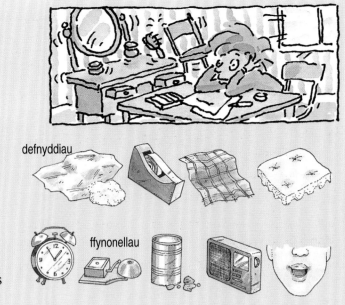

Cynlluniwch ymchwiliad i ddarganfod *pa ddefnydd yw'r gorau i dawelu seiniau.*

- Bydd eich athro/athrawes yn rhoi nifer o wahanol ddefnyddiau i chi.
  Er enghraifft: papur, ffoil, sbwng, brethyn, bag polythen, plastisîn, tâp gludiog, gwlân cotwm, etc.

- Bydd angen rhywbeth i wneud y sain.
  Er enghraifft: cloc neu suydd, tun metel sy'n cynnwys cerrig, radio, neu eich llais.

- Bydd angen rhywbeth i ganfod faint o sain sy'n dod trwy'r defnydd.
  Er enghraifft: eich clust neu fesurydd lefelau sain neu ficroffon ac osgilosgop pelydrau catod.

defnyddiau

ffynonellau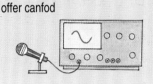

offer canfod

- Cynlluniwch eich arbrawf. Sut fyddwch yn sicrhau bod y *prawf yn un teg*?

- Sut fyddwch yn cofnodi eich canlyniadau?

- Dangoswch eich cynllun i'ch athro/athrawes, ac yna rhowch gynnig arno.

- Ysgrifennwch adroddiad i Carys, gan egluro pa ddefnydd yw'r gorau ar gyfer gwneud y waliau yn rhai gwrth-sain.

- Pa fath o ddefnyddiau sydd orau? Oes patrwm i'w weld yn eich canlyniadau?

- Sut allech chi wella'r arbrawf?

Dychmygwch eich bod yn byw ar ffordd brysur lle mae llawer o sŵn traffig. Trafodwch y cwestiynau hyn fel grŵp:

ng Sut fyddech yn lleihau'r sŵn traffig sydd i'w glywed o'r ardd?

h Sut fyddech yn lleihau'r sŵn traffig sydd i'w glywed o'r tŷ?

i Beth feddyliwch chi ddylai gael ei wneud ynglŷn â lleihau sŵn traffig mewn trefi?

---

1 Copïwch a chwblhewch:
a) Mae cryfder sain yn cael ei fesur mewn . . . . (sy'n cael ei ysgrifennu yn aml fel . . . .).
b) Mae gan sain gryfach fwy o . . . .

2 Cynlluniwch boster i annog pobl ifanc yn eu harddegau i ofalu am eu clyw.

3 Dychmygwch eich bod yn gweithio mewn swyddfa swnllyd. Sut fyddech chi'n awgrymu gwella'r sefyllfa?

4 Rydych yn edrych trwy'r ffenest mewn ystafell dywyll ac yn yfed cwpanaid o goffi. Mae'r teledu ymlaen gennych. Daw merch fyddar i mewn i'r ystafell. Beth fyddech yn ei wneud cyn dechrau siarad gyda hi?

5 Mae Dai yn dweud, "Rydw i'n gwneud fy ngwaith cartref yn well os oes cerddoriaeth yn y cefndir." Dyma mae Wyn yn ei ddweud, "Dydw i ddim yn cytuno – fyddi di ddim yn gallu canolbwyntio pan fydd cerddoriaeth yn y cefndir." Cynlluniwch ymchwiliad i weld pwy sy'n gywir.

Pethau i'w gwneud

Cwestiynau

1 Mae adlewyrchydd ar feic wedi ei wneud o dri darn trionglog o blastig coch. Mae'n gweithio mewn ffordd debyg iawn i 'lygad cath' ar y ffordd fawr.

a) Lluniwch ddiagram i ddangos yn union sut mae'n adlewyrchu golau oddi ar brif lampau car.

b) Pam mae'r golau sy'n cael ei adlewyrchu yn goch?

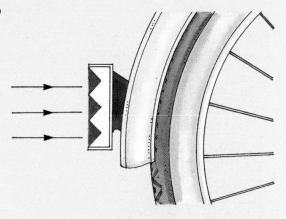

2 Roedd rhai disgyblion yn gwneud rhagdybiaethau ynglŷn ag effaith lliw.

Dywedodd Arfon: "Rydw i'n credu bod llai o bobl yn bwyta losin gwyrdd na losin o unrhyw liw arall."

Dywedodd Bethan: "Rydw i'n credu bod adar yn hoffi bara gwyn yn well na bara brown."

Dewiswch un o'r rhagdybiaethau hyn, ac yna cynlluniwch ymchwiliad i'w phrofi. Gofalwch fod y prawf yn un teg.

3 Gwnewch arolwg sy'n seiliedig ar liw:
naill ai'r dillad yn eich wardrob, *neu*'r llenni, y carpedi, etc, sydd yn eich tŷ, *neu* liw y ceir sydd yn eich stryd.
Pa un yw'r ffordd orau o ddangos y data hyn?

4 Lluniwch boster i rybuddio pobl rhag torheulo gormod.

5 Gwnewch arolwg sain ymysg eich teulu a'ch ffrindiau, gan wneud rhestr o hoff sain pawb a'r sain maen nhw'n ei chasáu fwyaf.

6 a) Copïwch y tabl. Ticiwch y golofn gywir i ddangos ai traw uchel neu draw isel sydd i bob amledd.

b) Nid yw pobl oedrannus yn gallu clywed nodau uchel iawn. Pam, yn eich barn chi, y bydd eich amrediad clyw yn mynd yn llai wrth i chi heneiddio?

c) Beth yw uwchsain? Sut mae ystlumod yn ei ddefnyddio?

Amledd	Traw	
	uchel	isel
10 000 Hz		
50 Hz		
50 kHz		
20 kHz		

7 Mae Alan, Beth a Catrin wedi darllen bod seiniau amledd uchel yn poeni mwy ar bobl na seiniau amledd isel. Mae gan bob un ohonyn nhw ragdybiaeth ynglŷn â hyn:

Dywed Alan, "Rydw i'n meddwl mai'r rheswm dros hyn yw ei bod yn fwy anodd clywed rhywun yn siarad os oes seiniau amledd uchel yn torri ar draws."

Mae Beth yn dweud: "Rydw i'n meddwl mai'r rheswm dros hyn yw bod ein clustiau yn fwy sensitif i seiniau o draw uchel."

Dyma beth ddywed Catrin: "Rydw i'n credu mai'r rheswm dros hyn yw bod seiniau amledd uchel yn treiddio trwy waliau yn llawer haws."

a) Ydych chi'n cytuno ag unrhyw un o'r rhagdybiaethau hyn?

b) Dewiswch un, a chynlluniwch ymchwiliad i'w phrofi.

Sgreeeech!

Dŵr sy'n ein cadw'n fyw. Rhaid i ni gael dŵr i'w yfed. Mae arnom angen dŵr hefyd i dyfu ein bwyd.

Y tro nesaf y byddwch yn troi'r tap i gael diod o ddŵr, meddyliwch o ble mae'r dŵr yn dod.

Yn yr uned hon, byddwch yn darganfod pam y dylen ni fod yn falch ei bod yn bwrw glaw!

Penawdau: 20a   *Dŵr, dŵr a mwy o ddŵr*
             20b   *Y gylchred ddŵr*
             20c   *Beth sydd mewn cwmwl?*
             20ch   *Pam mae glaw yn disgyn?*

Cyfansoddyn yw dŵr. Mae'n cynnwys 2 elfen.
Allwch chi gofio pa elfennau sy'n cyfuno i wneud dŵr?
(Cyngor: edrychwch ar dudalen 27.)

Mae gan ddŵr wahanol gyflyrau.

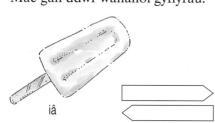

iâ

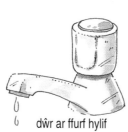

dŵr ar ffurf hylif

ager

▶ Copïwch enw pob cyflwr. Yna ychwanegwch y geiriau canlynol yn y mannau cywir:

> ***anweddu   rhewi   cyddwyso   ymdoddi***

▶ Bydd eich athro/athrawes yn dangos *1 litr* o ddŵr i chi.
Faint o ddŵr mae eich teulu yn ei ddefnyddio bob dydd? Ceisiwch amcangyfrif nifer y litrau.
Meddyliwch am y dŵr mae teulu yn ei ddefnyddio i wneud y canlynol:

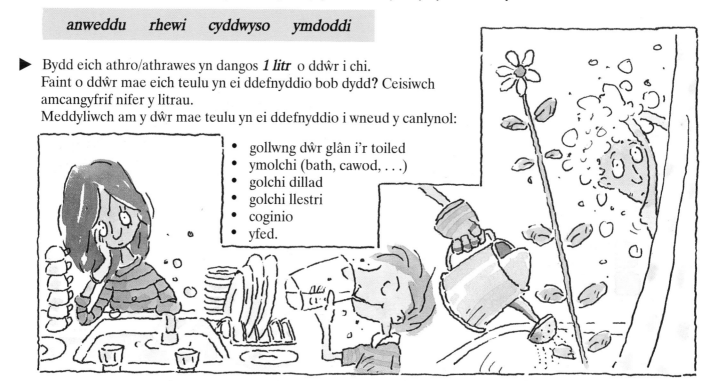

- gollwng dŵr glân i'r toiled
- ymolchi (bath, cawod, . . .)
- golchi dillad
- golchi llestri
- coginio
- yfed.

Allwch chi feddwl am ragor o bethau?

Ceisiwch amcangyfrif yn fras faint o ddŵr sy'n cael ei ddefnyddio gan holl deuluoedd y disgyblion sydd yn eich dosbarth chi.

▶ Mae dŵr yn brin iawn mewn rhai gwledydd.
Beth, yn eich barn chi, yw'r rheswm dros hyn?
Rhaid i lawer o bobl gario dŵr am filltiroedd.
Sut mae hyn yn effeithio ar faint o ddŵr maen nhw'n ei ddefnyddio?
(Meddyliwch am gario bwcedaid o ddŵr o amgylch yr ysgol am rai oriau . . .)

Profi dŵr

Beth yw dŵr pur, yn eich barn chi? Beth yw'r gwahaniaeth
rhwng dŵr pur a dŵr amhur?

Gwnewch y profion canlynol ar y samplau sydd gennych o ddŵr pur
a dŵr amhur.
Cofnodwch eich canlyniadau mewn tabl fel hyn:
Gan drin pob sampl yn ei dro,

1 Mesurwch ei ferwbwynt.

2 Mesurwch ei rewbwynt.

3 Ydy e'n dargludo trydan?

4 Rhowch ddiferyn o'r sampl ar ddarn o bapur
   cobalt clorid glas. Beth sy'n digwydd?

5 Rhowch ddiferyn o'r sampl ar ddarn o bapur
   dangosydd pH. Beth yw'r rhif pH?

Pa un o'r profion hyn sy'n rhoi'r un canlyniad ar gyfer dŵr pur
a dŵr amhur?

⚠ sbectol
ddiogelwch

Prawf	Dŵr pur	Dŵr amhur
1. Berwbwynt		
2. Rhewbwynt		
3.		

Rydw i'n meddwl mai
dŵr glaw sydd orau ar
gyfer golchi gwallt.
Mae'n ddŵr pur.

Rydw i'n credu bod
dŵr o'r nant yn
fwy pur.

Cynlluniwch ymchwiliad i ddarganfod pa un yw'r puraf, ai dŵr glaw neu
ddŵr o'r nant. Dangoswch eich cynllun i'ch athro/athrawes cyn dechrau
gwneud yr ymchwiliad.
Beth allai achosi i   a) ddŵr glaw   b) ddŵr o'r nant   fod yn amhur?

---

1 Copïwch a chwblhewch y canlynol:
a) Ymdoddbwynt dŵr pur yw . . . . °C.
b) Berwbwynt dŵr pur yw . . . . °C.
c) Pan fydd . . . . yn ymdoddi, bydd yn ffurfio
    dŵr sydd ar ffurf hylif.
ch) Pan fydd dŵr ar ffurf hylif yn . . . .
    mae'n ffurfio ager.
d) . . . . yw dŵr pur yn dargludo trydan.
dd) Rhif pH dŵr pur yw . . . .

2 Lluniwch ddiagramau yn dangos trefniant
gronynnau ym mhob un o 3 chyflwr dŵr.

3 Cynlluniwch boster i annog pobl i
ddefnyddio llai o ddŵr.
Pam mae arbed dŵr yn bwysig?

4 Dychmygwch mai eich gwaith yw gwerthu
dŵr. Meddyliwch am ei briodweddau a ffyrdd
posib o'i ddefnyddio. Lluniwch daflen
hysbysebu fel rhan o'ch ymgyrch i werthu'r
dŵr.

5 Diod newydd boblogaidd a blas cyrens
duon arni yw FIZZO. Un o gynhwysion
FIZZO yw dŵr.
a) Disgrifiwch arbrawf i gael dŵr pur o'r
    ddiod.
b) Disgrifiwch arbrawf i ddarganfod a yw'r
    lliw porffor yn sylwedd unigol pur
    neu'n gymysgedd.

Pethau i'w
gwneud

91

Y gylchred ddŵr

Pa rai o 3 chyflwr dŵr sydd i'w gweld yn y lluniau hyn?

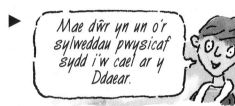

Mae dŵr yn un o'r sylweddau pwysicaf sydd i'w cael ar y Ddaear.

Ydych chi'n cytuno â Gwyn?
Ysgrifennwch 5 neu 6 llinell yn egluro eich barn.

Rydyn ni'n defnyddio biliynau o litrau o ddŵr bob dydd.
Ydych chi wedi meddwl erioed pam nad yw'n dod i ben?
Yr ateb yw ei fod yn cael ei **ailgylchu**.

Mae'r **gylchred ddŵr** yn bwysig iawn ym myd natur.

Gan weithio mewn grwpiau, lluniwch boster sy'n dangos y gylchred ddŵr.
Gallai'r llun hwn fod yn *fan cychwyn* ar gyfer eich poster.

Mae'r labeli yn rhoi ychydig o wybodaeth am rai rhannau o'r gylchred ddŵr. Rhowch nhw yn y mannau cywir ar eich llun.
Ble mae'r glaw yn debygol o ddisgyn? Dàrluniwch hyn ar eich llun.
Cofiwch osod saethau yn y llun i ddangos i ba gyfeiriad mae'r dŵr yn mynd.

a   Mae egni o'r Haul yn hynod o bwysig yn y gylchred ddŵr.
    Ar ba ran o'r gylchred mae hyn yn effeithio?
b   Pam mae dŵr weithiau yn disgyn fel *eira* yn hytrach nag fel glaw?
c   Beth sy'n achosi glaw asid?

Labeli
- mae dŵr y môr yn anweddu
- mae'r dŵr, ar ffurf nwy (anwedd), yn symud ar i fyny
- wrth iddo oeri, mae'r dŵr yn cyddwyso ac yn troi'n ddefnynnau sy'n ffurfio cymylau
- mae'r gwynt yn symud y cymylau
- mae'r defnynnau yn mynd yn drymach, ac mae'r dŵr yn disgyn fel glaw, cenllysg neu eira
- daw y dŵr yn ei ôl i'r môr, drwy'r llynnoedd a'r afonydd

Cyn i'r dŵr fynd yn ei ôl i'r môr, mae'n cael ei gludo mewn pibellau i'n cartrefi o'r afonydd, o'r llynnoedd neu o ffynonellau o dan y ddaear. Allwch chi ddim yfed dŵr yn syth o'r afon.

Pam?

Rhaid i ddŵr gael ei buro cyn y gallwn ni ei ddefnyddio. Mae'r broses o buro'r dŵr yn digwydd mewn gwaith dŵr. Rhaid puro llawer iawn o ddŵr am bris isel yma. **Hidlo** yw'r enw ar y broses hon.

Hoffech chi yfed y dŵr hwn?

Puro dŵr

Bydd eich athro/athrawes yn rhoi ychydig o ddŵr budr i chi. Eich gwaith yw cael y dŵr glanaf posib o'r dŵr budr. Gallwch ddefnyddio unrhyw offer y bydd eich athro/athrawes wedi eu rhoi ichi.

Lluniwch ddiagram yn dangos sut wnaethoch chi ddefnyddio'r offer i gael dŵr glân.

Ddylech chi ddim yfed y dŵr hwn. Pam?

Ceisiwch ddarganfod sut mae dŵr yn cael ei buro mewn gwaith dŵr.

1 Dychmygwch eich bod yn ronyn o ddŵr mewn diferyn o law. Ysgrifennwch am eich anturiaethau wrth fynd o un cam i'r llall yn y gylchred ddŵr. Gorffennwch eich stori wrth i chi gyrraedd y cymylau unwaith eto. Cofiwch ysgrifennu am y newid cyflwr sy'n digwydd i chi.

2 Lluniwch ddiagram o'r cyfarpar sy'n arfer cael ei ddefnyddio i hidlo dŵr yn y labordy. Labelwch y **gweddill** (*residue*) a'r **hidlif** (*filtrate*) ar eich diagram.

3 Mewn rhai ardaloedd, ychwanegir sodiwm fflworid (NaF) at y dŵr. Mae deintyddion yn credu bod y **fflworid** yn atal dannedd rhag pydru. Fodd bynnag, gall gormod o fflworid fod yn wenwynig.
a) A ddylai fflworid gael ei ychwanegu, yn eich barn chi? Eglurwch eich barn.
b) Awgrymwch ffyrdd eraill o leihau pydredd mewn dannedd.

4 Ceisiwch ddarganfod ychydig am **ddŵr caled**. Beth yw'r gwahaniaeth rhwng **dŵr caled** a **dŵr meddal**?
Nodwch un fantais ac un anfantais o fyw mewn ardal lle mae'r dŵr yn galed.

Pethau i'w gwneud

Beth sydd mewn cwmwl?

Ydy'r awyr yn gymylog heddiw?
Gorchudd o gymylau yw'r term sy'n cael ei ddefnyddio i ddisgrifio faint o'r awyr sy'n cael ei gorchuddio gan gymylau.
Mae'n cael ei fesur mewn wythfedau.

a   Edrychwch ar yr awyr. Faint o'r awyr sydd wedi ei gorchuddio heddiw?

Gall cymylau fod yn wahanol iawn i'w gilydd o ran maint a siâp.
Mae uchder y cymylau a buanedd y gwynt yn effeithio ar eu siâp.

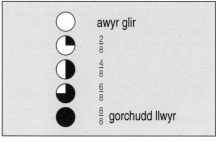

Gorchudd o gymylau

A

B

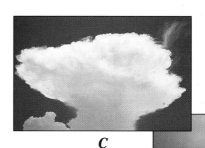

C

Ch

Mae ffotograffau A – Ch yn dangos y mathau mwyaf cyffredin o gymylau.

▶   Edrychwch ar y disgrifiadau hyn o gymylau:

Cwmwlws   Mae'n edrych yn debyg i wlân cotwm. Mae ei waelod yn wastad a'r rhannau uchaf yn grwm.

Cwmwlonimbws   Mae'r rhain yn dal iawn, ac mae rhan uchaf y cwmwl yn aml wedi chwalu.

Cirrws   Darnau ysgafn, tebyg i blu.

Stratws   Cwmwl gwastad, llwyd.

b   Defnyddiwch y disgrifiadau hyn i enwi pob un o'r ffotograffau, A – Ch. Ysgrifennwch eich atebion.

c   Pa fath o gymylau sydd i'w gweld yn yr awyr heddiw?

Sut mae cymylau yn ffurfio?

Mae'r Haul yn rhoi egni i'r dŵr yn yr afonydd, y llynnoedd a'r môr.
Mae hyn yn achosi i'r dŵr **anweddu**. Mae'r dŵr yn troi yn nwy, sef
anwedd dŵr. Mae'r anwedd hwn yn codi ac yn dod ar draws aer oer.
Mae'r anwedd yn oeri ac yn **cyddwyso**. Ffurfir diferion bach o leithder
o'r enw **defnynnau**. Y rhain sy'n ffurfio'r **cymylau**.

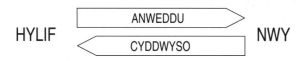

HYLIF ⟶ ANWEDDU ⟶ NWY
       ⟵ CYDDWYSO ⟵

Meddwl am gymylau

- Rhowch bapur amsugno mewn dŵr.

  Yna, rhowch y papur mewn dysgl, a rhoi'r cyfan ar glorian drydan.

  Cofnodwch y màs bob 20 eiliad am 5 munud.

  Gwnewch yr arbrawf eto gan ddefnyddio sychwr gwallt i gynhesu'r papur amsugno.

  Beth mae eich canlyniadau yn ei ddangos?

- Llanwch fflasg gonigol hyd at ei hanner â dŵr oer.

  Gosodwch glamp ar y fflasg tua 25 cm uwchben bicer sy'n cynnwys dŵr. Symudwch y clamp a'r fflasg i un ochr tra byddwch yn gwresogi'r dŵr yn y bicer.

  Pan fydd y dŵr yn berwi, symudwch y stand **yn ofalus** nes bydd y fflasg uwchben y bicer.

  Cofnodwch yr hyn welwch chi.

Pa gysylltiad sydd rhwng yr arbrofion hyn a'r hyn sy'n digwydd pan fydd cymlyau yn ffurfio?
Pa brosesau mae'r arbrofion hyn yn eu dangos?
Eglurwch beth sy'n digwydd i'r molecylau dŵr ym mhob arbrawf.

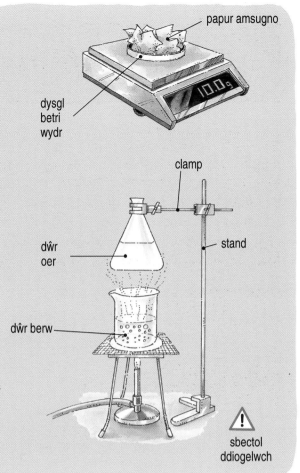

1 a) Copïwch a chwblhewch y grid isod gan ddefnyddio rhai o'r geiriau sydd mewn print tywyll ar dudalen 94.

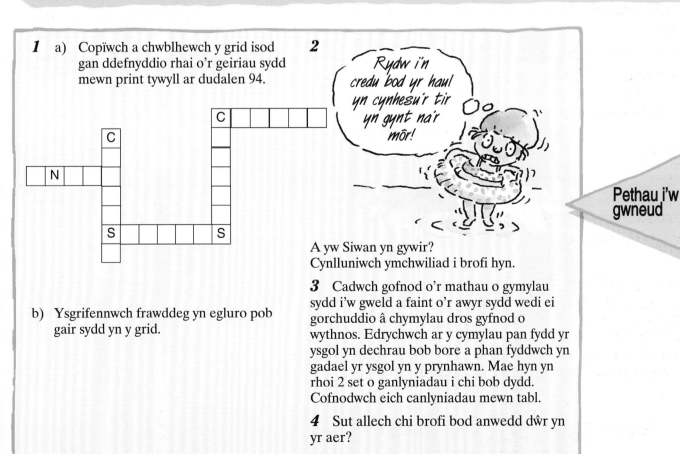

b) Ysgrifennwch frawddeg yn egluro pob gair sydd yn y grid.

2

Rydw i'n credu bod yr haul yn cynhesu'r tir yn gynt na'r môr!

A yw Siwan yn gywir?
Cynlluniwch ymchwiliad i brofi hyn.

Pethau i'w gwneud

3 Cadwch gofnod o'r mathau o gymylau sydd i'w gweld a faint o'r awyr sydd wedi ei gorchuddio â chymylau dros gyfnod o wythnos. Edrychwch ar y cymylau pan fydd yr ysgol yn dechrau bob bore a phan fyddwch yn gadael yr ysgol yn y prynhawn. Mae hyn yn rhoi 2 set o ganlyniadau i chi bob dydd. Cofnodwch eich canlyniadau mewn tabl.

4 Sut allech chi brofi bod anwedd dŵr yn yr aer?

Pam mae glaw yn disgyn?

20ch

▶ Meddyliwch am wledydd dros y byd.
Gwnewch restr o'r problemau all ddigwydd pan fydd:

a gormod o law
b glaw yn brin.

Glaw a chymylau

▶ Copïwch y diagram hwn:
Ysgrifennwch ychydig o linellau wrth ymyl y saeth i egluro sut
y ffurfiodd y cwmwl.

Ffurfir cymylau o ddefnynnau bach o ddŵr. **Cyddwyso** yw'r enw ar y broses hon. Mae glaw yn disgyn pan fydd y defnynnau yn y cwmwl yn mynd yn fwy ac yn fwy gan ffurfio diferion. Mae'r diferion glaw hyn yn mynd mor drwm fel eu bod nhw'n disgyn i'r ddaear.

Ambell waith, rydyn ni'n cwyno ein bod yn cael gormod o law! Gall glaw ddisgyn ym Mhrydain yn ystod unrhyw adeg o'r flwyddyn. Un rheswm dros hyn yw bod y môr o'n hamgylch ym mhob man. Mae gwyntoedd sy'n symud ar draws y môr yn codi lleithder. Golyga hyn y gall glaw ddisgyn wrth i'r aer llaith hwn oeri uwchben y tir. Mae'r gwyntoedd mwyaf cyffredin sy'n cyrraedd Prydain wedi croesi cefnfor mawr cyn cyrraedd y tir. Felly maen nhw siŵr o fod yn cludo llawer o ddŵr!

▶ Defnyddiwch atlas i ddarganfod enwau'r moroedd a'r
tiroedd sydd o amgylch Prydain.

Rydyn ni'n barod am dywydd
glawog yr haf yng Nghymru

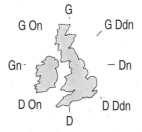

c Pa wyntoedd sy'n dod â'r tywydd mwyaf gwlyb? Pam?
ch Pa wyntoedd sy'n dod â'r tywydd mwyaf sych? Pam?

Cywir neu anghywir?

Mae pawb yn hoffi siarad am y tywydd! Efallai eich bod wedi clywed pobl yn dweud pethau fel y rhain. Trafodwch nhw yn eich grwpiau. Ceisiwch benderfynu a yw pob un ohonyn nhw yn *gywir* neu yn *anghywir*. Cadwch gofnod o'r rhesymau dros eich ateb.

Wrth iddyn nhw fynd dros y mynyddoedd, mae'r cymylau yn torri a daw'r dŵr i gyd allan.

Mae'r risg o gael llifogydd yn cynyddu wrth i ni adeiladu mwy o drefi a dinasoedd.

Po uchaf yr ewch, y lleiaf o law gewch chi.

Os yw gwartheg yn gorwedd yn y cae, yna mae'n siŵr o fwrw glaw.

Os yw'n bwrw glaw ar ddydd Sant Swithin, bydd yn glawio am 40 diwrnod wedyn.

Trwy edrych ar wymon, gallwn ddweud pa fath o dywydd sydd i ddod.

Rhaid cael glaw i fyw.

Mae glaw yn rhan o'r broses o ffurfio creigiau gwaddodol.

A yw eich grŵp yn cytuno â C. Wynwr?

Ysgrifennwch lythyr at y papur newydd yn cefnogi neu'n beirniadu'r hyn mae C. Wynwr yn ei ddweud.

Sychder eto!

Unwaith y byddwn yn cael ychydig ddyddiau o haul yn y wlad yma, mae 'na sôn am sychder. Rhaid i ni arbed dŵr. Mae taflen wedi dod drwy'r drws yn dweud beth na ddylwn i ei wneud.

Rydw i wedi cael digon. Dydw i ddim yn hoffi cael cawod. Pam na cha' i fath? Pam na cha' i ddyfrhau'r ardd? Rydw i wedi gwario cannoedd o bunnau ar blanhigion, *ac* rydw i'n talu am ddŵr!

Ddylen ni ddim gorfod dioddef prinder dŵr mewn gwlad lle mae'n glawio cymaint. Pwy yw'r bobl yma sy'n methu rheoli'r cyflenwad dŵr?

C. Wynwr

Rhan o *Herald Tre-laith*, rhifyn mis Awst

1 Copïwch a chwblhewch y canlynol gan ddefnyddio'r geiriau sydd yn y bocs:

> diferion   glaw   oeri   defnynnau   codi

Ffurfir cymylau pan fydd aer llaith yn . . . . ac yna'n . . . . ac yn troi yn . . . . Pan fydd y . . . . yn mynd yn fwy, maen nhw'n ffurfio . . . . Bydd y rhain yn eu tro yn disgyn i'r ddaear fel glaw.

2 Edrychwch ar gynllun eich ysgol. Sut mae eich ysgol wedi ei chynllunio i osgoi llifogydd? Darluniwch unrhyw nodweddion pwysig.

3 Cynlluniwch gyfarpar i fesur faint o law sy'n disgyn. Dylech allu gadael y cyfarpar hwn allan yn yr awyr agored am gyfnodau hir o amser.

4 Ceisiwch ddarganfod ychydig o wybodaeth am 3 math gwahanol o lawiad:
a) glawiad tireddol (*relief rainfall*)
b) glawiad darfudol (*convectional rainfall*)
c) glawiad ffrynt (*frontal rainfall*).

5 Os yw'n glawio ar ddydd Sant Swithin, a yw bob amser yn bwrw glaw am 40 diwrnod wedyn? Mae llawer iawn o hen ddywediadau fel hwn am y tywydd. Defnyddiwch lyfrau a gofynnwch i ffrindiau neu berthnasau am rai o'r dywediadau hyn. Ysgrifennwch gymaint ohonyn nhw ag sy'n bosibl. Oes unrhyw wir yn y dywediadau hyn?

Pethau i'w gwneud

Cwestiynau

1 Beth sy'n gallu achosi llygredd mewn dŵr?
Gwnewch boster i rybuddio pobl o beryglon llygredd dŵr.

2 Gwnewch arolwg o wahanol fathau o ddŵr potel.
Beth yw eu cynnwys?
Faint yw cost y poteli hyn?
Pam mae pobl yn prynu dŵr potel?

3 Mae Siôn wedi darlunio cylchred ddŵr syml.

Disgrifiwch beth sy'n digwydd ym mhob cam o'r broses lle mae
Siôn wedi rhoi saeth.

4 Aer llaith yn codi ac yn oeri sy'n achosi glaw.
a) Pam mae llawer o law yn disgyn yng ngorllewin Prydain?
b) Pam mae'n bwysig gallu rhagfynegi pryd y bydd yn bwrw glaw?
Gwnewch restr o'r bobl sydd angen gwybod pryd y bydd yn
bwrw glaw.

5 Ysgrifennwch ddarn o farddoniaeth am gymylau a glaw
gan ddefnyddio rhai o'r geiriau canlynol:

> lleithder defnynnau cyddwyso storm
> llifogydd môr anwedd llwyd gwynt hylif bryn

Glaw

6 Cafwyd llifogydd drwg iawn yn ardal Bangladesh yn ystod y
blynyddoedd diwethaf. Mae'r wlad yn dioddef glawogydd
monsŵn difrifol iawn. Y rheswm pennaf dros y llifogydd yw fod
coed wedi eu torri i lawr ar ochrau'r bryniau lle mae'r glaw yn
disgyn. Cafodd y coed eu torri er mwyn cael tanwydd ac er mwyn
cael mwy o dir ffermio.
a) Defnyddiwch atlas i ddod o hyd i Bangladesh. Enwch
2 afon sy'n debygol o orlifo ger Dhaka.
b) Pam mae torri'r coed yn achosi llifogydd yn ystod cyfnod
y monsŵn?
c) Pa fath o gymorth mae pobl Bangladesh ei angen yn ystod y
llifogydd?
ch) Sut y gellid helpu pobl Bangladesh i rwystro'r llifogydd
rhag digwydd eto?

7 Yn ôl Rajid, mae pa mor gyflym mae dŵr yn draenio drwy bridd
yn dibynnu ar y math o bridd sydd yno. Cynlluniwch ymchwiliad i
weld a yw syniad Rajid yn gywir ai peidio.

21

Heb egni ni all dim ddigwydd!

Mae ar bopeth byw angen egni i aros yn fyw ac i symud.
Rydych chi'n cael eich egni o fwyd.

Mae angen yr egni sy'n dod o danwyddau ar gyfer ein cartrefi,
cludiant a ffatrïoedd.
Ond mae tanwyddau'r byd yn dod i ben . . . .

Penawdau: 21a   *Mynd gydag egni*
             21b   *Egni o'r Haul*
             21c   *O ffosil i danwydd*
             21ch   *Llosgi tanwydd*
             21d   *Egni am byth?*

Mynd gydag egni

21a

a Enwch 4 peth yn eich cartref sy'n defnyddio trydan.

b Pam mae angen i ni fwyta?

c Gwnewch restr o 5 peth rydych wedi eu gwneud heddiw.
Rhowch nhw mewn trefn, gan ddechrau â'r un y credwch chi
sydd angen y mwyaf o egni.

Yr enw ar egni sy'n cael ei storio yw egni
potensial. Mae gan wrthrych sy'n symud egni **cinetig**.

ch Cwblhewch y frawddeg hon:
Pan fydd tegan clocwaith yn symud mae egni . . . .
yn y sbring yn cael ei *drosglwyddo* yn egni . . . .

▶ Edrychwch ar y diagram. Mae'n dangos modur trydan
yn codi pwysyn:

d Pa fath o egni sydd gan yr olwyn sy'n symud?

dd O ble y daw'r egni hwn?

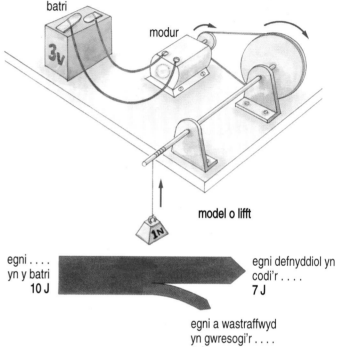

batri

modur

model o lifft

e Copïwch a chwblhewch y **Diagram
Trosglwyddo Egni**:

f O edrych ar y diagram, beth allwch chi ei ddweud
am swm yr egni (mewn jouleau) *cyn* y trosglwyddo
ac *ar ôl* y trosglwyddo?

ff Faint o'r egni sy'n ddefnyddiol ar ôl y trosglwyddo?
Beth sydd wedi digwydd i'r gweddill?

egni . . . .
yn y batri
10 J

egni defnyddiol yn
codi'r . . . .
7 J

egni a wastraffwyd
yn gwresogi'r . . . .
3 J

Dywedwn mai ei **effeithlonedd** yw 70%, gan mai dim ond 7 o
bob 10 joule sydd wedi gwneud rhywbeth defnyddiol.

Dyma beth sy'n digwydd wrth drosglwyddo egni.
Er bod yna'r un faint o egni ar ôl y trosglwyddo, nid yw i gyd
yn ddefnyddiol.

▶ Nawr edrychwch ar y diagram hwn:

g Beth sy'n digwydd i'r lamp? Pam?

ng Tybiwch fod 100 J o egni potensial gan y pwysyn ar y
dechrau, ac yna mae 20 joule yn ymddangos fel egni
golau yn disgleirio o'r lamp.
Beth sydd wedi digwydd i'r 80 joule arall?

h Beth yw'r effeithlonedd yn yr achos hwn?

i Lluniwch Ddiagram Trosglwyddo Egni ar ei
gyfer, ac yna ei labelu.

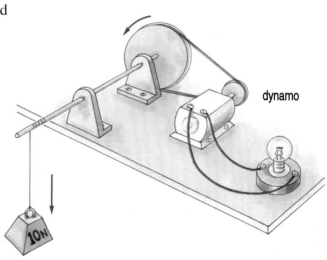

dynamo

Trosglwyddo egni

Bydd eich athro/athrawes yn dangos rhai o'r rhain i chi.
Edrychwch arnynt yn ofalus, a meddyliwch am drosglwyddo egni.
Ar gyfer pob un, lluniwch Ddiagram Trosglwyddo Egni a'i labelu.

j tegell trydan

l tegan clocwaith

ll cyfrifiannell egni solar

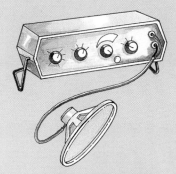

m generadur signalau ac uchelseinydd

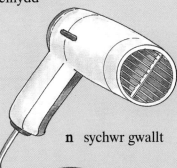

n sychwr gwallt

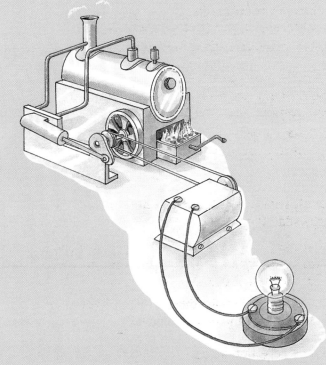

o injan stêm a dynamo

---

1 Copïwch a chwblhewch:
a) Mae egni yn cael ei fesur mewn . . . .
b) Yr enw ar egni wedi ei storio yw egni . . . .
c) Mae gan wrthrych sy'n symud egni . . . .
ch) Pan fydd trosglwyddo egni yn digwydd, mae cyfanswm yr . . . . cyn y trosglwyddo bob amser yn . . . . i gyfanswm yr . . . . ar ôl y trosglwyddo.

2 Disgrifiwch yr enghreifftiau o drosglwyddo egni sy'n digwydd:
a) mewn fflachlamp,
b) mewn set deledu,
c) wrth chwarae gitâr.

3 Beth sy'n digwydd os yw'r bwyd rydych yn ei fwyta yn cynnwys mwy o egni nag rydych ei angen?

4 Nodwch 3 enghraifft mewn bywyd bob dydd lle mae egni potensial yn cael ei drosglwyddo yn egni cinetig.

5 A yw rhai tegelli yn rhatach i'w defnyddio nag eraill? Cynlluniwch ymchwiliad i gymharu rhai tegelli. Sut fyddwch yn ei wneud yn brawf teg?

6 Pam, yn eich barn chi, y mae'n amhosibl adeiladu peiriant sy'n symud yn ddiddiwedd?

Pethau i'w gwneud

Egni o'r Haul

a O ble mae'r Ddaear yn cael y rhan fwyaf o'i hegni?

b Meddyliwch am yr holl bethau sy'n digwydd oherwydd yr Haul. Gwnewch restr o gymaint ohonynt ag y gallwch.

Gwneud bwyd

Mae planhigion gwyrdd yn gallu dal yr egni sydd yng ngolau'r Haul. Mae ganddyn nhw gemegyn gwyrdd o'r enw **cloroffyl** yn eu dail. Mae hwnnw'n **amsugno** egni'r Haul ac yn ei ddefnyddio i wneud bwyd. Mae hefyd yn gwneud ocsigen y gallwn ni ei anadlu.
Yr enw ar y broses hon yw **ffotosynthesis**.

Oherwydd bod planhigion yn gwneud bwyd, maen nhw'n cael eu galw yn gynhyrchwyr. Mae anifeiliaid yn bwyta'r bwyd hwn – ysyddion ydyn nhw.

Yn y llun hwn y trosglwyddiadau egni yw:

Yr Haul ➡ llysiau ➡ bodau dynol

Mae hon yn **gadwyn fwyd–egni.**

Dyma rai cadwynau bwyd–egni sydd yn y drefn anghywir. Ysgrifennwch bob un yn y drefn gywir.

c cwningen, yr Haul, glaswellt, llwynog

ch bodau dynol, glaswellt, defaid, yr Haul

d bronfraith, yr Haul, bresych, lindys

Biodanwydd

Gelwir defnyddiau planhigion ac anifeiliaid yn 'biomas'. Yn ogystal â bod yn fwyd, gall biomas roi egni i ni mewn ffyrdd eraill:

- Mae pren yn danwydd. Gellir ei losgi i roi egni ar gyfer gwresogi.
- Yn Brasil maen nhw'n tyfu cansenni siwgr, ac yna yn defnyddio'r siwgr i wneud alcohol. Defnyddir alcohol mewn ceir, yn lle petrol.
- Mae planhigion sy'n pydru a thail anifeiliaid yn gallu gwneud nwy o'r enw methan. Mae hwn yn debyg i'r nwy rydych yn ei ddefnyddio mewn gwresogydd Bunsen. Os yw'r planhigion yn pydru mewn tanc a chaead arno, gellir cludo'r nwy i ffwrdd drwy bibellau. Mae hyn yn digwydd yn aml yn India a China.

▶ Dyluniwch danc i dreulio gwellt a thail. Dylech feddwl am:
  - Yr angen am danc aerglos.
  - Sut fyddwch chi'n cludo'r nwy o'r tanc i gwcer?
  - Sut ydych chi'n rhoi'r gwellt a'r tail i mewn?

dd Gnewch fraslun o'ch dyluniad a'i labelu.

Tanc prosesu tail gwartheg yn India

Egni'r Haul

Mae'r egni ym mhelydrau'r Haul yn cael ei alw yn **egni solar**.

e Pam mai'r Ddaear yw'r unig blaned yng Nghysawd yr Haul lle mae bywyd?

f Pa rannau o'r Ddaear sy'n cael y lleiaf o egni?

▶ Dyma 3 ffordd o ddefnyddio egni solar. Atebwch y cwestiynau arnynt:

Mae **cell solar** yn trosglwyddo peth o olau'r haul yn drydan.

Yn y ffotograff, mae rhai celloedd solar yn cael eu defnyddio i weithio pwmp dŵr trydan:

Mae'n bosib fod gennych gyfrifiannell sy'n defnyddio cell solar.

ff Beth yw manteision ac anfanteision cyfrifiannell pŵer solar?

g Pam nad yw celloedd solar yn cael eu defnyddio yn helaeth?

Mae gan **gwcer solar** ddrych crwm, i ffocysu pelydrau'r Haul:

ng Ai ceugrwm neu amgrwm yw'r drych?

▶ Dyluniwch gwcer solar eich hun. Meddyliwch:
* A ddylai'r drych fod yn fawr neu'n fach?
* A ddylai'r drych fod yn sefydlog neu'n symudol?
* Ble ddylech chi roi'r sosban neu'r tegell?

h Gwnewch fraslun o'ch dyluniad a'i labelu.

Mae **panel solar** ar do rhai tai.

Mae'r dŵr sydd yn y panel yn cael ei wresogi gan yr Haul, a'i storio mewn tanc:

▶ Dyluniwch system paneli solar eich hun. Cofiwch:
* Mae dŵr poeth yn codi, a dŵr oer yn disgyn.
* Ceir duon yw'r rhai poethaf yn yr Haul.
* Mae pethau yn mynd yn boethach y tu ôl i wydr.

i Gwnewch fraslun o'ch dyluniad a'i labelu.

---

1 Copïwch a chwblhewch:
a) Mae egni o'r Haul yn cael ei alw yn egni . . . .
b) Mae planhigion gwyrdd yn cynnwys cemegyn o'r enw . . . . Mae hwn yn amsugno . . . . Haul ac yn ei ddefnyddio i wneud . . . . ac . . . . Yr enw ar y broses hon yw . . . .
c) Mae'r defnyddiau mae planhigion ac anifeiliaid wedi eu gwneud ohonynt yn cael eu galw yn . . . .

2 Sut mae tŷ gwydr yn defnyddio egni solar i helpu garddwyr?

3 Ysgrifennwch bob un o'r cadwynau bwyd–egni hyn yn y drefn gywir:
a) iâr, yr Haul, dyn, ŷd
b) gwymon, yr Haul, gwylan, malwen
c) buwch goch gota, rhosyn, pryf gwyrdd, yr Haul
ch) sboncyn y gwair, madfall, yr Haul, glaswellt, hebog
d) gwenyn, dyn, blodyn, yr Haul, mêl
dd) dail marw, llyffant, yr Haul, pryf genwair, coeden

4 Beth yw: a) manteision, a
b) anfanteision panel solar?

Pethau i'w gwneud

O ffosil i danwydd

Ffosil mewn glo

▶ Beth yw **tanwydd**?
Nodwch gymaint o danwyddau ag y gallwch feddwl amdanynt.

▶ Mae glo, olew a nwy naturiol yn danwyddau pwysig.
Darllenwch yr adrannau isod ac yna atebwch gwestiynau **a** i **g**.

Sut y cafodd glo ei ffurfio?

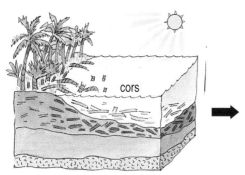

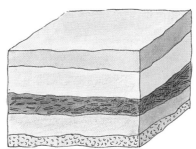

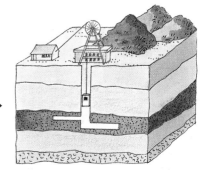

300 miliwn o flynyddoedd yn ôl, mae'r planhigion yn storio egni'r Haul. Mae planhigion marw yn disgyn i ddŵr mewn cors. Mae'r mwd yn eu rhwystro rhag pydru.

Wrth i fwy o fwd bentyrru, mae'n gwasgu'r planhigion.
Ar ôl miliynau o flynyddoedd dan wasgedd, mae'r mwd yn troi'n graig a'r planhigion yn ffurfio **glo**.

I gyrraedd y glo, mae glowyr yn gwneud siafftiau a thwneli. Mae'n debyg fod yna ddigon o lo i bara am 300 mlynedd. Weithiau gellir gweld ffosilau planhigion mewn darnau o lo.

Sut y cafodd olew ei ffurfio?

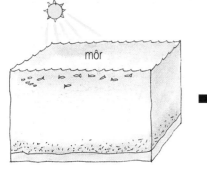

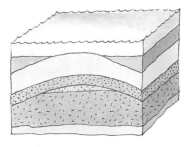

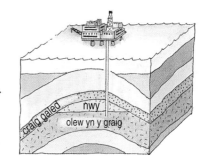

Mae anifeiliaid bychain yn byw yn y môr. Pan fyddan nhw'n marw, maen nhw'n disgyn i'r mwd a'r tywod ar waelod y môr a dydyn nhw ddim yn pydru.

Dros filiynau o flynyddoedd maen nhw'n cael eu claddu yn ddyfnach gan y mwd a'r tywod. Mae'r gwasgedd yn newid y mwd a'r tywod yn graig, ac mae'r anifeiliaid marw yn mynd yn **olew crai** a **nwy naturiol**.

Gall yr olew symud i fyny drwy rai creigiau, ond os yw'n dod ar draws haen o graig galed mae'n cael ei ddal (gyda'r nwy). Gall rig olew ddrilio i lawr i'w ryddhau. Mae yna ddigon o olew i bara tua 40 mlynedd.

a Beth yw ffosil?

b Pam mae glo, olew a nwy yn cael eu galw yn danwyddau ffosil?

c Eglurwch sut y cafodd glo ei ffurfio.

ch Rhowch 2 debygrwydd a 2 wahaniaeth rhwng y ffordd y ffurfiwyd glo a'r ffordd y ffurfiwyd olew.

d Meddai Delyth, "Mae'r egni sydd wedi ei storio mewn glo, olew a nwy i gyd yn dod o'r Haul." Eglurwch y gosodiad hwn.

dd Mae olew, glo a nwy yn cael eu galw yn adnoddau **anadnewyddadwy**. Beth yw ystyr hyn?

e Pam y bydd tanwyddau ffosil yn dod i ben rywbryd?

f Faint fydd eich oedran chi pan ddaw'r olew i ben?

ff Pam mae glo yn cael ei ganfod mewn haenau fel arfer?

g Pam mae rhai creigiau yn cael eu galw yn greigiau gwaddodol?

Adnewyddadwy ac anadnewyddadwy

Mae rhai ffynonellau egni yn **adnewyddadwy**.
Er enghraifft, pren. Gellir ei losgi, ond gellir plannu coeden newydd. Mae egni solar hefyd yn adnewyddadwy.

Fodd bynnag, mae glo, olew a nwy yn **anadnewyddadwy.** Unwaith y byddwn wedi eu defnyddio, fe fyddan nhw wedi mynd am byth.

Mae **wraniwm** yn ffynhonnell anadnewyddadwy arall. Mae'n cael ei ddefnyddio mewn gorsafoedd pŵer niwclear. Bydd y cyflenwad wraniwm yn dod i ben yn y pen draw.

Gwneud trydan

Mae'r graffiau yn dangos y ffynonellau egni a ddefnyddir i gynhyrchu trydan mewn 3 gwlad:

ng Pa wlad sy'n cynhyrchu'r mwyaf o drydan?

h Rhestrwch y ffynonellau egni a ddefnyddir i wneud trydan yn y Deyrnas Unedig.

i Pa un yw'r ffynhonnell egni leiaf yn y Deyrnas Unedig? Beth yw'r rheswm dros hyn?

j Pa un yw'r brif ffynhonnell yn Norwy? Beth yw'r rheswm dros hyn?

l Beth allwch chi ei ddweud am y defnydd o orsafoedd pŵer niwclear yn y 3 gwlad?

ll Pa un o'r ffynonellau sy'n adnewyddadwy?

m Mae glo wedi cael ei ddefnyddio yn helaeth yn y Deyrnas Unedig, ond mae gorsafoedd pŵer glo yn gallu cynhyrchu llawer o **law asid**. Sut fyddech chi'n delio â'r broblem hon, gan ystyried:
   a) yr amgylchedd?
   b) glowyr a'u teuluoedd?

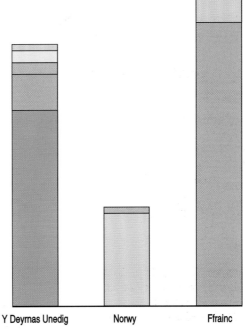

Y Deyrnas Unedig   Norwy   Ffrainc

Allwedd: glo   niwclear   olew   nwy   trydan-dŵr

Y ddadl niwclear

Mae egni'r byd yn dod i ben, ond mae llawer o bobl yn erbyn defnyddio egni niwclear.

Mewn grwpiau, defnyddiwch y Taflenni Cymorth i drafod eich syniadau **o blaid** ac **yn erbyn** egni niwclear.

1 Copïwch a chwblhewch:
a) Mae glo, olew a . . . . yn . . . . ffosil. Maen nhw wedi cymryd . . . . o flynyddoedd i ffurfio.
b) Mae glo, olew, nwy ac wraniwm yn ffynonellau egni an . . . .
c) Rhai ffynonellau egni adnewyddadwy yw:

2 Eglurwch yn eich geiriau eich hun sut y cafodd glo ac olew naturiol eu ffurfio.

3 Pam mae'n bwysig osgoi gwastraffu tanwyddau ffosil?

4 Gwnewch dabl yn dangos sut y gallai pobl arbed tanwyddau anadnewyddadwy. Er enghraifft:

Gweithred	Sut mae'n arbed tanwydd
peidio â gorlenwi'r tegell	defnyddio llai o drydan

Pethau i'w gwneud

Llosgi tanwydd

▶ Pa danwyddau rydych chi'n eu defnyddio gartref? Gwnewch restr.

▶ Edrychwch ar y llun hwn o **fatsien** yn llosgi.

Mae pren yn danwydd. Mae egni potensial wedi ei storio ynddo. Dim ond pan fydd tanwydd yn llosgi gyda'r ocsigen yn yr aer y gellir trosglwyddo'r egni hwn. Mae'n adwaith cemegol.

Defnyddir tanwydd sy'n llosgi mewn gorsafoedd pŵer ac mewn ceir.

Fel y gwelsoch yn uned 18, mae **celloedd** yn eich corff yn 'llosgi'r' bwyd rydych yn ei fwyta – ond does yna ddim fflamau wrth gwrs! Mae eich gwaed yn cludo siwgr (o'ch bwyd) ac ocsigen (o'r aer rydych yn ei anadlu) i holl gelloedd y corff.

Yr **un** adwaith cemegol sy'n rhyddhau'r egni.

Yr enw ar y broses hon yw **resbiradaeth**.
Rydych yn defnyddio'r egni i gadw'n gynnes ac i symud.

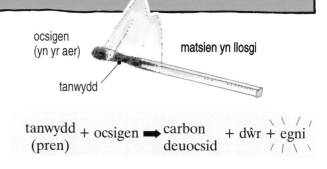

matsien yn llosgi

ocsigen (yn yr aer)

tanwydd

$$\text{tanwydd (pren)} + \text{ocsigen} \rightarrow \text{carbon deuocsid} + \text{dŵr} + \text{egni}$$

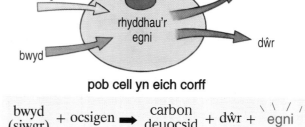

pob cell yn eich corff

ocsigen — carbon deuocsid

rhyddhau'r egni

bwyd — dŵr

$$\text{bwyd (siwgr)} + \text{ocsigen} \rightarrow \text{carbon deuocsid} + \text{dŵr} + \text{egni}$$

Defnyddio tanwydd mewn gorsaf bŵer

Dilynwch y diagram i weld sut mae tanwydd yn cael ei losgi i gynhyrchu trydan:

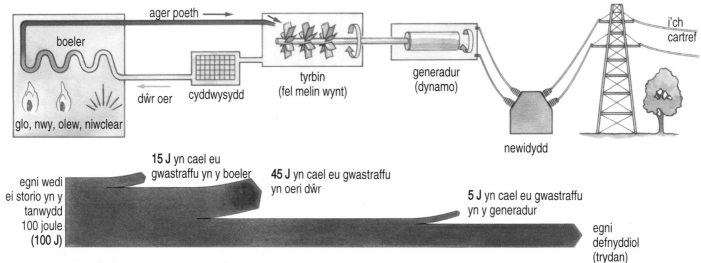

ager poeth

i'ch cartref

boeler

tyrbin (fel melin wynt)

generadur (dynamo)

dŵr oer   cyddwysydd

glo, nwy, olew, niwclear

newidydd

15 J yn cael eu gwastraffu yn y boeler   45 J yn cael eu gwastraffu yn oeri dŵr

egni wedi ei storio yn y tanwydd 100 joule (100 J)

5 J yn cael eu gwastraffu yn y generadur

egni defnyddiol (trydan)

a Beth mae'r boeler yn ei wneud?

b Beth mae'r ager yn ei wneud i'r tyrbin?

c Beth mae'r generadur yn ei wneud?

ch Ar gyfer pob 100 joule o egni sydd yn y tanwydd, faint sy'n dod allan fel egni defnyddiol?

d Beth yw **effeithlonedd** yr orsaf bŵer?

dd Ble mae'r rhan fwyaf o'r egni yn cael ei wastraffu? Allwch chi feddwl am ffordd o ddefnyddio'r egni gwastraff hwn?

Cymharu peiriannau

Mae injan car yn llosgi tanwydd. Mae'r egni o'r tanwydd yn gwneud i'r injan droi, fel y bydd y car yn symud. Mae'r corff dynol hefyd yn fath o beiriant.

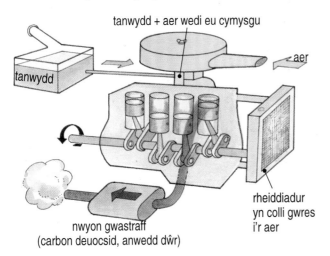

tanwydd + aer wedi eu cymysgu

tanwydd

aer

rheiddiadur yn colli gwres i'r aer

nwyon gwastraff (carbon deuocsid, anwedd dŵr)

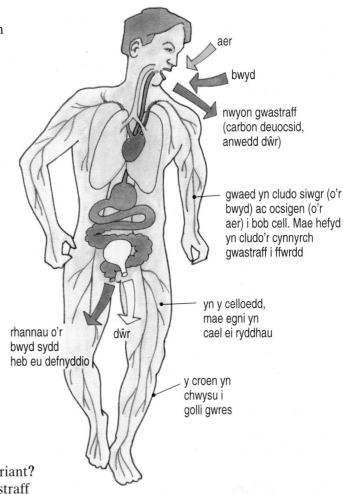

aer

bwyd

nwyon gwastraff (carbon deuocsid, anwedd dŵr)

gwaed yn cludo siwgr (o'r bwyd) ac ocsigen (o'r aer) i bob cell. Mae hefyd yn cludo'r cynnyrch gwastraff i ffwrdd

yn y celloedd, mae egni yn cael ei ryddhau

rhannau o'r bwyd sydd heb eu defnyddio

dŵr

y croen yn chwysu i golli gwres

Ar gyfer cwestiynau **e** i **i**, ysgrifennwch yr ateb ar gyfer *injan car* yn gyntaf ac yna ar gyfer y *peiriant dynol*.

e Pa danwydd mae'r peiriant yn ei ddefnyddio?

f I ba bwrpas mae'n defnyddio'r tanwydd?

ff Ble yn y peiriant mae'r tanwydd yn cael ei 'losgi'?

g Sut mae'r peiriant yn cael ei ocsigen?

ng Sut mae'r peiriant yn cael gwared o wres diangen?

h Pa sylweddau gwastraff sy'n cael eu cynhyrchu yn y peiriant?

i Sut mae'r peiriant yn cael gwared o'r cynhyrchion gwastraff hyn?

Ymchwilio i felysyddion

Cynlluniwch ymchwiliad i gymharu *faint o egni* sydd mewn *siwgr* ac mewn *melysydd artiffisial*.

- Sut fyddwch yn gwneud iddyn nhw losgi?
- Beth fyddwch yn ei wneud gyda'r egni o'r tanwydd sy'n llosgi?
- Sut fyddwch yn ei wneud yn brawf teg? Ac yn un diogel!

Gofynnwch i'ch athro/athrawes wirio eich cynllun, ac yna gwnewch yr ymchwiliad.

1 Copïwch a chwblhewch:

a) Er mwyn llosgi, mae tanwydd angen . . . . Fel arfer mae'n ei gael o'r . . . .

b) Yr hafaliad cemegol ar gyfer tanwydd sy'n llosgi yw:

c) Yng nghelloedd fy nghorff, mae egni yn cael ei ryddhau pan fydd siwgr (o . . . .) yn adweithio ag . . . . (o'r . . . . yr wyf yn ei anadlu).

ch) Yr enw ar y broses hon yw . . . .

d) Yr hafaliad cemegol ar gyfer hyn yw:

2 Gwnewch siart rhediad i ddangos sut mae'r egni mewn pwll glo yn gwneud paned o de i chi.

3 Gwnewch Ddiagram Trosglwyddo Egni:

a) ar gyfer matsien sy'n llosgi,

b) ar gyfer cell yn eich corff.

4 Eglurwch sut y dylech ddelio â:

a) sosban sglodion sydd ar dân,

b) petrol ar dân,

c) blanced drydan ar dân.

Pethau i'w gwneud

Egni am byth?

▶ Beth yw ystyr ffynhonnell **anadnewyddadwy**?
Enwch 4 ffynhonnell egni anadnewyddadwy.

Beth yw ffynhonnell egni **adnewyddadwy**?
Rydych eisoes wedi astudio 2 ffynhonnell
adnewyddadwy, *biodanwydd* ac *egni solar*
(ar dudalennau 102–103). Dyma rai eraill:

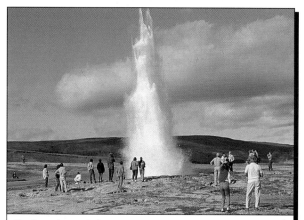

Egni geothermol
Mae dŵr poeth yn tasgu o'r ffynnon boeth hon. Mae hyn
oherwydd ei bod yn boeth iawn yng nghrombil y Ddaear.
Os gellir drilio twll dwfn iawn, gellir cludo dŵr oer i lawr
mewn pibell a bydd yn dod yn ei ôl i'r wyneb fel dŵr poeth.

Egni'r gwynt
Mae melinau gwynt wedi cael eu defnyddio ers canrifoedd.
Mae tyrbinau gwynt modern yn enfawr. Un fantais yw fod y
gwynt yn chwythu fwyaf pan fyddwn angen y mwyaf o egni –
yn y gaeaf.
Pam mae'r egni hwn yn dod o'r Haul yn wreiddiol?

Egni tonnau
Gwynt sy'n creu tonnau. Maen nhw'n cynnwys llawer o egni ond
mae'n anodd gwneud defnydd ohono.
Un syniad yw cael arnofion sy'n symud i fyny ac i lawr gyda'r
tonnau ac felly'n troi generadur.
Pam mae'r egni hwn yn dod o'r Haul yn wreiddiol?

Egni trydan-dŵr
Mae gan ddŵr sy'n cael ei storio mewn argae egni potensial.
Pan fydd yn rhedeg ar i lawr gall ei egni cinetig droi tyrbin
neu olwyn ddŵr, sy'n gallu troi generadur i wneud trydan.
Pam mae'r egni hwn yn dod o'r Haul yn wreiddiol? Pam y
mae'n amhosibl gwneud defnydd o'r ffynhonnell hon mewn
rhai gwledydd?

Egni llanw
Mae llanw a thrai yn cael eu hachosi gan dynfa'r Lleuad
a'r Haul. Mewn rhai mannau mae yna lanw uchel iawn.
Gellir cronni'r dŵr y tu ôl i rwystr, megis argae:
Yna gellir ei ddefnyddio i wneud pŵer trydan–dŵr.

Ynys Joule

Ynys bellennig yn y Cefnfor Tawel yw Ynys Joule. Rydych yn rhan o dîm o 30 o wyddonwyr fydd yn aros ar yr ynys am 3 blynedd yn ei hastudio. Eich tasg fydd darparu'r holl egni y bydd y tîm ei angen.

Astudiwch yr ynys:

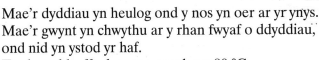

Ynys Joule

ffynhonnau poeth

a Nid oes tanwyddau ffosil ar yr ynys, ac mae'n 500 km i'r tir mawr. Beth fyddai manteision ac anfanteision sefydlu gorsaf bŵer yn defnyddio glo neu olew?

b Pa ffynonellau egni adnewyddadwy sydd ar yr ynys?

c Pa ffynhonnell naturiol ar yr ynys y dylid ei chadw yn ofalus?

Mae'r dyddiau yn heulog ond y nos yn oer ar yr ynys. Mae'r gwynt yn chwythu ar y rhan fwyaf o ddyddiau, ond nid yn ystod yr haf.
Tymheredd y ffynhonnau poeth yw 80 °C.

ch Mae'r tîm yn mynd i godi cytiau i fyw ynddynt. Enwch 2 ffordd o wresogi'r cytiau.

d Cynlluniwch ffordd o gynhyrchu dŵr poeth ar gyfer ymolchi.

dd Cynlluniwch ffordd o gynhyrchu egni ar gyfer coginio bwyd.

e Mae gan y tîm oergell ar gyfer meddyginiaethau y mae'n rhaid eu cadw'n oer bob amser, ddydd a nos. Cynlluniwch ffordd o gynhyrchu trydan yn ddi-dor ar gyfer yr oergell.

f Bydd eich athro/athrawes yn rhoi llun o'r ynys i chi. Ar y llun:
- marciwch ble fyddech yn adeiladu'r cytiau;
- marciwch ble fyddech yn adeiladu unrhyw orsafoedd pŵer rydych wedi eu cynllunio;
- dangoswch sut y byddai'r egni yn cael ei drosglwyddo i'r cytiau.

ff Pan ddaw'r haf, rydych yn canfod bod y ffynonellau dŵr ffres yn tueddu i sychu. Sut mae hyn yn effeithio ar eich cynlluniau egni? Cynlluniwch ffordd o oresgyn y broblem hon.

g Ar gyfer rhai arbrofion ar yr ynys bydd arnoch angen nwy ar gyfer gwresogydd Bunsen. Disgrifiwch 2 ffordd o'i ddarparu.

---

1 Copïwch a chwblhewch:
a) Bydd tanwyddau ffosil – glo, ... a nwy naturiol – yn dod i ben. Ffynonellau . . . . ydyn nhw.
b) Mae egni niwclear hefyd yn adnodd . . . .
c) Mae ffynhonnellau egni eraill yn cael eu galw yn . . . .
ch) Mae 7 ffynhonnell egni adnewyddadwy, sef:

2 Pa rai o'r 7 ffynhonnell adnewyddadwy sy'n cael eu hegni o'r Haul yn wreiddiol?

3 Cynlluniwch gytiau i'r gwyddonwyr ar Ynys Joule. Dylech eu cynllunio:
- â mannau ar gyfer cysgu, hamdden a gweithio,
- fel y byddan nhw'n oer yn ystod y dydd ac yn gynnes yn ystod y nos.

Pethau i'w gwneud

Cwestiynau

1 Lluniwch Ddiagramau Trosglwyddo Egni ar gyfer:
 a) fflachlamp
 b) coelcerth sy'n llosgi
 c) bachgen yn cicio pêl-droed.

2 Effeithlonedd injan car yw 25%. O bob 100 joule yn y petrol, 25 J yn unig sy'n gwneud i'r car symud.
 a) Beth sy'n digwydd i'r 75 joule arall?
 b) Lluniwch Ddiagram Trosglwyddo Egni ar gyfer y car.

3 Lluniwch gadwyn bwyd–egni i ddangos sut mae'r egni mewn byrgyr caws yn dod o'r Haul:
 a) i'r caws
 b) i'r bara.

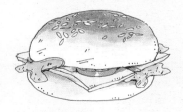

4 Mewn cell solar, o bob 100 joule o egni solar sy'n disgleirio arni, 10 J yn unig sy'n cael eu trosglwyddo yn egni trydan defnyddiol.
 a) Beth sy'n digwydd i'r 90 joule arall?
 b) Beth yw effeithlonedd y gell solar?
 c) Lluniwch Ddiagram Trosglwyddo Egni yn dangos hyn, gan luniadu lled y saethau wrth raddfa. Labelwch ef.

5 Meddyliwch sut fyddai bywyd heb lo, olew na nwy naturiol. (Cofiwch fod petrol a phlastig yn dod o olew.) Gallwch gyflwyno eich syniadau ar ffurf rhestr, neu mewn stori, neu ar ffurf poster.

6 Pan fyddwch yn switsio golau ymlaen, mae'n ganlyniad cadwyn hir o ddigwyddiadau. Mae'r rhain wedi eu rhestru isod, yn y drefn anghywir. Ysgrifennwch nhw yn y drefn gywir.
 A mae planhigion yn cymryd egni o'r Haul
 B mae glo yn cael ei losgi mewn ocsigen (aer)
 C mae dŵr yn cael ei wresogi, i wneud ager
 Ch mae'r Haul yn cynhyrchu egni
 D mae planhigion yn newid yn lo dros filiynau o flynyddoedd
 Dd mae ager yn gwneud i dyrbin droi
 E mae'r generadur yn cynhyrchu trydan
 F mae trydan yn gwresogi'r lamp ac mae'n disgleirio
 Ff mae'r tyrbin yn troi generadur
 G mae trydan yn teithio trwy wifrau i'ch cartref.

7 Mae teulu cyffredin ym Mhrydain yn defnyddio egni fel hyn:

Gwresogi'r tŷ	40%	Gwresogi dŵr	10%
Cludiant	25%	Bwyta bwyd	5%
Nwyddau trydan	15%	Coginio	5%

 a) Gwnewch siart cylch neu siart bar i ddangos y wybodaeth hon.
 b) Beth ddylen nhw ei wneud yn gyntaf er mwyn arbed arian?

Adweithiau cemegol

22

A welsoch chi erioed dân gwyllt cystal â hwn?
Mae pob fflach o olau yn digwydd o ganlyniad i adwaith cemegol.

Mae rhai adweithiau yn llawer arafach ac, efallai, yn llai cyffrous nag
eraill. Ond mae *pob* adwaith cemegol yn bwysig
. . . dyna sy'n eich cadw yn fyw!

Penawdau:
	22a	*Gwyddonwyr – pobl sy'n creu!*
	22b	*Darganfod yr haearn*
	22c	*Problem tân*
	22ch	*Adweithiau sy'n creu swigod*
	22d	*Rhwd yn datblygu*
	22dd	*Cyflymu?*
	22e	*Cystadlu yn erbyn y cloc!*
	22f	*Cymorth y catalyddion*

Gwyddonwyr – pobl sy'n creu!

Beth rydych chi'n ei gofio am olew crai?
Ydych chi'n cofio ei bod yn bosibl ei rannu yn sylweddau gwahanol?

► Gwnewch restr o rai o'r sylweddau rydyn ni'n eu cael o olew crai.
Dywedwch i ba bwrpas mae pob un yn cael ei ddefnyddio.
(Os bydd angen cymorth arnoch, edrychwch ar dudalen 30.)

Mae gwneud gwahanol sylweddau o olew crai yn enghraifft o
broses gweithgynhyrchu.

defnydd crai	*proses gweithgynhyrchu* →	*cynnyrch defnyddiol*
e.e. olew crai		e.e. petrol

Nafftha yw un o'r sylweddau sydd mewn olew crai. Mae hwn yn
ddefnyddiol iawn oherwydd ei bod yn bosibl gwneud llawer o
bethau allan ohono, e.e. paent, moddion a ffibrau.

Mae creu defnyddiau newydd yn rhan bwysig o waith gwyddonydd.

► Edrychwch ar y darlun isod. Pa ddefnyddiau mae gwyddonwyr
wedi helpu i'w gwneud? Gwnewch restr, e.e. gwydr ar gyfer y
ffenestri.

Ydych chi'n cofio llosgi rhuban magnesiwm?
Roedd hon yn enghraifft o wneud sylwedd newydd.
Gelwir unrhyw newid lle mae sylwedd newydd yn cael ei greu yn
newid cemegol.
Rhaid i **adwaith cemegol** ddigwydd.
Mae'r sylwedd newydd yn cael ei alw yn **gynnyrch.**

$$\text{magnesiwm} + \text{ocsigen} \xrightarrow{\text{adwaith cemegol}} \text{magnesiwm ocsid}$$

a Beth yw cynnyrch yr adwaith hwn?
b Sut wyddoch chi fod sylwedd newydd wedi ei wneud?

► Pa rai o'r canlynol sydd yn newidiadau cemegol?
(Cyngor: A yw'n bosibl cael y defnyddiau oedd gennych
ar y dechrau yn ôl eto?
neu Oes yna unrhyw sylweddau newydd wedi eu gwneud?)

c Pobi cacen.   dd Hydoddi halen mewn dŵr.
ch Tanio matsien.   e Llosgi tost.
d Gwneud ciwbiau iâ.

Oes 'na newid?

Rhowch gynnig ar y profion isod. Ceisiwch ddarganfod beth sy'n digwydd pan fydd y sylweddau yn cael eu cymysgu. Ar gyfer pob prawf, nodwch a fydd sylwedd newydd yn cael ei greu. Cyn dechrau, meddyliwch sut fyddwch yn cofnodi'r canlyniadau.

* Rhaid gwisgo sbectol ddiogelwch.
* Defnyddiwch ychydig yn unig o'r sylweddau.
  Peidiwch â defnyddio mwy o'r sylwedd na'r hyn mae'r cyfarwyddiadau yn ei nodi.

sbectol ddiogelwch

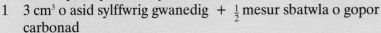

1 3 cm³ o asid sylffwrig gwanedig + ½ mesur sbatwla o gopor carbonad
2 3 cm³ o asid sylffwrig gwanedig + 3 cm³ o hydoddiant sodiwm hydrocsid
3 3 cm³ o finegr + ½ mesur sbatwla o soda bicarbonad
4 3 cm³ o ddŵr + ½ mesur sbatwla o gopor ocsid
5 3 cm³ o hydoddiant plwm nitrad + 3 cm³ o hydoddiant potasiwm ïodid
6 3 cm³ o asid sylffwrig gwanedig + ffoil copor
7 3 cm³ o ddŵr + hoelen haearn
8 3 cm³ o asid sylffwrig gwanedig + 2 cm o ruban magnesiwm
9 3 cm³ o hydoddiant copor sylffad + 1 mesur sbatwla o naddion haearn

Edrychwch ar eich holl ganlyniadau.
Sut fyddwch yn gwybod a fydd sylwedd newydd wedi ei greu?

f Rhestrwch yr holl bethau all ddigwydd pan fydd sylwedd newydd yn cael ei wneud.
Gall y pethau hyn ddweud wrthych bod **adwaith cemegol** wedi digwydd.

---

1 Copïwch a chwblhewch:
a) Mae unrhyw newid sy'n gwneud sylweddau newydd yn cael ei alw yn newid c . . . .
b) Yr enw ar y newid hwn yw a . . . . c . . . .
c) Mae'r sylwedd newydd yn cael ei alw yn g . . . .
ch) Mae c . . . . d . . . . yn g . . . . a . . . . rhwng carbon ac ocsigen.

2 Rhestrwch rai o'r newidiadau cemegol sy'n digwydd yn eich cartref. Gwnewch ddarlun yn dangos un o'r newidiadau hyn.

3 Gwnewch arolwg o gar.
Rhestrwch yr holl ddefnyddiau sy'n cael eu defnyddio i wneud car.
Nodwch a yw'r defnyddiau hyn yn rhai naturiol neu yn rhai sydd wedi eu gwneud.
Pam mae pob un yn addas ar gyfer y gwaith mae'n ei wneud?

Defnydd	Naturiol neu wedi ei wneud?	Pam mae'n cael ei ddefnyddio?

4 Meddyliwch am ddefnydd crai sy'n cael ei droi yn ddefnydd sy'n ddefnyddiol iawn.
Lluniwch boster sy'n dangos y newid hwn mewn ffordd ddiddorol.

Pethau i'w gwneud

22b Darganfod yr haearn

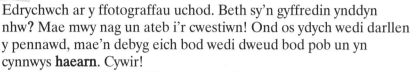

Edrychwch ar y ffotograffau uchod. Beth sy'n gyffredin ynddyn nhw? Mae mwy nag un ateb i'r cwestiwn! Ond os ydych wedi darllen y pennawd, mae'n debyg eich bod wedi dweud bod pob un yn cynnwys **haearn**. Cywir!

Edrychwch ar y ffotograff hwn o graig. **Mwyn haearn** ydyw. Fe ddaw hwn o'r ddaear. Nid yw'r mwyn ei hun yn ddefnyddiol, ond gellir ei droi yn ddefnyddiau a fydd yn ddefnyddiol.

defnydd crai
mwyn haearn
→ *proses gweithgynhyrchu* →
cynhyrchion defnyddiol
haearn a dur

▶ Pam mae haearn mor ddefnyddiol, yn eich barn chi?

a Rhestrwch briodweddau haearn.

b Beth yw dur? Oes ganddo unrhyw fanteision o'i gymharu â haearn?

Mae'r diwydiant cemegol yn gwneud cynhyrchion defnyddiol o ddefnyddiau crai bob dydd. Gall hyn olygu llawer o **adweithiau cemegol.** Edrychwn am ychydig ar yr adweithiau y mae eu hangen i wneud haearn.

Y ffwrnais chwyth

Y mwyn haearn mwyaf cyffredin yw un o'r enw haematit. Haearn ocsid yw hwn, ac mae'n gyfansoddyn o haearn ac ocsigen. Er mwyn tynnu'r haearn o'r mwyn, rhaid tynnu'r ocsigen allan. Mae hyn yn digwydd yn y **ffwrnais chwyth**.

haearn ocsid → *tynnu'r ocsigen allan* → haearn

Dywedwn fod yr haearn ocsid **wedi ei rydwytho** (reduced). Ystyr **rhydwytho** yw *tynnu'r ocsigen allan.*

Mae golosg, sef ffurf ar garbon, mewn ffwrnais chwyth. Mae hwn yn helpu i dynnu'r ocsigen allan. Mae hyn yn digwydd ar dymheredd o 1200 °C. Ond mae amhureddau yn y mwyn haearn. Defnyddir calchfaen i gael gwared o'r rhain. Mae'r calchfaen yn ymddatod yn y gwres, ac yn newid yn ddefnyddiau newydd.

calsiwm carbonad $\xrightarrow{\text{gwres}}$ calsiwm ocsid + carbon deuocsid
(calchfaen)

Yna, mae'r calsiwm ocsid yn adweithio gyda rhai o'r sylweddau amhur sydd yn y mwyn haearn.
Mae'n boeth iawn yn y ffwrnais chwyth, ac felly mae'r haearn sy'n cael ei wneud wedi ymdoddi.

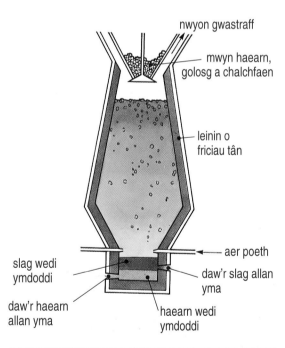

nwyon gwastraff

mwyn haearn, golosg a chalchfaen

leinin o friciau tân

aer poeth

daw'r slag allan yma

haearn wedi ymdoddi

slag wedi ymdoddi

daw'r haearn allan yma

c Enwch 3 sylwedd sy'n cael eu defnyddio mewn ffwrnais chwyth.
ch Pam mae briciau tân yn cael eu defnyddio i leinio'r ffwrnais?
d Enwch un o'r nwyon 'gwastraff'.
dd Pam mae'r ffwrnais chwyth yn gweithio bob dydd a bob nos, trwy gydol y flwyddyn?
e Pam mai haearn yw'r metel rhataf oll?

Gwresogi calchfaen

Mae un o'r adweithiau sy'n digwydd mewn ffwrnais chwyth yn golygu gwresogi calchfaen (calsiwm carbonad). Cewch weld beth sy'n digwydd drosoch eich hun.

Mae maint y fan yn y ffotograff hwn yn rhoi syniad i chi pa mor fawr yw'r ffwrnais chwyth.

Cyn dechrau gwresogi:

* Gofynnwch i'ch athro/athrawes edrych ar eich cyfarpar.
* Gwnewch yn siŵr eich bod yn gwybod sut i rwystro'r broses sugno'n ôl (symud y dŵr calch i ffwrdd cyn gorffen gwresogi'r calchfaen).
* Meddyliwch pam mae dŵr calch yn cael ei ddefnyddio yn yr arbrawf hwn.

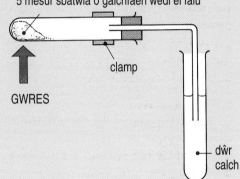

sugno'n ôl

Gwresogwch y calchfaen yn araf ar y dechrau, yna yn gyflymach.

f Beth sy'n digwydd?
ff Ceisiwch ysgrifennu hafaliad geiriol ar gyfer y newid cemegol hwn.

Defnyddiwch yr ymchwiliad hwn i'ch helpu i gynllunio ymchwiliad ar garbonadau eraill.

Ymchwiliad

Pa garbonad sy'n newid gyflymaf?
Rhaid i'ch athro/athrawes edrych ar eich cynllun yn gyntaf.
Os oes gennych amser, efallai y gallech wneud yr ymchwiliad.

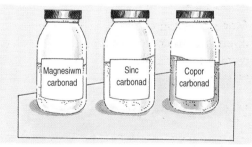

Magnesiwm carbonad   Sinc carbonad   Copor carbonad

1 Copïwch a chwblhewch y canlynol gan ddefnyddio'r geiriau sydd yn y bocs:

> gweithgynhyrchu ffwrnais ocsigen crai golosg amhureddau uchel mwyn carbonad cynnyrch

Mae'r broses . . . . yn newid defnydd . . . . yn . . . . defnyddiol. Mae . . . . haearn yn cael ei wneud yn haearn yn y . . . . chwyth.
Mae'r mwyn haearn yn cael ei rydwytho. Ystyr hyn yw bod yr . . . . yn cael ei dynnu allan.
Math o garbon sy'n helpu i rydwytho'r mwyn haearn yw . . . . . Calsiwm . . . . yw calchfaen. Mae'n ymddatod yn y gwres. Fe'i defnyddir i gael gwared o'r . . . . Mae'r haearn sy'n cael ei wneud wedi ymdoddi oherwydd bod y tymheredd mor . . . . yn y ffwrnais.

2 Mwynau yw'r geiriau sydd yn y bocs.

> bocsit   galena
> malachit   magnetit

a) Defnyddiwch lyfrau i geisio canfod pa fetel sydd i'w gael o bob mwyn.
b) Nodwch un ffordd o ddefnyddio pob metel.
c) Pa bethau sy'n effeithio ar bris metelau?
ch) Mae haearn yn weddol rad. Enwch ddau fetel drud.

3 Mae calchfaen yn graig **waddodol**.
a) Eglurwch sut mae'r math hwn o graig yn cael ei ffurfio.
b) Enwch 2 fath arall o graig. Ysgrifennwch ychydig linellau yn egluro sut mae pob math yn cael ei ffurfio.

Pethau i'w gwneud

115

Problem tân

Ydych chi erioed wedi gweld y symbol hwn?
Triongl tân ydyw.

GWRES · OCSIGEN · TANWYDD

a Pam mae'r geiriau GWRES, OCSIGEN a TANWYDD wedi eu hysgrifennu ar y triongl tân?

b Defnyddiwch y triongl tân i egluro sut i atal tân.

Rydych eisoes wedi dysgu am rai tanwyddau yn eich gwersi gwyddoniaeth.

▶ Gwnewch restr o'r holl danwyddau allwch chi feddwl amdanynt. Dewiswch y 3 phwysicaf yn eich barn chi. Eglurwch eich dewis.

Sylwedd sy'n llosgi mewn ocsigen i roi egni yw tanwydd. Mae sylweddau newydd yn cael eu creu wrth i'r tanwydd losgi. Mae llosgi yn **adwaith cemegol**. Mae'r adwaith yn digwydd rhwng y tanwydd a'r nwy ocsigen yn yr aer. Weithiau gelwir y newid cemegol hwn yn **hylosgiad** (*combustion*). Wrth i'r tanwydd losgi mae'n creu **ocsidau**.

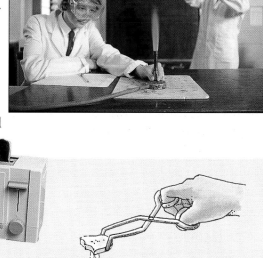

tanwydd + ocsigen ⟶ ocsidau + egni

Adwaith **ecsothermig** yw hwn. Ystyr hyn yw bod gwres (egni) yn cael ei gynhyrchu.

Llosgi tanwydd

Mae bara yn enghraifft o danwydd. Mae'n rhoi egni i'r corff. Fel arfer, rydym yn ceisio peidio â llosgi tost, ond yn yr arbrawf nesaf, dyma'n union fyddwn yn ei wneud!

Defnyddiwch efel i afael yn y bara, a'i ddal dros fat gwrth-wres. Edrychwch yn ofalus ar y bara. Gwresogwch y bara hyd nes bydd wedi gorffen llosgi. Ysgrifennwch am bopeth welsoch chi.

⚠ **sbectol ddiogelwch**

Beth sy'n digwydd i'r bara wrth iddo losgi?

Gan weithio mewn grwpiau, trafodwch eich syniadau am losgi.

Mae bara yn debyg i danwyddau eraill. Mae'n cynnwys hydrogen a charbon.

Rhaid felly ei fod yn gwneud ocsidau carbon a hydrogen wrth losgi.

I ble mae'r ocsidau'n mynd?

c Pan fydd carbon yn adweithio ag ocsigen mae'n gwneud . . . .

ch Pan fydd hydrogen yn adweithio ag ocsigen mae'n gwneud . . . .
Yr enw cyffredin arno yw . . . .

d Sut allech chi brofi'r sylweddau a gafodd eu gwneud yn **c** ac **ch**?

Llosgi canhwyllau .... *beth yw eich barn <u>chi</u>?*

Mae canhwyllau yn cael eu gwneud o gŵyr. Mae cwyr y gannwyll yn danwydd. Mae'n cynnwys yr elfennau **carbon** a **hydrogen**.

Ceisiwch ragfynegi beth fydd yn digwydd pan fydd bicer yn cael ei roi dros gannwyll sy'n llosgi.
Beth fyddech chi'n disgwyl ei weld?

Rhowch gynnig ar yr arbrawf. Oeddech chi'n gywir?

⚠️ sbectol ddiogelwch

Mae hwn ychydig yn anoddach ....
Ceisiwch ragfynegi beth fydd yn digwydd pan fydd bicer yn cael ei roi dros dair cannwyll sydd o hyd gwahanol.
Pa gannwyll feddyliwch chi fydd yn diffodd gyntaf?
Eglurwch eich syniadau.

Rhowch gynnig ar yr arbrawf. Oeddech chi'n gywir?
Ceisiwch egluro beth ddigwyddodd.

| cwyr y gannwyll + ocsigen ⟶ carbon deuocsid + dŵr + **egni** |

Adwaith sy'n cael ei alw yn **ocsidiad** yw hwn. Mae sylwedd wedi **ennill** ocsigen.

---

1 Ysgrifennwch 2 neu 3 llinell am bob un o'r geiriau canlynol gan egluro beth yw eu hystyr.
a) tanwydd   c) ocsid
b) hylosgiad   ch) ecsothermig

2 Rhaid bod yn ofalus iawn wrth ddefnyddio tanwyddau. Lluniwch boster a fydd yn rhybuddio pobl am yr holl beryglon.

3 Sylwedd sy'n cael ei wneud o garbon, hydrogen ac ocsigen yw ethanol. Copïwch a chwblhewch yr hafaliad geiriol hwn er mwyn dangos beth, yn eich barn chi, sy'n digwydd pan fydd yn llosgi.
ethanol + ... ⟶ .... + dŵr + ...

4 Casglwch hanesion papur newydd sy'n sôn am danau. Ceisiwch ddarganfod:
a) Sut y dechreuodd y tân bob tro.
b) A ellid bod wedi rhwystro'r tân rhag digwydd?
c) Sut y cafodd y tân ei ddiffodd.
Cofnodwch y wybodaeth mewn tabl.

5 Gall tanwyddau fod yn solidau, yn hylifau neu'n nwyon. Rhowch un enghraifft o bob math.
Beth yw manteision
a) tanwydd sydd ar ffurf **solid**?
b) tanwydd sydd ar ffurf **hylif**?
c) tanwydd sydd ar ffurf **nwy**?

Pethau i'w gwneud

Adweithiau sy'n creu swigod

Yn uned 18, roedden ni'n sôn am 'Aros yn fyw'.
Beth allwch chi ei gofio am **resbiradu?**

Bob tro y byddwch yn anadlu, mae adwaith cemegol yn digwydd.

a Beth sy'n digwydd pan fydd
   Siân yn anadlu allan i'r dŵr
   calch?

b Beth sy'n digwydd pan fydd Tom yn anadlu allan ar y ffenest oer?

Rydych yn cael egni o fwyd wrth resbiradu.

c Cwblhewch yr hafaliad geiriol ar gyfer resbiradaeth:

   siwgr + ocsigen ⟶ .... + ... + egni

Adwaith **ecsothermig** yw resbiradu.

ch Beth yw ystyr ecsothermig?
d Meddyliwch am resbiradu ac am losgi.
   Pa bethau sy'n debyg yn y ddau adwaith?
   Rhestrwch eich syniadau.
dd Pam ydych yn colli eich gwynt ac yn mynd yn boeth
   wrth redeg ras?

Eplesu

Pan fyddwn yn resbiradu byddwn **ni'n** defnyddio ocsigen.
Mae hwn yn ei dro yn adweithio â'n bwyd i wneud carbon
deuocsid, dŵr ac egni. Ond gall rhai pethau byw resbiradu **heb**
ocsigen. Un enghraifft yw microb o'r enw **burum**.
Mae hwn yn cael ei ddefnyddio i wneud gwin. Bryd hynny
mae'n defnyddio'r siwgr sydd yn y ffrwythau i wneud alcohol.
Yr enw ar y broses hon yw **eplesu**.

Diod	Wedi ei gwneud o:
gwin	grawnwin
brandi	grawnwin
cwrw	haidd
chwisgi	haidd
fodca	tatws
seidr	afalau
saci	reis

Swigod mewn alcohol

Rhowch gynnig ar greu eich eplesiad eich hun gan ddefnyddio siwgr.
Cymysgwch ychydig o furum â thua 4 g o siwgr. Ychwanegwch tua
10 cm³ o ddŵr cynnes (tua 35 °C) a'i roi mewn fflasg.
Gadewch y cyfarpar wedi ei osod fel yn y diagram.
Edrychwch ar y fflasg ymhen 10 munud. Beth rydych chi'n sylwi arno?
Edrychwch ar y fflasg eto ymhen 45 munud.

⚠ Aroglwch y cynnwys **yn ofalus**. Beth rydych chi'n sylwi arno?
⚠ *Peidiwch ag yfed y sylwedd hwn ar unrhyw gyfrif.*
Nid yw'n bur.

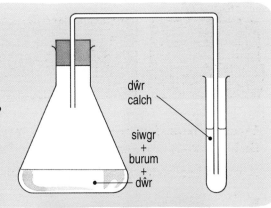

Dyma'r hafaliad geiriol ar gyfer y broses eplesu:

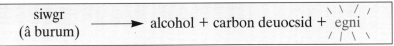

siwgr (â burum) ⟶ alcohol + carbon deuocsid + egni

e Ym mha ffordd mae'r adwaith hwn yn **debyg** i resbiradu?
f Ym mha ffordd mae'r adwaith hwn yn **wahanol** i resbiradu?
ff Pam mae yfed a gyrru yn beryglus?
g Mae rhai pobl yn credu na ddylai neb yfed **unrhyw** alcohol o gwbwl. Ydych chi'n cytuno â hyn? Trafodwch hyn fel grŵp.

▶ Peidiwch ag yfed a gyrru.
Dyluniwch boster a fydd yn dweud y neges hon yn glir.

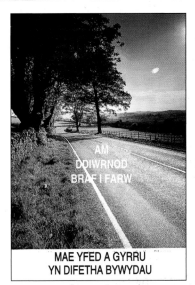

MAE YFED A GYRRU
YN DIFETHA BYWYDAU

1 Copïwch a chwblhewch y canlynol:
a) Pan fyddwn yn anadlu, mae . . . . ,
. . . . ac . . . . yn cael eu cynhyrchu.
b) Pan fydd eplesu yn digwydd, mae . . . . ,
. . . . ac . . . . yn cael eu cynhyrchu.
c) Pan fydd adwaith ecsothermig yn digwydd, bydd gwres yn cael ei . . . .

2 Edrychwch eto ar yr arbrawf 'Swigod mewn alcohol'. Sut wyddoch chi fod adwaith wedi digwydd? Rhestrwch eich syniadau.

3 Mae burum yn cael ei ddefnyddio i wneud bara hefyd.
Ceisiwch ddarganfod sut mae bara yn cael ei wneud.
Pam mae burum yn cael ei ddefnyddio?
Beth yw'r rheswm dros alw hwn yn **adwaith sy'n creu swigod?**

4 Mae'n bosibl defnyddio prawf anadlu i weld a yw gyrwyr wedi yfed gormod o alcohol.

a) Gwnewch restr o'r dadleuon *o blaid* profion anadlu ar hap (profi unrhyw yrrwr ar unrhyw adeg).
b) Gwnewch restr o'r dadleuon **yn erbyn** profion anadlu ar hap.

Pethau i'w gwneud

22d Rhwd yn datblygu

Oes gennych chi feic? Oes gan unrhyw un o'r teulu gar?
Os felly, mae'n debyg eich bod yn gwybod yn iawn am broblem
rhwd! Mae rhwd yn achosi miliynau o bunnoedd o ddifrod bob
blwyddyn.

▶ Gwnewch restr o 4 problem sy'n cael eu hachosi gan rwd.

Mae cwmnïau yn gwario llawer o arian i geisio atal rhwd. Er mwyn
gwybod sut i atal rhwd, rhaid gwybod sut mae'n datblygu.
Bu Ceri a Bethan yn ymchwilio i ganfod pa fath o amodau sy'n
angenrheidiol i hoelen haearn rydu. Fe osodon nhw 3 thiwb profi
ac yna eu gadael am ychydig o ddyddiau

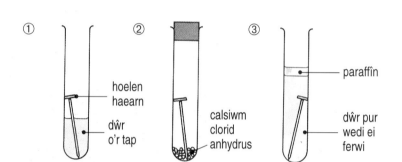

▶ Copïwch y tabl sy'n dangos yr amodau ym mhob tiwb.

Amodau	Tiwb ①	Tiwb ②	Tiwb ③
aer	✓	✓	✗
dŵr	✓	✗	✓

Edrychwch ar yr amodau yn nhiwb ②.

a Beth mae'r calsiwm clorid anhydrus yn ei wneud?

Edrychwch ar yr amodau yn nhiwb ③.

b Beth sy'n digwydd pan fydd y dŵr yn berwi?
c Pam mae paraffîn wedi ei roi ar ben y dŵr berwedig?

Ymhen rhai dyddiau, edrychodd Ceri a Bethan ar y tiwbiau eto.

ch Pa 2 sylwedd sy'n angenrheidiol cyn y bydd haearn yn rhydu?

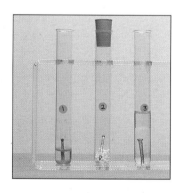

. . . ymhen rhai dyddiau

Ydych chi wedi sylwi ar bethau wedi rhydu ar lan y môr?

d Mae rhydu yn digwydd yn gyflymach yn ymyl y môr. Beth
yw'r rheswm dros hyn, yn eich barn chi?

Adwaith **ocsidio** yw rhydu. Mae'r haearn yn cael ei **ocsidio**.
Ystyr hyn yw ei fod yn adweithio â'r ocsigen yn yr aer.

dd Cwblhewch yr hafaliad geiriol hwn:

haearn + ocsigen ⟶ . . . .
　　　　(â dŵr)

e Beth yw'r enw cemegol ar rwd?

Ymchwilio i rydu

Roedd yr atebion a gafwyd yn rhai diddorol iawn. Gofynnodd yr athrawes i Ceri a Bethan wneud ymchwiliad mwy manwl. Ni roddodd syniadau pendant iddyn nhw ond gofynnodd gwestiwn: Beth sy'n gwneud i haearn rydu yn gyflym? Dychmygwch mai chi yw Ceri. Cynlluniwch ymchwiliad i'r ffordd mae haearn yn rhydu. (Os bydd angen cymorth arnoch, gofynnwch i'ch athro/athrawes!!)

Atal y rhwd!

Er mwyn atal yr haearn rhag rhydu, rhaid i ni ei amddiffyn rhag aer a dŵr. Dyma rai ffyrdd o wneud hyn:

* **Peintio**

  Mae paent yn cael ei ddefnyddio i amddiffyn ceir ac adeiladau mawr fel pontydd.

* **Iro neu roi olew**

  Mae'r dull hwn yn cael ei ddefnyddio ar rannau symudol peiriannau.

* **Platio**

  Dull o osod haen denau o fetel arall nad yw'n rhydu yw platio. Defnyddir cromiwm yn aml ar gyfer y gwaith hwn. Mae haen o gromiwm yn creu effaith sgleiniog, ddeniadol. Defnyddir sinc hefyd i'r diben hwn. Pan ddefnyddir sinc, dywedir bod yr haearn yn haearn **galfanedig**. Bydd y sinc yn amddiffyn yr haearn hyd yn oed os bydd yn cael ei grafu.

Pa ddull o atal rhwd fyddech chi'n ei ddefnyddio:

f i amddiffyn peiriant torri'r lawnt yn y gaeaf?

ff i amddiffyn bwmper car?

g i amddiffyn gatiau'r ysgol?

Rhowch resymau dros eich dewis ym mhob achos.

---

1 Copïwch a chwblhewch y canlynol:
a) Rhaid cael . . . . a . . . . cyn bydd haearn yn rhydu.
b) Mae . . . . yn cyflymu'r broses o rydu.
c) Yr enw cemegol ar rwd yw . . . .
ch) Mae . . . . a . . . . yn ddau ddull o atal rhwd.

2 Gwnewch arolwg o geir yn ymyl eich cartref. Edrychwch ar y ceir, ond peidiwch â'u *cyffwrdd*.
A yw rhai mathau o geir yn rhydu'n gyflymach na mathau eraill? A yw rhai rhannau o geir yn rhydu yn gyflymach na rhannau eraill? Rhowch eich canlyniadau mewn tabl. Ysgrifennwch adroddiad byr.

3 Mae nifer o ffyrdd o atal rhwd ar wahanol rannau'r beic.
Gwnewch dabl yn dangos effaith y gwahanol ddulliau o amddiffyn y beic.

Rhannau o'r beic	Dull o atal rhwd
handlenni	

Pethau i'w gwneud

4 Yn eich barn chi, a yw rhydu yn broses sy'n digwydd i'r un graddau ym mhob rhan o'r byd? Eglurwch eich syniadau am hyn.

Cyflymu?

Ai proses **araf** neu broses **gyflym** yw rhydu, yn eich barn chi?
Nid yw pob adwaith cemegol yn digwydd ar yr un
gyfradd. Mae rhai yn araf a rhai yn gyflym.

▶ Meddyliwch am yr adweithiau isod.
Nodwch ai adwaith araf neu adwaith cyflym yw pob un
ohonyn nhw.

a Dynameit yn ffrwydro.
b Gwin yn eplesu.
c Llaeth yn suro.
ch Soffa'n llosgi.
d Creigiau yn hindreulio.
dd Magnesiwm yn llosgi yn yr aer.
e Datblygu ffotograff.
f Pren yn llosgi.
ff Pobi cacen.

Oni fyddai'n ddefnyddiol gallu newid cyfradd rhai adweithiau?

▶ Rhestrwch yr adweithiau y byddai pobl yn hoffi eu harafu.
Rhestrwch yr adweithiau y byddai pobl yn hoffi eu cyflymu.
Cymharwch eich atebion ag atebion gweddill eich grŵp.
A yw pawb yn cytuno?

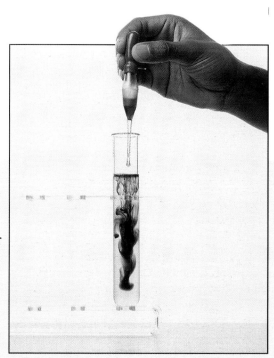

Hud cemegol

Gall gwyddonwyr reoli cyfraddau adweithiau.
Byddwch yn cael eich synnu gan yr hud y bydd eich athro/athrawes
yn ei ddangos i chi! Bydd yn dangos adwaith sy'n gwneud sylwedd o'r
enw **ïodin**.
Mae'n hawdd gweld ïodin yn cael ei wneud. (Efallai eich
bod yn cofio'r prawf am starts yn uned 16.) Pan fydd ïodin yn cael ei
ychwanegu at hydoddiant starts, mae'n troi'n las tywyll. Bydd eich
athro/athrawes yn gallu gwneud i'r lliw glas hwn ymddangos ar
wahanol adegau . . . ond bydd angen gwylio'n ofalus.
g Pam mae'r adwaith hwn yn cael ei alw yn **gloc ïodin**?
h Sut mae eich athro/athrawes yn gwneud hyn? Ai **hud go iawn** ydyw?

Cyflymu'r broses!

Gallwch ymchwilio i'r adwaith sy'n digwydd rhwng magnesiwm ac asid hydroclorig gwanedig.

Sut allech chi arafu neu gyflymu'r adwaith hwn?

Beth yw eich rhagdybiaeth? Oes gennych chi fwy nag un syniad i'w brofi?

Bydd eich athro/athrawes yn rhoi magnesiwm a rhai poteli o asid i chi ar gyfer y profion hyn.

⚠️ **sbectol ddiogelwch**

- Nodwch y profion yr hoffech eu gwneud.
- Rhaid ysgrifennu rhestr o'r offer y bydd eu hangen arnoch.
- Rhaid i chi ddweud yn **union** faint o bob sylwedd y bydd ei angen arnoch. Gwnewch hyn ar gyfer pob prawf.

Dangoswch eich cynlluniau i'ch athro/athrawes. Os yw'r cynlluniau'n ddiogel, byddwch yn cael y magnesiwm a'r asid. Yna gallwch ddechrau ar yr ymchwiliad.

- Ysgrifennwch holl ganlyniadau'r profion.
- Edrychwch yn ofalus ar eich canlyniadau. Ysgrifennwch gasgliad ar ddiwedd eich ymchwiliad. Dylai eich casgliad ddechrau fel hyn:

Mae'n bosibl newid cyfradd yr adwaith trwy ....
....
....
Dyma'r **newidynnau** sy'n newid cyfradd yr adwaith.

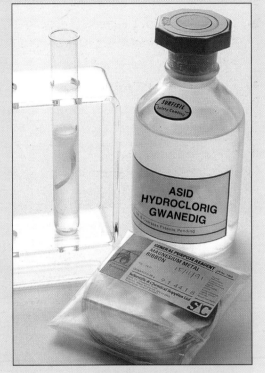

---

1 Ysgrifennwch 3 pheth sy'n newid cyfradd adwaith cemegol.

2 Roedd Siwan yn ymchwilio i'r adwaith rhwng magnesiwm ac asid hydroclorig. Cafodd 5 set o ganlyniadau.

Arbrawf	1	2	3	4	5
Yr amser a gymerwyd i gasglu 10 cm³ o nwy (mewn eiliadau)	15	6	43	15	29

a) Pa arbrawf oedd yn rhoi'r adwaith arafaf?
b) Pa arbrawf oedd yn rhoi'r adwaith cyflymaf?
c) Ym mha 2 arbrawf yr oedd y newidynnau yr un fath?
ch) Yn ôl Siwan, y tymheredd oedd yr unig beth oedd yn wahanol yn yr arbrofion. Ym mha arbrawf yr oedd y tymheredd uchaf, yn eich barn chi?

3 Mae magnesiwm yn adweithio yn gyflym ag asid hydroclorig gwanedig.

Edrychwch ar y rhestr hon o fetelau eraill:

> haearn   copor   sinc   calsiwm

a) Pa un o'r metelau hyn fyddai'n adweithio gyflymaf ag asid hydroclorig gwanedig?
b) Pa fetel na fydd yn adweithio gydag asid hydroclorig gwanedig?
c) Dychmygwch eich bod newydd ddarganfod metel newydd o'r enw 'Coparn'.
Defnyddiwch adwaith metel + asid i gynllunio ymchwiliad a fydd yn dangos safle cywir y metel hwn yn y Gyfres Adweithedd.
(Cyngor: gweler tudalennau 36–39.)

Pethau i'w gwneud

Cystadlu yn erbyn y cloc!

▶ Edrychwch ar y ffotograffau hyn. Maen nhw'n dangos gargoil yn Eglwys Gadeiriol Lincoln.
Mae 100 mlynedd rhwng dyddiadau'r ddau ffotograff.

a Pa ffotograff yw'r un mwyaf diweddar?
b Beth sydd wedi achosi i'r gargoil newid dros y blynyddoedd?

Mae llawer iawn o adeiladau wedi eu gwneud o galchfaen.
Enw cemegol calchfaen yw **calsiwm carbonad**.
Mae'n adweithio ag asid i greu carbon deuocsid.

c Sut allech chi brofi bod carbon deuocsid yn bresennol?

Gallech gasglu carbon deuocsid **dros ddŵr**.

ch Lluniwch ddiagram yn dangos sut mae casglu nwy dros ddŵr.

d Mae calchfaen yn adweithio gyda'r asid sydd mewn glaw. Pam mae calchfaen yn dal i gael ei ddefnyddio wrth adeiladu, yn eich barn chi?

Gwylio'r asid yn ymosod!

Bydd eich athro/athrawes yn dangos asid yn adweithio ar galchfaen. Cyn i'r arbrawf ddechrau, ceisiwch ragfynegi beth fydd yn digwydd.
Tybed a fydd màs y fflasg a'i chynnwys yn newid yn ystod yr adwaith?
A fydd y màs   . . . yn aros yr un fath?
. . . yn mynd yn fwy?
. . . yn mynd yn llai?
Ceisiwch ragfynegi beth fydd yn digwydd. Rhowch resymau.

Lluniwch dabl canlyniadau.

Bydd angen i chi gofnodi'r màs bob 15 eiliad.

Bydd eich athro/athrawes yn dechrau'r arbrawf nawr.

dd Beth sy'n digwydd i fàs y fflasg a'i chynnwys?
e Pam mae hyn yn digwydd, yn eich barn chi?
f Ai adwaith cyflym neu adwaith araf yw hwn?
ff Pam mae'r adwaith yn Eglwys Gadeiriol Lincoln yn arafach?
g Pam mae plwg o wlân cotwm rhydd yn cael ei ddefnyddio yn yr arbrawf hwn?

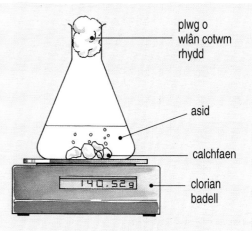

plwg o wlân cotwm rhydd

asid

calchfaen

clorian badell

140.52g

Amser (eiliadau)	Màs y fflasg (gramau)
0	
15	

Amseru perffaith

Ydych chi'n cofio'r **cloc ïodin**? Roedd eich athro/athrawes yn **rheoli** adwaith cemegol bryd hynny.
Gallwch chithau reoli adweithiau hefyd!

Bydd eich athro/athrawes yn rhoi amser penodol i chi orffen eich tasg. Bydd angen i chi weithio'n gyflym. Rhaid i bawb gymryd rhan. Tybed ai eich grŵp chi fydd yn cael y canlyniad gorau o fewn yr amser?

Eich gwaith fydd:

Gwneud sampl o 100 cm³ o nwy carbon deuocsid mewn 60 eiliad.

Dylai eich amseru fod yn fanwl gywir. Rhaid gwneud **union** 100 cm³ o nwy. (Nid 99 cm³ na 101 cm³.)
Ceisiwch gael cyfaint sydd mor agos ag sy'n bosibl at hyn mewn 60 eiliad.
Defnyddiwch galchfaen ac asid i wneud eich carbon deuocsid.
Bydd eich athro/athrawes yn gofyn i chi ddangos eich adwaith i'r grwpiau eraill ar ddiwedd yr amser.

asid – sbectol ddiogelwch

---

1 Gofynnwyd i chi wneud jeli ar gyfer parti pen-blwydd eich brawd. Bydd y parti yn dechrau ymhen 2 awr!
Sut fyddwch chi'n gwneud i'r ciwbiau jeli hydoddi mor gyflym ag sy'n bosibl?

2 Mae Sioned am wneud a chasglu sampl o nwy carbon deuocsid.
a) Lluniwch ddiagram wedi ei labelu o'r cyfarpar y dylai Sioned ei ddefnyddio.
b) Disgrifiwch 2 ffordd o ddefnyddio carbon deuocsid.

3 Pan fydd rhuban magnesiwm yn adweithio ag asid, mae'n creu nwy hydrogen. Mesurodd Bryn gyfaint y nwy oedd yn cael ei gynhyrchu bob munud.

Amser (munudau)	Cyfaint (cm³)
0	0
1	20
2	35
3	45
4	50
5	52
6	52
7	52
8	52

a) Lluniwch graff o'r canlyniadau hyn.

b) Ymhen faint o funudau yr oedd yr adwaith wedi dod i ben?
c) Beth oedd cyfaint yr hydrogen oedd wedi ei gasglu erbyn diwedd yr adwaith?
ch) Pryd oedd yr adwaith gyflymaf . . . tua'r dechrau neu tua'r diwedd?
d) Nodwch un ffordd o gyflymu'r adwaith hwn. Ceisiwch egluro hyn trwy ysgrifennu am **ronynnau**. Beth sy'n digwydd i'r gronynnau magnesiwm ac i'r asid yn yr adwaith?

Pethau i'w gwneud

Cymorth y catalyddion

▶ Meddyliwch am gyflymu adwaith.
Rhestrwch y gwahanol ffyrdd o wneud hyn.

Mae ffordd arall o newid cyfradd adwaith, sef defnyddio **catalydd**.

Rydych wedi defnyddio **catalyddion** yn eich gwersi gwyddoniaeth o'r blaen.

Ydych chi'n cofio gwneud *ocsigen*?

Mae manganîs (IV) ocsid yn gatalydd. Mae'n gwneud i hydrogen perocsid ddadelfennu (dorri i lawr) yn gyflym.

Sylwedd sydd yn newid cyfradd adwaith cemegol yw catalydd.
Nid yw catalydd ei hun yn mynd yn llai yn ystod yr adwaith.

Defnyddio catalyddion

Ydych chi erioed wedi edrych yn *fanwl* ar becyn o bowdr golchi? Mae'r powdr sydd yn y llun hwn yn debyg i lawer o rai eraill sydd ar y farchnad ar hyn o bryd. Mae'r rhestr cynhwysion sydd ar y bocs yn un ddiddorol iawn. Mae'r powdr hwn yn cynnwys **ensymau**.

Dyma sydd ar y bocs:

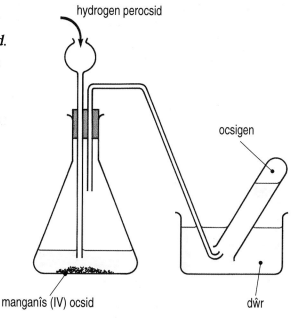

hydrogen perocsid

ocsigen

manganîs (IV) ocsid

dŵr

Cynhwysion	Gwaith
Ensymau	Dadelfennu staeniau sy'n cynnwys proteinau e.e. gwaed, llaeth a staeniau sy'n cynnwys braster e.e. staeniau o'r corff, saim coginio, etc.

Felly beth yw ensymau? Efallai eich bod yn eu cofio o uned 16 (tudalen 47).

Catalyddion biolegol yw ensymau.

Mae'r ensymau yn y powdr golchi yn helpu i ddadelfennu'r staeniau yn gyflym. Dywedwn fod y braster a'r protein mewn staeniau yn cael eu **treulio** gan yr ensymau.

Mae ensymau yn cael eu defnyddio i wneud y rhain.
Mae burum yn cynnwys ensymau.

▶ Edrychwch yn ôl ar yr uned hon.
Ysgrifennwch ychydig o linellau yn disgrifio'r adwaith oedd yn defnyddio burum. (Cyngor: heb furum, byddech yn dal i aros am y swigod!)

Pa un yw'r catalydd gorau?

Gall hydrogen perocsid ddadelfennu (torri i lawr). Wrth wneud hynny ceir dŵr ac ocsigen.

hydrogen perocsid ⟶ dŵr + ocsigen

Rydych yn gwybod eisoes fod manganîs (IV) ocsid yn gatalydd ar gyfer yr adwaith hwn. Mae'n gwneud i hydrogen perocsid ddadelfennu yn gyflym.
Ond mae gan Llew syniad arall.

> Rydw i eisiau gwneud ocsigen yn gyflym. Rydw i'n meddwl y gallai iau fod yn well catalydd na manganîs (IV) ocsid.

HYDROGEN PEROCSID

IAU/AFU (HEB EI GOGINIO)

MANGANÎS (IV) OCSID

Cynlluniwch ymchwiliad i brofi syniad Llew.

Dangoswch eich cynllun i'ch athro/athrawes, yna gwnewch yr ymchwiliad.

 Gall hydrogen perocsid achosi llosgiadau. Gwisgwch sbectol ddiogelwch.

---

1 Copïwch a chwblhewch y canlynol:
Sylwedd sy'n . . . . cyfradd adwaith yw catalydd.
Nid yw maint y catalydd yn . . . . yn ystod yr adwaith.
Mae'n bosibl defnyddio iau/afu fel catalydd i wneud nwy . . . . Mae . . . . yn gatalydd biolegol.

2 Meddyliwch am yr adwaith sy'n creu ocsigen. Mae iau/afu yn gatalydd.
A yw tymheredd yr iau/afu yn effeithio ar y gyfradd adweithio?
Cynlluniwch ymchwiliad i brofi hyn.

3 Gall catalyddion wneud i adweithiau ddigwydd ar dymereddau is nag sy'n arferol.
Pam mae pobl sy'n gweithio mewn diwydiant yn credu bod defnyddio catalyddion yn syniad da?

4 Ceisiwch gael gwybodaeth am drawsnewidyddion catalytig (catalytic converters). (Taflenni o'r garej leol?)
a) Sut mae trawsnewidyddion catalytig yn gweithio?
b) Beth yw'r manteision o'u defnyddio?
c) A oes anfanteision o'u defnyddio?

Er bod defnyddio tanwydd di-blwm wedi lleihau'r nwyon a ddaw o bibellau gwacáu ceir, mae deddfau newydd wedi dod i rym i warchod yr amgylchedd. Erbyn hyn mae trawsnewidydd catalytig 3-ffordd effeithiol iawn yn cael ei osod ar bob injan betrol. Mae hyn yn golygu bod llawer llai o nwyon niweidiol yn cael eu cynhyrchu.

Pethau i'w gwneud

Cwestiynau

1 Roedd Llŷr ac Asha yn edrych ar ffyrdd o atal rhwd. Gofynnodd eu hathro iddyn nhw pa un oedd y dull gorau.

Pwy sy'n gywir?

Cynlluniwch ymchwiliad i ddarganfod hynny.

2 Diwydiant cemegol Prydain yw'r 5ed o ran maint yn y byd. Mae'n cynhyrchu llawer iawn o wahanol bethau. Lluniwch siart cylch neu siart bar yn dangos y data hyn:

Cynhyrchion	Canran o'r diwydiant %
Gwrteithiau	8
Defnyddiau organig	12
Defnyddiau anorganig	7
Sebon a nwyddau ymolchi	9
Nwyddau'r fferyllfa	24
Plastigion a rwber	5
Paent a farnais	8
Lliwurau a phigmentau	4
Cynhyrchion cemegol arbenigol	23

3 Bwriedir adeiladu gwaith haearn a dur newydd ym Mhrydain. Dychmygwch mai chi sy'n gyfrifol am hyn. Un rhan o'ch gwaith yw penderfynu *ble* ddylai'r gwaith hwn gael ei adeiladu. Pa bethau fyddai angen i chi eu hystyried? Lluniwch restr ohonyn nhw.

4

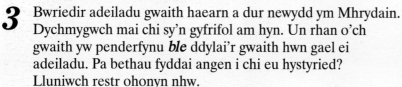

Mae glo yn well tanwydd na phren.

a) A yw hyn yn wir, yn eich barn chi?
b) Beth sy'n gwneud tanwydd da?
   Pa brofion allech chi eu gwneud i brofi pa danwydd yw'r gorau?

5 a) Rhestrwch y prif nwyon sydd yn yr aer.
   b) Cynlluniwch arbrawf i ddarganfod faint o ocsigen sydd yn yr aer. (Efallai y cewch gliw am un ffordd bosibl yn y diagram gyferbyn.)

cannwyll wedi ei gosod ar gorcyn

dŵr

6 Lluniwch boster yn crynhoi'r hyn rydych wedi ei ddysgu am adweithiau yn yr uned hon. Defnyddiwch liwiau a lluniau i wneud eich poster yn ddiddorol.

7 Darllenwch y memo a dychmygwch mai chi yw Alun. Ysgrifennwch o leiaf hanner tudalen o gyngor i Luned.

8 Os ydych yn defnyddio mwy o gatalydd, a yw hynny'n golygu bod yr adwaith yn gyflymach? Cynlluniwch ymchwiliad i brofi hyn.

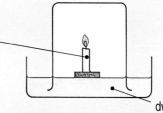

Cwmni Cemegol Coparn BRYS

Memo at: *Alun* Oddi wrth: *Luned*

Mae gwneud Coparn X yn llawer rhy araf. Rhaid ceisio cyflymu'r adwaith. Mae pob awr yn golygu mwy o gostau. Deallaf eich bod yn defnyddio 20 g o F13 a 10cm^3 o hydoddiant G44 i wneud Coparn X. Awgrymwch sut y gallem gyflymu'r adwaith. A fyddai unrhyw broblemau yn codi wrth ddilyn eich syniadau?

Beth sy'n gyffredin rhwng eich ymennydd, mellt, larymau tân a chyfrifiaduron?
Maen nhw i gyd yn defnyddio trydan.

Yn y byd heddiw, mae yna systemau electronig ym mhobman – yn y cartref, yn yr ysgol, yn y gwaith, mewn ysbytai.
Maen nhw'n gwneud ein bywydau yn haws.

Yn yr uned hon byddwch yn dyfeisio ac yn adeiladu systemau electronig.

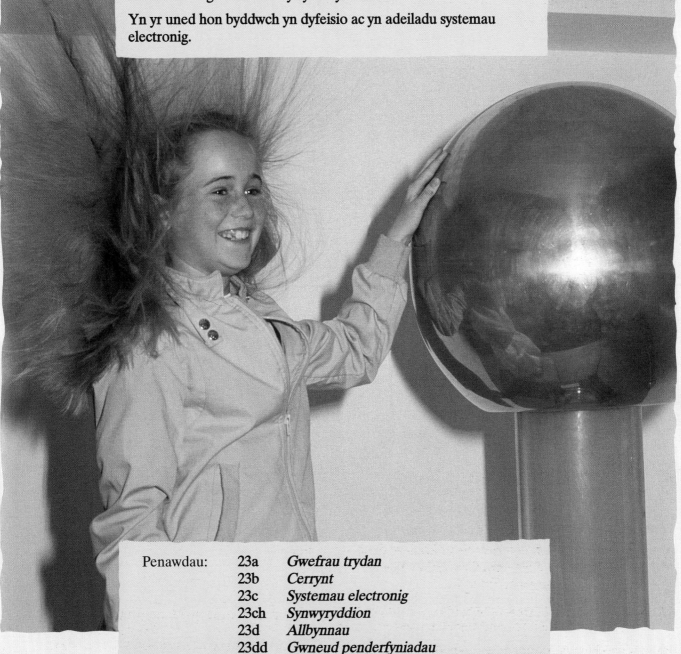

Penawdau:		
	23a	*Gwefrau trydan*
	23b	*Cerrynt*
	23c	*Systemau electronig*
	23ch	*Synwyryddion*
	23d	*Allbynnau*
	23dd	*Gwneud penderfyniadau*
	23e	*Defnyddio adwyon rhesymeg*

Gwefrau trydan

Ydych chi erioed wedi rhwbio balŵn nes oedd yn glynu wrth wal?

Ydych chi erioed wedi rhwbio crib hyd nes yr oedd yn codi darnau o bapur?

Dywedwn fod y gwrthrychau wedi eu **gwefru**.
Mae ganddynt **drydan statig**.

Ymchwilio i wefrau

Gallwch ddefnyddio stribedi o blastig wedi eu gwneud:
- o asetad (plastig clir),
- o bolythen (plastig llwyd).

Rhwbiwch un o'r stribedi ar gadach sych, yna rhowch ef i gydbwyso ar wydryn oriawr fel y gall droelli'n hawdd:

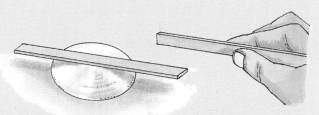

Rhwbiwch stribed arall ar y cadach ac yna dod ag ef at un pen i'r stribed sy'n cydbwyso. Beth sy'n digwydd?

Copïwch y tabl:
Ceisiwch ddarganfod beth sy'n digwydd ym mhob achos. Llanwch eich tabl gan ddefnyddio'r geiriau *gwrthyrru* neu *atynnu*:

Pa batrwm sydd i'w weld?

		Stribed yn fy llaw	
		asetad	polythen
Stribed yn gytbwys ar y gwydryn oriawr	asetad		
	polythen		

Dywedwn fod yr asetad yn cael gwefr bositif (+).
Mae'r polythen yn cael gwefr negatif (–).

Dywedwn fod gwrthrych yn *ddi*-wefr pan fo ganddo feintiau *hafal* o wefr bositif a gwefr negatif.
Mae'r gwefrau yn *gytbwys*. Mae'r gwrthrych yn *niwtral*.
Rhifwch nifer y gwefrau ar y gwrthrychau niwtral hyn:

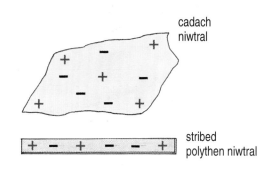

cadach niwtral

stribed polythen niwtral

Pan ydych yn rhwbio'r stribed â'r cadach, mae'r gwefrau yn mynd yn **anghytbwys**. Mae rhai gwefrau negatif wedi symud, o'r cadach i'r stribed polythen:

Rhifwch nifer y gwefrau ar bob gwrthrych yn awr:
Beth ydych yn ei ganfod?

Lluniwch ddiagram tebyg i ddangos beth sy'n digwydd pan fyddwch yn rhwbio stribed asetad.

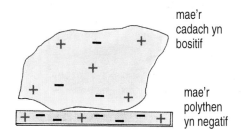

mae'r cadach yn bositif

mae'r polythen yn negatif

Gwefrau yn symud

Edrychwch ar eneradur Van de Graaff:
Peiriant ar gyfer gwneud trydan statig ydyw.
Mae'r belt symudol yn cario gwefrau trydan i fyny i'r gromen *(dome)*.

Bydd eich athro/athrawes yn dangos rhai arbrofion gan ddefnyddio'r generadur.
Ar gyfer pob un, disgrifiwch yr hyn rydych yn ei weld yn ofalus, ac esboniwch pam mae'n digwydd.

a Mae darnau bychain o bapur yn cael eu rhoi ar y gromen, yna mae'r peiriant yn cael ei droi ymlaen.
Beth sy'n digwydd, a pham?

b Mae darnau o edau yn cael eu clymu wrth y gromen, neu mae darn o ffwr yn cael ei roi arni.
Beth sy'n digwydd, a pham?

c Mae gwirfoddolwr dewr â gwallt sych heb ei glymu yn sefyll ar haenen blastig ac yn cyffwrdd â'r gromen.
Beth sy'n digwydd, a pham?

ch Pam mae'n rhaid i'r gwirfoddolwr sefyll ar haenen blastig?
A yw plastig yn ddargludydd?

d Mae pelen fetel fawr yn cael ei rhoi wrth ymyl y gromen.
Beth sy'n digwydd a pham? Pa bryd rydych yn gweld hyn ym myd natur?

dd Tra bydd y gromen yn gwreichioni, caiff pin metel ei bwyntio ati.
Beth sy'n digwydd? Pam mae hyn yn digwydd, yn eich barn chi?

e Sut mae'r syniad hwn yn cael ei ddefnyddio i amddiffyn adeiladau uchel rhag mellt?

f Yn y tywyllwch, caiff lamp neon neu fflwrolau ei ddal wrth y gromen. Beth sy'n digwydd?
Beth mae hyn yn ei olygu, yn eich barn chi?

1 Copïwch a chwblhewch:
a) Os yw gwefrau â'r un arwydd (+ neu –) maen nhw'n . . . . ei gilydd.
Os oes gan wefrau arwyddion gwahanol maen nhw'n . . . . ei gilydd.
b) Mewn gwrthrych niwtral, mae'r . . . . yn gytbwys. Mewn gwrthrych sydd wedi ei wefru yn negatif mae yna fwy o wefrau . . . . na gwefrau . . . .
c) Gall trydan fynd trwy . . . . ond nid trwy . . . .

2 Pam y gallai fod yn beryglus defnyddio ymbarél mewn storm? Ble **na** ddylech gysgodi mewn storm?

3 Ceisiwch egluro pob un o'r rhain:
a) Mewn tywydd sych, gall pobl sy'n cerdded ar garped neilon gael sioc wrth gyffwrdd rheiddiadur neu ddolen fetel.
b) Os ydych yn glanhau drych neu ffenest lychlyd â chadach sych ar ddiwrnod sych, gall fod yn fwy llychlyd drannoeth.
c) Pan ydych yn tynnu haenen lynu oddi ar y rholyn, mae'n glynu wrth eich dwylo.
ch) Nid yw hen haenen lynu yn glynu cystal.
d) Mae cloriau casétiau, recordiau a gwrthrychau plastig eraill yn mynd yn llychlyd yn fuan.

4 Pa un ydych chi'n ei synhwyro gyntaf: mellt neu daranau? Pam?

Pethau i'w gwneud

Cerrynt

▶ Edrychwch ar y diagram cylched hwn:

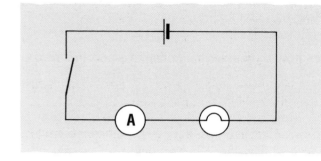

a   Beth mae pob symbol yn ei gynrychioli?
b   Beth sy'n digwydd os nad yw'r gylched yn gyflawn?

Dywedwn fod yr amedr a'r bwlb **mewn cyfres**.
Mae **electronau** bychain yn symud trwy'r gwifrau.

c   Lluniwch ddiagram cylched ar gyfer batri (cell) a
     2 fwlb mewn cyfres.
ch   Beth fedrwch ei ddweud am ddisgleirdeb y 2 fwlb?
     Beth fedrwch ei ddweud am y cerrynt sy'n mynd trwy'r
     2 fwlb?
     Beth sy'n digwydd os yw un o'r bylbiau yn torri?

d   Beth yw **ynysydd**?
dd   Lluniwch ddiagram o gylched y byddech yn gallu ei defnyddio i
     ddarganfod ai ynysydd neu dargludydd yw gwrthrych.

e   Nawr lluniwch ddiagram cylched ar gyfer batri a
     2 fwlb **yn baralel**.
f   Beth sy'n digwydd os yw un o'r bylbiau yn torri?

  Mae trydan y prif gyflenwad yn beryglus – gall eich lladd!

Peidiwch *byth* â phrocio soced 'fyw'.
Peidiwch *byth* â defnyddio cebl estyn wrth ymyl dŵr.
Peidiwch *byth* â defnyddio unrhyw beth sydd â chebl wedi treulio.

Mae cylched yn cynnwys batri, swits, a 3 bwlb wedi eu labelu X, Y
a Z. Mae bylbiau X ac Y mewn cyfres, a bwlb Z yn baralel ag X.
Mae'r swits yn rheoli bwlb Z yn unig.
ff   Lluniwch ddiagram cylched o hyn.
g   Pan fydd yr holl fylbiau wedi eu goleuo, pa un yw'r mwyaf
     disglair?

Ymchwilio i wrthiant

Cysylltwch y gylched hon:

Gofalwch gysylltu'r amedr yn gywir
(+ yr amedr nesaf at + y batri).

ng   A yw'r cydrannau mewn cyfres neu yn
     baralel?

h   Dim ond ar hyd rhan o'r ffordd drwy'r
     gwrthydd newidiol mae'r cerrynt yn mynd.
     Ai'r darn melyn neu'r darn glas sy'n
     dangos hyn ar y diagram?

i   Beth sy'n digwydd wrth i'r llithrydd yn
     y diagram gael ei symud i'r dde?
     Gwnewch hyn. **Pam** mae hyn yn digwydd?

j   Os nad yw'r bwlb yn goleuo, a yw hyn yn
     golygu nad oes cerrynt yn y gylched?
     Rhowch gynnig arni.

l   Lluniwch ddiagram cylched o'ch cylched.

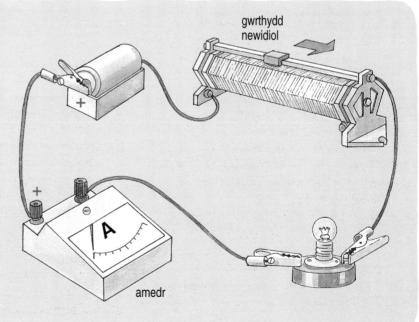

gwrthydd newidiol

amedr

Gwneud larwm tân

Mae **stribed deufetel** wedi ei wneud o 2 fetel wedi
eu clymu wrth ei gilydd. Pan fydd yn cael ei wresogi,
mae'r metelau yn mynd yn hirach. Maen nhw'n **ehangu**.

clamp

pres

haearn

Ond mae un metel yn ehangu mwy na'r llall.
Beth sy'n digwydd i'r stribed? Rhowch gynnig arni.
Eglurwch yr hyn rydych yn ei weld.

Dyluniwch larwm tân gan ddefnyddio stribed deufetel.

- Meddyliwch sut y gallwch ei ddefnyddio i ganu cloch neu oleuo lamp rybuddio.
- Lluniwch ddiagram cylched o'r dyluniad.

Gofynnwch i'ch athro/athrawes wirio eich cylched.
Yna cysylltwch hi a'i phrofi.

Brasluniwch eich larwm tân. Disgrifiwch sut mae'n gweithio.
Sut fyddech chi'n gallu gwella eich dyluniad?

Sut fyddech chi'n gallu newid eich dyluniad i'ch rhybuddio petai
rhywbeth yn mynd yn rhy oer?
Fedrwch chi feddwl am ddefnydd ar gyfer hyn?

Rydych wedi defnyddio'r stribed deufetel fel **synhwyrydd**.

Mesur y gwthiad?

Cynlluniwch ymchwiliad i weld sut mae'r **foltedd** ar draws
bwlb yn dibynnu ar **nifer y batrïau** yn y gylched.

- Lluniwch ddiagram cylched.

- Sut allwch chi gofnodi eich canlyniadau?

- Rhagfynegwch beth fydd yn digwydd.

- Gofynnwch i'ch athro/athrawes wirio eich cynllun, ac os
  oes gennych amser, rhowch gynnig arno.
  Oedd eich rhagfynegiad yn gywir?

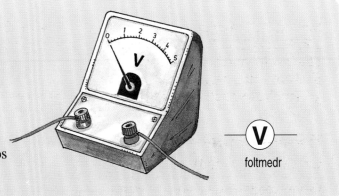

foltmedr

1 Copïwch a chwblhewch:
a) Os yw'r un cerrynt yn mynd trwy ddau
   fwlb, yna mae'r bylbiau mewn . . . .
b) Os yw'r cerrynt yn rhannu i ddilyn dau
   lwybr gwahanol, yna dywedwn fod y
   llwybrau yn . . . .
c) Mae gan ddargludydd da wrthiant . . . .
   Mae gan ynysydd wrthiant . . . .
ch) Mae amedr yn mesur y . . . . mewn
   cylched, mewn . . . . neu A.
d) Mae batri'n gwthio . . . . o amgylch
   cylched. Mae maint y gwthiad yn cael ei
   fesur mewn . . . ., drwy ddefnyddio . . . .

2 Lluniwch ddiagramau cylched ar gyfer:
a) Batri (cell) a swits wedi eu cysylltu â
   2 fwlb mewn cyfres, gyda foltmedr ar
   draws un o'r bylbiau.
b) Dau fatri (cell) mewn cyfres, wedi eu
   cysylltu â 2 fwlb wedi eu gwifro yn
   baralel, ac amedr i fesur cyfanswm y
   cerrynt sy'n cael ei gymryd gan y
   bylbiau, a swits i reoli pob bwlb.

3 Lluniwch ddiagram cylched yn dangos
sut y gellir switsio 3 lamp ymlaen ac i
ffwrdd ar wahân ond pylu'r cyfan gyda'i
gilydd.

Pethau i'w
gwneud

Systemau electronig

Yn y wers ddiwethaf fe fuoch yn dyfeisio system larwm tân.
Roedd yn cynnwys nifer o gydrannau.
Fe wnaethoch eu huno â'i gilydd i wneud **system**, i gyflawni swyddogaeth.

Mae pob system yn cynnwys 3 rhan sylfaenol:

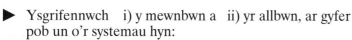

Ar gyfer eich larwm tân,
Y **mewnbwn** oedd y gwres oedd yn gwneud i'r stribed deufetel blygu.
Mae'r stribed deufetel yn **synhwyrydd**.

Y **prosesydd** oedd y gylched a oedd yn cael ei chwblhau gan y cyswllt.

Yr **allbwn** oedd cloch yn canu (neu fwlb yn goleuo).

Dyma system arall, radio:
Y mewnbwn yw'r signal radio sy'n dod i mewn i'r erial.
Y prosesydd yw'r mwyhadur y tu mewn i'r cas.
Yr allbwn yw'r sain sy'n dod o'r uchelseinyddion.

▶ Ysgrifennwch   i) y mewnbwn a   ii) yr allbwn, ar gyfer pob un o'r systemau hyn:

a   cloch drws
b   peiriant coffi
c   eich cyfrifiannell
ch rhoi eich llaw mewn dŵr poeth!

Mae systemau electronig yn gyffredin iawn erbyn hyn.

▶ Darllenwch y stori fer hon:
Gwelodd Lisa glwb cefnogwyr yn cael ei hysbysebu ar **deletestun** ond collodd ran o'r cyfeiriad. Felly aeth i'r llyfrgell a defnyddio **cyfrifiadur** i chwilio am y cyfeiriad mewn **databas**. Yna ysgrifennodd lythyr at y clwb cefnogwyr gan ddefnyddio **prosesydd geiriau**. Fe wnaeth hi ei wirio ar **uned arddangos weledol (VDU)** a'i storio ar **ddisg**. Yna anfonodd ei llythyr gyda **phost electronig**, gan ddefnyddio **modem**. Anfonodd y clwb cefnogwyr ffurflen aelodaeth ati trwy ddefnyddio **ffacs**.

d   Eglurwch, mor fanwl ag y gallwch, ystyr pob un o'r geiriau sydd mewn print trwm.

Yn eich grŵp, trafodwch effeithiau'r dechnoleg newydd hon:
• Sut mae wedi newid bywyd dros yr 20 mlynedd diwethaf?
• Beth yw ei manteision a'i hanfanteision?
• Sut ydych chi'n meddwl y bydd electroneg yn newid dros yr 20 mlynedd nesaf?

Analog neu ddigidol?

Mae'r bysedd ar gloc yn symud trwy'r amser. Maen nhw'n symud yn ddi-dor o amgylch y deial. Dyna beth yw system **analog**.

Gyda chloc **digidol**, mae'r amser yn cael ei ddangos mewn camau. Bob munud yn unig mae'n newid.

dd Edrychwch ar y ffotograffau hyn, a phenderfynwch pa bethau sy'n analog a pha rai sy'n ddigidol.

e Beth yw manteision ac anfanteision y 2 ddull hyn?

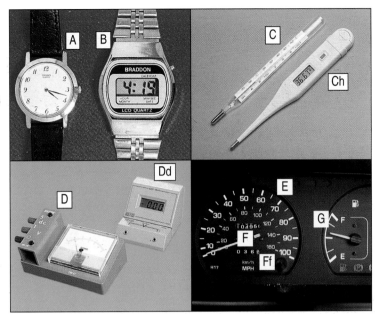

Mae systemau electronig yn systemau digidol fel rheol. Dim ond 2 gyflwr sydd ganddynt fel rheol: YMLAEN ac I FFWRDD. Er enghraifft, dim ond 2 gyflwr oedd gan eich larwm tân: roedd YMLAEN neu I FFWRDD. Mae swits golau un ai YMLAEN neu I FFWRDD.

Rhesymeg ddeuaidd

Mae system sydd â 2 gyflwr yn unig hefyd yn cael ei galw yn system ddeuaidd.
Pan fydd I FFWRDD mae ganddi gôd deuaidd o **0** (sero).
Pan fydd YMLAEN mae ganddi gôd deuaidd o **1**.
Mae'r rhain hefyd yn cael eu galw yn **rhesymeg 0** a **rhesymeg 1**.

▶ Copïwch y tabl hwn a'i gwblhau:

Côd deuaidd	Swits	Lamp	Cloch	Cerrynt yn llifo	Ateb i gwestiwn	Rhesymeg
1		YMLAEN			IE	1
0	I FFWRDD		distaw	NA		0

Anfon signalau

Mae Côd Morse yn cynnwys dotiau a llinellau:

f Ai signal analog neu signal digidol ydyw?

ff Lluniwch ddiagram cylched o system i anfon a derbyn Côd Morse gan rywun mewn ystafell arall.

g Ysgrifennwch neges yn y côd a'i hanfon at ffrind. A yw'n gallu ei dehongli yn gywir?

A	•—	J	•———	S	•••
B	—•••	K	—•—	T	—
C	—•—•	L	•—••	U	••—
D	—••	M	——	V	•••—
E	•	N	—•	W	•——
F	••—•	O	———	X	—••—
G	——•	P	•——•	Y	—•——
H	••••	Q	——•—	Z	——••
I	••	R	•—•		

---

1 Copïwch a chwblhewch:
a) Mae gan bob system … rhan sylfaenol: mewnbwn, ... , ac . . . .
b) Gall signal . . . . fod ag ystod ddi-dor o werthoedd. Mae signal sydd YMLAEN neu I FFWRDD yn unig yn cael ei alw yn signal . . . .

2 Ydych chi o blaid teleffonau fideo? Ysgrifennwch stori fer am gartref y dyfodol sy'n defnyddio llawer o dechnoleg newydd.

3 Nodwch i) y mewnbwn a ii) yr allbwn, ar gyfer pob un o'r systemau hyn:
a) larwm lladron b) gitâr drydan
c) fflachlamp ch) drysau awtomatig mewn siop d) set deledu dd) clywed eich enw.

4 Ai analog neu ddigidol yw'r rhain?
a) y rheolydd sain ar radio
b) goleuadau traffig
c) cloch yr ysgol.

Pethau i'w gwneud

Mae eich llygad yn **synhwyrydd**. Mae'n synhwyro golau ac yn rhoi mewnbwn i'ch system.

a Pa synwyryddion eraill sydd gennych yn eich corff?

Yn eich larwm tân, y synhwyrydd oedd y stribed deufetel. Roedd yn synhwyro newid mewn tymheredd.

Dyma fwy o synwyryddion:

Symudiad

Mae **micro-swits** yn cychwyn a stopio cerrynt. Mae'n synhwyro'r symudiad ac yn cynhyrchu signal trydanol.

Mae **swits gogwyddo** yn cynnwys 2 wifren a smotyn o fercwri, fel y dangosir. Mae mercwri yn hylif, ac yn ddargludydd.

b Beth sy'n gallu digwydd os yw'r swits hwn yn cael ei ogwyddo?

c Dyluniwch larwm lladron fydd yn canu os yw caead desg neu fonet car yn cael ei godi. Lluniwch ddiagram cylched.

ch Ble arall fyddech chi'n gallu defnyddio synhwyrydd swits gogwyddo?

Magnetedd

Swits magnetig yw **swits corsen**. Mae'n synhwyro os oes magnet yn agos.
Edrychwch ar yr arbrawf ar y dudalen gyferbyn.

Lleithder

Mae gan **synhwyrydd lleithder** 2 wifren sy'n agos at ei gilydd ond heb fod yn cyffwrdd. Os oes diferyn o law yn disgyn ac yn cyffwrdd â'r 2 wifren, yna mae cerrynt yn gallu llifo. Mae hyn oherwydd bod dŵr glaw yn ddargludydd.

d Pwy allai fod eisiau teclyn i ganfod lleithder?

Sain

Mae **microffon** yn synhwyro sain ac yn gwneud signal trydanol.

Goleuni

Math arall o synhwyrydd yw **gwrthydd goleuni-ddibynnol** (LDR – *light-dependent resistor yn Saesneg*). Edrychwch ar yr ymchwiliad ar y dudalen gyferbyn.

dd Ble fyddai synhwyrydd golau yn ddefnyddiol?

Tymheredd

Mae **thermistor** yn synhwyrydd tymheredd defnyddiol. Edrychwch ar yr ymchwiliad ar y dudalen gyferbyn.

e Ble fyddai synhwyrydd tymheredd yn ddefnyddiol?

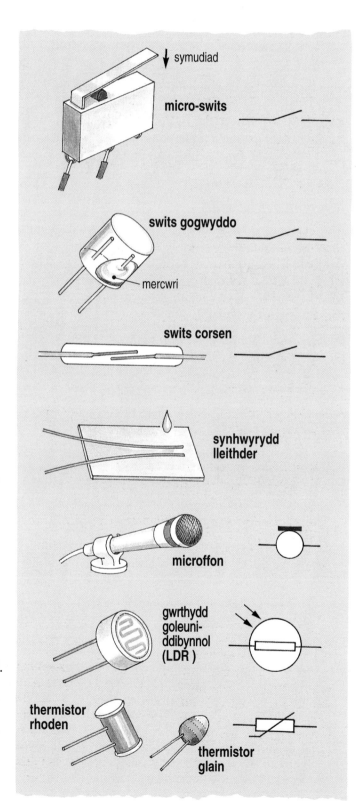

symudiad

micro-swits

swits gogwyddo

mercwri

swits corsen

synhwyrydd lleithder

microffon

gwrthydd goleuni-ddibynnol (LDR)

thermistor rhoden

thermistor glain

Edrych ar swits corsen

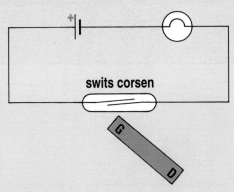

swits corsen

- Beth sy'n digwydd wrth i chi ddod â'r magnet yn agos at y swits? Ar ba bellter mae hyn yn digwydd?
- Defnyddiwch chwyddwydr i edrych yn fanylach.
- Dyfeisiwch larwm lladron ar gyfer ffenest, gan ddefnyddio swits corsen.

Ymchwilio i wrthydd goleuni-ddibynnol

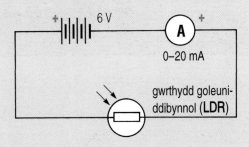

- Beth sy'n digwydd wrth i chi amrywio cryfder y golau ar y gwrthydd goleuni-ddibynnol?
- Pryd mae'r mwyaf o gerrynt yn llifo? Pryd mae gan y gwrthydd goleuni-ddibynnol leiaf o wrthiant i'r cerrynt?
- Sut mae'r cerrynt yn dibynnu ar liw'r golau? Pa liw yw'r gorau?

Ymchwilio i thermistor

Defnyddiwch y gylched hon i ymchwilio sut mae'r **cerrynt** yn dibynnu ar **dymheredd** y thermistor.

- Sawl darlleniad fyddwch yn ei wneud?

- Sut fyddwch yn cofnodi eich canlyniadau?

- Pa batrwm sydd i'w weld?

- Pryd mae'r thermistor yn pasio fwyaf o gerrynt? Pryd mae ganddo'r gwrthiant lleiaf?

- Dyluniwch thermomedr ar gyfer car. Dylai ddangos tymheredd yr injan i'r gyrrwr.

- Os oes gennych amser, plotiwch graff o'ch canlyniadau.

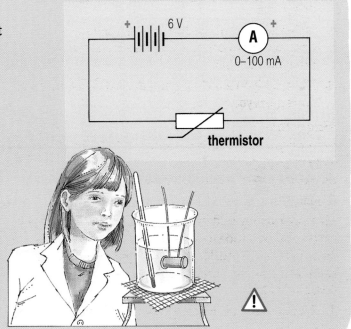

thermistor

---

1 Copïwch a chwblhewch:
a) Swits . . . . yw swits corsen. Mae'n cael ei switsio ymlaen pan ddaw . . . . yn agos ato.
b) . . . . -ddibynnol yw LDR. Po fwyaf disglair yw'r . . . . sy'n disgleirio arno, y mwyaf o . . . . sy'n gallu llifo trwyddo.
c) Synhwyrydd . . . . yw thermistor. Po boethaf ydyw, y mwyaf o . . . . sy'n gallu llifo trwyddo.

2 Gwnewch restr o'r synwyryddion electronig sydd yn eich cartref.

3 Awgrymwch synhwyrydd addas ar gyfer pob system:
a) I ddweud wrthych a yw'n glawio'r tu allan.
b) I ddweud a oes babi yn crio yn y lloft.
c) I ddweud wrth beilot ei fod yn esgyn yn rhy serth.
ch) I ddweud wrth berson dall ei bod yn amser cau'r llenni gyda'r nos.

Pethau i'w gwneud

a Mae gan bob system 3 rhan. Beth ydyn nhw?

b Os ydych yn gafael mewn gwrthrych poeth iawn, beth yw eich signal allbwn?

c Beth oedd yr allbwn o'r larwm tân wnaethoch chi?

Mae'r dudalen hon yn sôn am rai o'r dyfeisiadau **allbwn** y gallwch eu defnyddio mewn systemau electronig.

Goleuni

Rydych eisoes wedi defnyddio lampau ffilament yn eich cylchedau.

Mae **deuodau allyrru golau** yn cael eu defnyddio yn aml i gynhyrchu golau mewn electroneg. LEDs *(light-emitting diodes)* yw'r term Saesneg amdanynt. Fel arfer maen nhw'n goch neu yn wyrdd. Maen nhw'n defnyddio llawer llai o gerrynt na bylbiau ffilament.

ch Ble rydych chi wedi gweld deuodau allyrru golau yn cael eu defnyddio?

Symudiad

Mae **modur** trydan yn defnyddio trydan i gynhyrchu symudiad.

d Beth yw enw'r egni symudiad sydd mewn modur?

dd Gwnewch restr o'r moduron yn eich cartref.

Sain

Mae cloch, suydd neu uchelseinydd yn gallu cynhyrchu sain.

e Pryd fyddwch chi'n defnyddio uchelseinydd?

Defnyddio relái

Mewn rhai cylchedau mae'n bosibl y byddwn eisiau defnyddio cerrynt bychan i switsio cerrynt mwy ymlaen.

Rydyn ni'n gallu gwneud hyn drwy ddefnyddio **relái**. Mae'n cynnwys electromagnet. Edrychwch yn ofalus ar y diagram hwn:

Mae 2 gylched yma.

f Pan fydd cerrynt bychan yn llifo yn y gylched las, beth sy'n digwydd i'r craidd haearn?

ff Sut mae hyn yn newid y gylched goch?

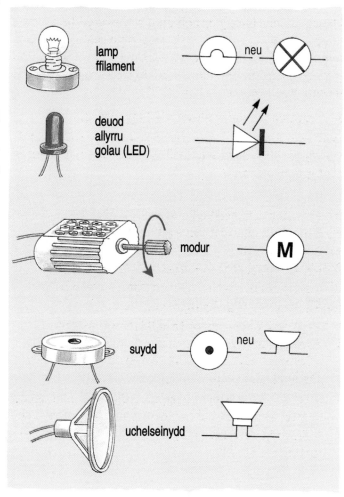

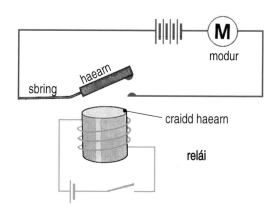

Gwneud cysylltiadau

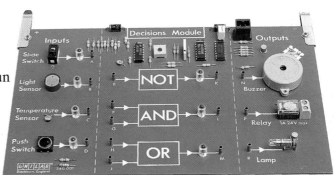

Defnyddiwch becyn electroneg i ymchwilio i fewnbynnau ac allbynnau. Os yw'r pecyn yn debyg i'r un a ddangosir yma, ceisiwch anwybyddu'r rhan ganol ar hyn o bryd.

▶ Edrychwch ar bob un o'r mewnbynnau *(inputs)*.

Mae mewnbwn YMLAEN pan fydd ei ddeuod allyrru golau coch yn goleuo. Mae hyn hefyd yn cael ei alw yn rhesymeg **1**. Ceisiwch ddarganfod sut i wneud i bob mewnbwn ddod YMLAEN ac I FFWRDD.

▶ Cysylltwch wifren o'r **swits llithro** i'r **lamp**:

Sut ydych chi'n gwneud i'r lamp oleuo (YMLAEN) a diffodd (I FFWRDD)?

Nawr rhowch gynnig ar bob un o'r synwyryddion gyda'r lamp. Yna gyda'r suydd. Edrychwch yn ofalus ar y **relái** pan fyddwch yn ei switsio YMLAEN ac I FFWRDD. Beth welwch chi? Sut fedrwch chi ddefnyddio'r relái i switsio modur YMLAEN ac I FFWRDD?

▶ Gallwch wneud **synhwyrydd lleithder** fel hwn:

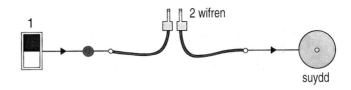

Beth sy'n digwydd pan fyddwch yn cysylltu'r 2 wifren â chlwtyn llaith? Byddai'n bosibl defnyddio hwn i ganfod clwt gwlyb ar fabi!

Nawr dyluniwch gylchedau ar gyfer **g** i **ll**.
Profwch bob dyluniad, ac yna lluniwch ddiagram wedi ei labelu ohono.
Mae'r cyntaf wedi ei wneud ar eich cyfer.

g Larwm i ddeffro ffermwr ar doriad y wawr.
ng Larwm tân ar gyfer rhywun dall.
h Larwm lladron yn defnyddio pad gwasgedd.
i Larwm lladron ar gyfer drôr.
 (Cyngor: mae fel arfer yn dywyll y tu mewn i ddrôr.)
j Teclyn i ganfod anadl poeth.
l I switsio gwyntyll ymlaen pan fydd ystafell yn mynd yn rhy boeth. Os yw'n bosibl, cysylltwch fodur a batri i'ch relái.
ll I ddweud wrth rywun dall pryd i roi'r gorau i dywallt te o debot.

---

1 Copïwch a chwblhewch:
a) Mae . . . . golau *(LEDs)* yn cael eu defnyddio yn aml mewn electroneg.
b) Mewn relái, mae . . . . bychan yn gallu switsio . . . . mawr ymlaen.

2 Beth yw ystyr y symbolau hyn:
a) b) c)

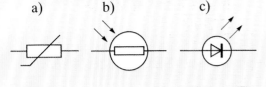

3 Lluniwch ddiagram cysylltu (fel y rhai uchod) ar gyfer pob un o'r rhain:
a) Larwm os yw sosban sglodion yn mynd yn rhy boeth.
b) Larwm sy'n canfod fflachlamp lleidr.
c) I ddweud a yw'n glawio'r tu allan.
ch) I agor ffenest tŷ gwydr os yw'n mynd yn rhy boeth.
d) I switsio pwmp dŵr ymlaen os yw ffos yn llenwi â dŵr.
dd) I alw nyrs os yw tymheredd claf yn rhy uchel.

Pethau i'w gwneud

Gwneud penderfyniadau

Mae gan system 3 rhan. Fedrwch chi gofio beth ydyn nhw?

Yn aml **adwy resymeg** yw rhan ganol y system. 'Sglodyn' electronig sy'n gallu gwneud penderfyniadau ydyw.

Mae adwyon rhesymeg yn gweithio mewn modd tebyg i ddrysau neu giatiau. Dim ond os ydych yn eu hagor yn y ffordd gywir y cewch fynd drwyddyn nhw.

Adwy NID

Cysylltwch swits gwthio yn uniongyrchol â suydd. Beth sy'n digwydd?

Nawr ychwanegwch adwy NID, fel hyn: Pa wahaniaeth mae'n ei wneud?

Gwnewch yr un fath â'r synwyryddion mewnbwn eraill.

Sut fedrwch chi wneud i'r suydd ganu pan **NAD** yw'n gynnes? (Mae'n oer.)

Yna pan **NAD** yw'n olau? (Mae'n dywyll.)

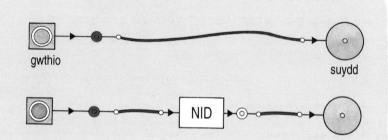

NID yw'r signal allbwn yr un fath â'r signal mewnbwn.

Adwy AC

Cysylltwch swits llithro a swits gwthio ag adwy AC, fel hyn:

Beth sy'n rhaid i chi ei wneud i ganu'r suydd?

Beth ydych yn sylwi arno ynglŷn â'r deuodau allyrru golau coch?
Cofiwch: YMLAEN yw rhesymeg 1, I FFWRDD yw rhesymeg 0.

Sut fedrwch chi wneud i'r suydd ganu pan fydd yn olau **AC** yn gynnes?

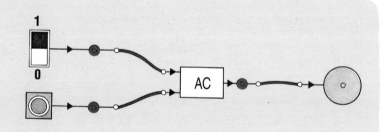

Mae'r signal allbwn yn 1 (YMLAEN) dim ond os yw'r: mewnbwn cyntaf yn 1 **AC** yr ail fewnbwn yn 1.

Adwy NEU

Mae adwy NEU yn agor mewn ffordd wahanol i'r adwyon eraill.
Cysylltwch yr adwy NEU fel hyn:

Beth yw'r rheolau i wneud i'r suydd ganu yn awr?

Sut fedrwch chi wneud i'r suydd ganu pan fydd yn gynnes **NEU** pan fydd y swits yn cael ei wthio?

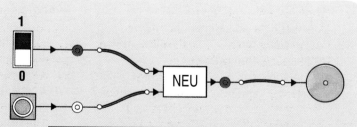

Y signal allbwn yw 1 (YMLAEN) os yw'r: mewnbwn cyntaf yn 1 **NEU** yr ail fewnbwn yn 1.

Datrys problemau

Problem: Mae Siân mewn crud cynnal. Mae'n bwysig iawn fod y nyrs yn cael rhybudd os yw'r babi yn mynd yn oer. Fedrwch chi helpu?

Datrysiad: Cynheswch eich thermistor â'ch bys a gwnewch y system hon:

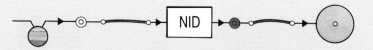

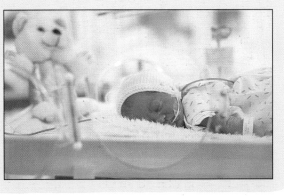

Beth sy'n digwydd pan fydd y thermistor yn oeri?
Ble fyddech chi'n gosod pob rhan o'r system yn yr ysbyty?

Problem: Mae Mr Smith yn hoffi mynd i'w wely yn gynnar, ac nid yw am i gloch y drws ganu gyda'r nos. Fedrwch chi helpu?

Datrysiad: Rhowch gynnig ar y system hon:

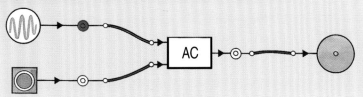

Beth sy'n digwydd gyda'r nos? Pam?
Mae'r system yn gwneud y penderfyniad drosoch.

Problem: Mae Menna yn dylunio cadair wthio newydd.
Ei syniad hi yw y bydd suydd yn canu i'ch rhybuddio os byddwch yn gollwng yr handlen (swits gwthio) heb roi'r brêc troed ymlaen gyntaf (swits llithro). Fedrwch chi helpu?

Datrysiad: Bydd angen 2 adwy ar gyfer hyn:

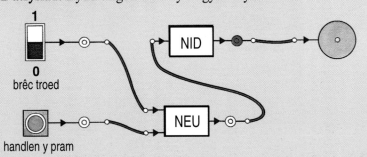

Beth sy'n digwydd os yw'r brêc troed i ffwrdd (rhesymeg 0) a'ch bod yn gollwng swits yr handlen? Pam?

---

1 Copïwch a chwblhewch:
a) Mae NID, AC a NEU yn dair adwy . . . .
b) Gydag adwy NID, ... yw'r allbwn yr un fath â'r signal mewnbwn.
c) Gydag adwy AC, mae'r allbwn YMLAEN (rhesymeg 1) yn unig os yw'r mewnbwn cyntaf yn 1 . . . . yr ail fewnbwn yn 1.
ch) Gydag adwy NEU, yr allbwn yw 1 (YMLAEN) os yw'r mewnbwn cyntaf yn 1 . . . . yr ail fewnbwn yn 1.

2 Lluniwch ddiagramau system (fel y rhai uchod) i ddatrys y problemau hyn:
a) Switsio golau stryd ymlaen pan fydd yn tywyllu.
b) Agor ffenest tŷ gwydr os yw'n gynnes *ac* yn olau dydd. (Gallwch ddefnyddio relái i switsio modur ymlaen.)
c) Cael larwm i ganu os yw'r tymheredd mewn rhewgell yn mynd yn rhy uchel *neu* os yw'r drws yn cael ei adael ar agor (fel bo golau yn disgleirio i mewn).

Pethau i'w gwneud

Mae'r ffotograffau hyn yn dangos rhai sefyllfaoedd lle mae adwyon rhesymeg yn gallu helpu.

► Ar gyfer pob un,

- penderfynwch pa adwy neu adwyon y bydd eu hangen,
- adeiladwch y system a'i phrofi,
- lluniwch ddiagram system (fel sydd ar dudalen 141),
- dywedwch ble fyddech yn rhoi'r synwyryddion.

 Peidiwch â cheisio gwneud unrhyw un o'r rhain gan ddefnyddio trydan y prif gyflenwad!

1 Dyluniwch larwm fydd yn eich deffro os yw'n olau dydd *a* bod eich ystafell yn gynnes.

2 Yna ychwanegwch adwy NEU a swits profi, fel eich bod yn gallu ei wthio i wirio a yw'r suydd yn gweithio.

3 Dyluniwch larwm tân sydd ag adwy NEU â swits prawf, fel y gallwch ei bwyso i wirio bod y suydd yn gweithio.

4 Fedrwch chi ychwanegu swits llithro ac adwy AC, fel ei fod yn 'gweithio' neu yn 'atal' y system larwm tân.

5 Mae perchennog caredig y ci hwn wedi rhoi gwresogydd yn y cwt. Dim ond os yw'n oer *a* bod y ci yn y cwt (yn pwyso ar swits gwasgedd) y dylai'r gwresogydd (lamp) ddod ymlaen. Pan fydd y cwt wedi cynhesu mae'n rhaid i'r gwresogydd gael ei ddiffodd. Fedrwch chi helpu?

6 Mae Mrs Brown yn byw ar ei phen ei hun. Mae hi'n ofnus ynglŷn ag ateb y drws gyda'r nos. Byddai'n hoffi cael golau tu allan sy'n goleuo'n awtomatig pan fydd yn dywyll. Fedrwch chi helpu?

7 Mae biliau Mrs Brown yn mynd yn uchel. Mae hi am i chi ychwanegu swits llithro, fel ei bod yn gallu diffodd y golau pan fydd hi'n mynd i'r gwely. Fedrwch chi helpu?

8 Mae gard diogelwch wedi ei osod ar y peiriant hwn. Pan fydd y gard diogelwch yn ei le yn gywir mae'n torri paladr o olau.

Dim ond pan fydd y gard diogelwch yn ei le a'r botwm gweithredu yn cael ei wthio y dylai'r peiriant ddechrau gweithio (drwy switsio relái ymlaen). Fedrwch chi helpu?

9 Fedrwch chi ychwanegu gwifren, fel y bydd y suydd yn canu pan nad yw'r gard diogelwch yn ei le?

10 Larwm lladron. Rhaid i'r trysor gael ei ddiogelu gan 2 synhwyrydd. Mae'n sefyll ar swits gwasgedd (swits gwthio), ac mae synhwyrydd golau oddi tano hefyd. Os oes unrhyw olau yn cyrraedd y synhwyrydd golau, neu os yw'r swits gwthio yn cael ei ryddhau, rhaid i'r larwm ganu. Fedrwch chi helpu?

11 Dylai pwmp system gwres canolog ddod ymlaen os yw'r system yn 'gweithio' (trwy ddefnyddio swits llithro) ac os yw'n oer. Pan fydd y tymheredd yn codi, dylai gael ei ddiffodd (gan relái).

Dylai lamp ddangos i chi os yw'r pwmp ymlaen.

12 Mae Meic yn hoffi garddio. Mae eisiau larwm i'w rybuddio pan fydd yn rhewi y tu allan, fel y gall ddiogelu ei fresych. Fedrwch chi helpu?

13 Nawr mae am i'r larwm weithio yn y nos yn unig.

14 A nawr mae eisiau swits llithro i atal y system, fel y gall fynd yn ôl i gysgu ar ôl gorchuddio'i fresych. Fedrwch chi ei helpu?

---

1 Lluniwch ddiagramau system i ddatrys y problemau canlynol:

a) I switsio gwyntyll ymlaen mewn ysbyty os bydd tymheredd claf yn rhy uchel neu os bydd nyrs yn penderfynu y dylai fod ymlaen.

b) I ganiatáu i gar gychwyn yn unig os yw'r swits tanio ymlaen a gwregys diogelwch y gyrrwr wedi ei gau.

c) I'ch rhybuddio os yw tanc pysgod yn dywyll neu'n oer.

2 Mae Paula eisiau golau yn y cyntedd a fydd yn goleuo dim ond pan fydd yn dywyll a bod rhywun yn sefyll ar fat y drws.

a) Lluniwch ddiagram system o'r adwyon rhesymeg fydd angen i Paula eu defnyddio.

b) Brasluniwch gyntedd gan ddangos ble fyddech yn gosod y gwahanol gydrannau.

c) Sut allech chi ychwanegu swits llithro fel y bydd Paula yn gallu rhoi'r golau ymlaen ar unrhyw adeg?

Pethau i'w gwneud

Cwestiynau

1 Roedd Carl yn gwisgo siwmper wlân dros grys neilon.

a) Pan ddechreuodd dynnu ei siwmper, roedd hi'n cracellu. Pam?

b) Ar ôl tynnu ei siwmper, sylweddolodd ei bod yn cael ei hatynnu tua'i grys. Pam?

2 Mae'r diagram yn dangos cylched â dau swits 2-ffordd. Gellir cysylltu gwifren B un ai ag A neu â B. Mae'r gylched hon yn cael ei defnyddio yn aml ar gyfer goleuo grisiau.

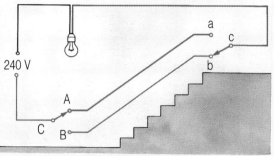

a) Yn y diagram, a yw'r lamp wedi ei goleuo ai peidio?

b) Disgrifiwch yn ofalus sut mae'r gylched yn gweithio, gan ddefnyddio'r llythrennau ar y diagram yn eich ateb.

c) Beth yw manteision y gylched hon?

3 Mae Carwyn a Donna yn siarad am fatrïau.
Mae gan y ddau ohonynt ragdybiaeth.
Meddai Carwyn, "Mae'r gell HP2 yn fwy ac felly bydd yn gwneud y bwlb yn fwy disglair."
Meddai Donna, "Bydd y gell HP7 yn gwneud y bwlb yr un mor ddisglair, ond ni fydd y gell yn para mor hir."

a) Pwy sy'n gywir yn eich barn chi?

b) Cynlluniwch ymchwiliad i ganfod pwy sy'n gywir.

4 Edrychwch ar 'arddangosiad' eich cyfrifiannell.

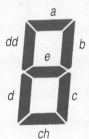

a) Pam mae'n cael ei alw yn arddangosiad saith segment?

b) Pam mae'n cael ei alw yn arddangosiad digidol?

c) Os segmentau a, b ac c yn unig sydd YMLAEN, pa rif sy'n cael ei ddangos?

ch) Gan ddefnyddio rhesymeg 1 = segment YMLAEN, gellid ysgrifennu hyn mewn côd fel 1110000. Pa rif fyddai'n cael ei ddangos os 1101101 yw'r côd?

d) Ysgrifennwch y côd a fyddai dangos rhif 5.

5 a) Mae warden gwarchodfa natur eisiau larwm fydd yn ei rhybuddio os bydd unrhyw un yn mynd yn agos at nyth aderyn prin. Dyluniwch system i wneud hyn, gan wneud system na fydd yn bosibl ei thwyllo.

b) Yna mae hi'n gofyn am ffordd o fonitro tymheredd wyau'r aderyn o'i swyddfa. Lluniwch ddiagram cylched fydd yn gwneud hyn.

6 a) Mae angen larwm mewn golchdy i rybuddio'r staff os bydd tanc dŵr poeth yn dechrau oeri yn ystod y dydd. Dyluniwch system ar gyfer hyn. Mae angen cynnwys swits profi.

b) Dyluniwch system i'ch rhybuddio pan fydd pridd eich planhigyn yn mynd yn sych. Dydych chi ddim eisiau iddo eich rhybuddio yn ystod y nos.

Planhigion ar waith

24

Allwch chi ddychmygu byd heb blanhigion?

Rydyn ni'n defnyddio planhigion i gael bwyd a thanwydd, fel defnyddiau adeiladu ac fel moddion. Mae planhigion yn tynnu carbon deuocsid o'r aer ac yn gwneud ocsigen y gallwn ni ei anadlu.

Penawdau:	24a	*Y trap egni*
	24b	*Dail*
	24c	*Twf planhigion*
	24ch	*Y system ddŵr*
	24d	*Peillio*
	24dd	*Gwneud hadau*

Y trap egni

Nid yw'n bosibl i blanhigion fwyta fel mae anifeiliaid yn ei wneud. Sut, felly, mae planhigion yn cael bwyd?

▶ Ysgrifennwch rai syniadau ynglŷn â'r ffordd mae planhigion yn bwydo.

Mae planhigion yn gwneud eu bwyd o sylweddau syml.
Ond i wneud hyn, mae'n rhaid iddyn nhw gael egni.
O ble mae'r egni hwn yn dod?
Pa ran o'r planhigyn sy'n dal yr egni hwn?

Mae planhigyn yn gwneud bwyd trwy broses **ffotosynthesis** (ffoto = golau *a* synthesis = gwneud). I wneud y bwyd mae arnyn nhw angen:

CARBON DEUOCSID + DŴR $\xrightarrow[\text{CLOROFFYL}]{\text{GOLAU'R HAUL}}$ SIWGR + OCSIGEN

- carbon deuocsid o'r aer
- dŵr o'r pridd
- egni golau sy'n cael ei ddal gan y **cloroffyl**.

▶ Ysgrifennwch yr atebion i'r cwestiynau hyn:

a Pa fwyd mae planhigion yn ei wneud eu hunain?
b Pa nwy sy'n cael ei wneud yn ystod ffotosynthesis?
c Sut mae anifeiliaid yn defnyddio'r nwy hwn?

Swigod ocsigen

Roedd Siân ac Eleri wedi gweld tanciau pysgod oedd yn gwneud swigod aer. Roedden nhw'n gwybod mai gwaith y peiriant gwneud swigod oedd rhoi ocsigen yn y dŵr er mwyn i'r pysgod anadlu. Darllenodd Sian nad oedd angen peiriant gwneud swigod yn y tanc os oedd digon o ddyfrllys yn y dŵr a digon o olau yn y tanc.

Dechreuodd Siân ac Eleri wneud arbrawf i weld beth oedd effaith golau ar y dyfrllys.
Fe roddon nhw ddyfrllys mewn tiwb profi oedd yn llawn o ddŵr o bwll dŵr.
Yna rhoddon nhw lamp ar bellteroedd gwahanol oddi wrth y tiwb profi a chyfrif nifer y swigod oedd yn cael eu cynhyrchu bob munud.
Dyma'r canlyniadau:

Pellter y lamp oddi wrth y dyfrllys (cm)	10	20	40	Diffodd y lamp
Nifer y swigod oedd yn cael eu cynhyrchu y munud	15	7	4	2

ch Pa nwy oedd y chwyn yn ei gynhyrchu?
d Sut allech chi brofi hyn?
dd Oes patrwm i'w weld yn y canlyniadau?
e Roedd Eleri yn meddwl y byddai'r lamp yn cynhesu'r dyfrllys hefyd ac felly nad oedd y prawf yn un teg. Sut allech chi wella'r arbrawf er mwyn osgoi hyn?

Chwilio am starts mewn dail

Mae'r rhan fwyaf o'r siwgr sydd mewn dail yn cael ei newid yn starts. Gallwn wneud prawf i ganfod a oes starts mewn dail trwy ddefnyddio ïodin. Os yw'r ïodin yn troi'r ddeilen yn ddu-las, yna mae starts wedi ei greu.

- Rhowch ddeilen mewn dŵr berw am tua munud er mwyn ei meddalu.
- Diffoddwch y gwresogydd Bunsen.
- Rhowch y ddeilen mewn tiwb profi sy'n cynnwys ethanol. Rhowch y tiwb profi i sefyll yn y dŵr poeth am tua 10 munud.
- Golchwch y ddeilen mewn dŵr oer.
- Gosodwch y ddeilen yn fflat ar ddysgl betri a'i gorchuddio ag ïodin. Pa liw yw'r ddeilen?

f Pam yr oedd hi'n bwysig diffodd y gwresogydd Bunsen tra oeddech yn gwresogi'r ethanol?

ff Sut olwg oedd ar y ddeilen wedi iddi gael ei gwresogi yn yr ethanol?

g A oedd starts yn y ddeilen hon?

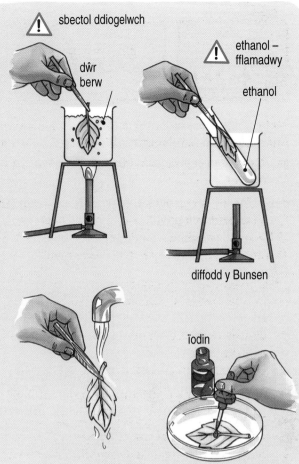

sbectol ddiogelwch

dŵr berw

ethanol – fflamadwy

ethanol

diffodd y Bunsen

ïodin

Yn y golau

Os oes starts yn y ddeilen, dywedwn fod y ddeilen wedi bod yn gwneud bwyd. Cynlluniwch ymchwiliad i weld a yw planhigyn yn gallu gwneud bwyd heb gael golau.

Stribedi a smotiau

Nid yw pob deilen yn wyrdd i gyd.
Mae smotiau gwyn a gwyrdd ar rai, a stribedi ar eraill.
Os oes gennych amser, gwnewch arbrawf i weld a oes starts yn y dail hyn.

ng Pa rannau fydd yn troi'n ddu-las?

Cofiwch ddarlunio'r ddeilen ar y dechrau i ddangos pa rannau sy'n wyrdd.

Pethau i'w gwneud

1 Copïwch a chwblhewch:
Mae planhigion yn gwneud eu bwyd trwy broses . . . . Maen nhw'n defnyddio . . . . o'r aer a . . . . o'r pridd. Rhaid iddyn nhw gael sylwedd gwyrdd o'r enw . . . . hefyd. Mae hwn yn dal egni'r . . . . Y bwyd sy'n cael ei wneud o ganlyniad i'r broses hon yw siwgr. Mae'r siwgr yn cael ei newid yn . . . . yn y ddeilen. Enw'r nwy gwastraff a gynhyrchir yw . . . .

2 Mae planhigion yn bwysig oherwydd eu bod yn darparu: a) bwyd b) tanwydd
c) defnyddiau adeiladu ch) moddion.
Ceisiwch ddarganfod enghreifftiau o blanhigion sy'n darparu pob un o'r rhain.

3 Eglurwch pam mae a) a b) yn hollbwysig i ni, o safbwynt goroesi.
a) Mae planhigion yn defnyddio carbon deuocsid.
b) Mae planhigion yn rhyddhau ocsigen.

4 Gwelodd Joseph Priestley fod fflam cannwyll sydd wedi ei rhoi mewn jar yn diffodd yn fuan iawn. Rhoddodd blanhigyn yn y jar a disgleirio golau arno am wythnos. Gwelodd fod y gannwyll yn olau am fwy o amser.
Allwch chi egluro'r arbrawf hwn?

Dail

Pa liw yw'r lliw mwyaf cyffredin ym myd natur, yn eich barn chi?

Mae planhigion yn wyrdd oherwydd eu bod yn cynnwys **cloroffyl**.

▶ Edrychwch o amgylch yr ystafell a thrwy'r ffenest.
Ysgrifennwch enw 5 planhigyn welwch chi.
Ym mha rannau o'r planhigion mae'r mwyaf o gloroffyl, tybed?

Ffurf deilen

▶ Edrychwch yn ofalus ar ddwy ochr deilen.

a Ar ba ochr mae'r gwyrdd tywyllaf?

b Pa ochr sydd â'r mwyaf o gloroffyl?

c Beth yw'r rheswm dros hyn?

▶ Ysgrifennwch ychydig o eiriau yn disgrifio siâp y ddeilen.
Gwaith y ddeilen yw amsugno cymaint o olau ag sy'n bosibl.
Ym mha ffordd mae siâp y ddeilen o gymorth iddi wneud hyn?

Edrych y tu mewn i ddeilen

Edrychwch ar doriad o ddeilen dan y microsgop.
Ffocyswch y microsgop gan ddefnyddio pŵer isel.
Yn ofalus newidiwch y chwyddhad i'r pŵer uchel.
Allwch chi weld rhai o'r rhannau sydd wedi eu labelu
yn y diagram ar eich sleid?

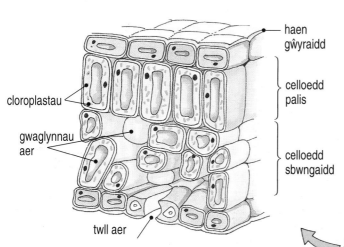

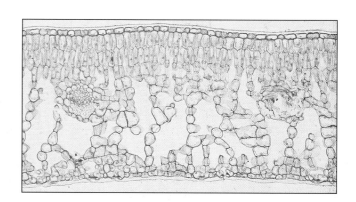

Edrychodd Dafydd ar y ddeilen trwy'r microsgop.
Yna ysgrifennodd am yr hyn a welodd.

▶ Edrychwch ar bob un o arsylwadau Dafydd.
Dywedwch sut, yn eich barn chi, mae pob un yn
gymorth i'r ddeilen wneud ei gwaith.

1 Mae celloedd palis yn cynnwys llawer o gloroplastau.
2 Mae'r celloedd palis yn hanner uchaf y ddeilen.
3 Mae haen gŵyraidd ar ochr uchaf y ddeilen.
4 Mae llawer o dyllau aer ar ochr isaf y ddeilen.
5 Mae llawer o waglynnau aer rhwng y celloedd sbwngaidd.

Dail tyllog

Rhowch gynnig ar ollwng deilen i mewn i ficer o ddŵr berw.
Ar ba ochr i'r ddeilen mae'r swigod yn ymddangos?
Beth yw'r rheswm dros hyn, yn eich barn chi?

sbectol ddiogelwch

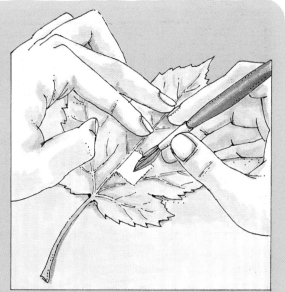

Mae nwyon o'r aer yn mynd i mewn ac allan o ddeilen trwy'r **tyllau aer**.

Peintiwch sgwâr bychan (1 cm x 1 cm) ar ochr isaf deilen gan ddefnyddio farnais ewinedd.
Bydd patrwm ochr isaf y ddeilen yn cael ei adael ar y farnais.

Arhoswch i'r farnais sychu'n llwyr. (Tra byddwch yn aros i'r farnais sychu, gallech osod y microsgop yn barod.)
Yn ofalus, tynnwch y farnais oddi ar y ddeilen gan ddefnyddio gefel fach.
Gosodwch y farnais ar sleid gyda diferyn o ddŵr ac arwydryn.
Arsylwch ar 2 neu 3 o'r tyllau aer ar bŵer uchel, a'u darlunio.
Gwnewch hyn eto gan edrych ar ochr uchaf y ddeilen.

Ysgrifennwch eich casgliadau.

Ysgrifennodd dosbarth 8GMW rai syniadau i ymchwilio iddynt:

Ai'r un faint o dyllau aer sydd ar ddeilen ble bynnag mae wedi ei lleoli ar blanhigyn?

A oes nifer gwahanol o dyllau aer i'w cael ar wahanol rywogaethau o blanhigion?

Ai'r un nifer o dyllau aer sydd ar yr un rhywogaeth o blanhigyn, ble bynnag mae'n tyfu?

Os oes amser, cynlluniwch **un** o'r ymchwiliadau hyn. Dangoswch eich cynllun i'ch athro/athrawes, yna rhowch gynnig arno.

Pethau i'w gwneud

1 Ceisiwch gyfateb rhannau'r ddeilen â'r disgrifiad o'r gwaith mae'n ei wneud:

tyllau aer	cario dŵr o'r coesyn
celloedd palis	gadael i nwyon fynd i mewn ac allan o'r ddeilen
celloedd sbwngaidd	cynnwys llawer o gloroplastau
haenen gŵyraidd	cynnwys llawer o waglynnau aer
gwythiennau	rhwystro colli gormod o ddŵr

2 A yw arwynebedd dail planhigion o'r un rhywogaeth bob amser yr un faint? Cynlluniwch ymchwiliad i gymharu arwynebedd deilen planhigyn sy'n cael digon o olau a'r un math o blanhigyn yn tyfu yn y cysgod. Eglurwch unrhyw wahaniaethau.

3 Mae arwynebedd dail yn fawr fel y gallant amsugno golau. Gosodwch ddeilen ar bapur graff, darluniwch o'i hamgylch a chyfrif nifer y sgwariau i ganfod ei harwynebedd. Beth yw cyfanswm arwynebedd dail y planhigyn?

4 Mae dail yn denau er mwyn i nwyon fynd i mewn ac allan ohonynt yn hawdd. Ond gallan nhw golli dŵr hefyd a mynd yn llipa. Edrychwch yn ofalus ar ddeilen ac eglurwch beth sy'n helpu i'w rhwystro rhag mynd yn llipa.

Twf planhigion

Daw llawer iawn o'n bwydydd ni o blanhigion.
Meddyliwch am yr hyn rydych wedi ei fwyta yn ystod y 24 awr diwethaf.

▶ Ysgrifennwch restr o'r bwydydd oedd wedi dod o blanhigion.

Planhigion yn fwyd

Mae ffermwyr yn ceisio tyfu digon o fwyd ar gyfer pob un ohonom.
Bydd pob ffermwr yn ceisio creu'r amodau gorau ar gyfer tyfu
cnydau.

a Gwnewch restr o'r pethau mae planhigion eu hangen i dyfu'n
dda.

▶ Edrychwch ar y ffotograffau hyn o letys sy'n tyfu mewn tŷ gwydr:
Mae'r rhai yn A yn tyfu mewn aer sy'n cynnwys mwy o garbon
deuocsid na'r rhai yn B.

b Pa blanhigion sy'n debygol o werthu am y pris gorau, tybed?

c Allwch chi egluro pam mae'r letys hyn yn fwy?

ch Pe byddech yn tyfu cnwd mewn tŷ gwydr, sut allech chi wneud hyn:
   i) cynyddu'r amser mae'r planhigion yn cael golau?
   ii) cadw'r planhigion ar y tymheredd cywir?

Gwrteithiau

Rhaid i blanhigion gael cemegion o'r enw **maethynnau** cyn y gallan
nhw dyfu'n gryf ac iach. Yn y pridd mae'r cemegion hyn fel arfer.
Mae ychydig ohonyn nhw yn cael eu sugno trwy'r gwraidd i weddill y
planhigyn. Os nad yw'r pridd yn cynnwys digon o'r maethynnau
hyn, mae'r ffermwr yn ychwanegu **gwrtaith**.

▶ Edrychwch ar y tabl sy'n dangos effaith gwrtaith ar wenith:

d Pa wrtaith sy'n rhoi'r cynnydd mwyaf mewn twf?

dd Pa faethynnau sydd yng ngwrtaith B?

e Pa faethyn yw'r pwysicaf wrth dyfu gwenith, yn eich barn chi?

Mae gwrteithiau NPK yn cynnwys:

* Nitrogen (N), ar gyfer twf cyffredinol,
* Ffosfforws (P), ar gyfer gwreiddiau iach,
* Potasiwm (K), ar gyfer dail iach.

Mae cyfrannau'r nitrogen, y ffosfforws a'r potasiwm (N:P:K)
i'w gweld ar y bagiau.

f Pa faetholyn sydd ar goll o'r gwrtaith yn y darlun?

ff Enw gwrtaith arall yw 25 : 5 : 5. Beth yw ystyr hyn?

Gwrtaith	Ychwanegu nitrogen	Ychwanegu ffosfforws	Ychwanegu potasiwm	Cnwd (tunnell fetrig yr hectar)
dim	X	X	X	1.70
A	✓	X	X	3.80
B	X	✓	✓	2.00
C	✓	✓	✓	7.00

gwrteithiau NPK

Rhoi mwy, tyfu mwy

Gallwn ddefnyddio gwrtaith (bwyd planhigion) ar ffurf hylif i dyfu planhigion tŷ.

Cynlluniwch ymchwiliad i weld sut mae twf bwyd yr hwyaid *(duckweed)* yn dibynnu ar y gwrtaith.

Gallech edrych ar effeithiau naill ai:
- gwahanol fathau o wrteithiau

neu
- yr un gwrtaith ond o gryfder gwahanol.

- Beth fyddwch yn ei fesur i ddangos twf?
- Beth fydd angen ei gadw yr un fath er mwyn sicrhau prawf teg?
- Beth fyddwch yn ei newid?
- Beth fydd hyd yr arbrawf?
- Pa mor aml fyddwch chi'n mesur?

Dangoswch eich cynllun i'ch athro/athrawes cyn rhoi cynnig arno.

Lle mae tail, mae twf

Pam ydych chi'n meddwl bod garddwyr yn rhoi tail ceffylau ar eu rhosod?

Mae gwastraff anifeiliaid yn cael ei ddadelfennu gan ficrobau. Mae rhai mathau o facteria yn tynnu nitrogen o'r gwastraff hwn. Mae planhigion yn sugno nitrogen drwy eu gwreiddiau ac yn ei ddefnyddio ar gyfer y broses o dyfu.

g Ym mha ffordd arall mae tail yn *gwella'r* pridd?

ng Pam mae'n well gan rai garddwyr ddefnyddio gwrteithiau cemegol?

▶ Ceisiwch ddarganfod ychydig am **arddio organig**.

1 Copïwch a chwblhewch:
Er mwyn tyfu, rhaid i blanhigion gael . . . . o'r aer, dŵr o'r . . . . , a golau haul. Rhaid i blanhigion gael maethynnau o'r pridd hefyd. Mae'r rhain yn cynnwys N (. . . .), P (. . . .) a K (. . . .). Os nad yw'r . . . . yn cynnwys digon o faethynnau, mae'r ffermwr yn ychwanegu . . . .

2 Mae tail anifeiliaid a chompost yn gymorth i blanhigion dyfu.
Eglurwch pam mae hyn yn wir.

3 Pa faethynnau sydd mewn gwrteithiau NPK?
Os yw gwrtaith yn cynnwys NPK o werth 10 : 5 : 10, beth yw ystyr hyn?

4 Yn aml iawn, mae pobl yn dweud wrthym bod digon o rawn yn cael ei dyfu i fwydo'r byd cyfan. Pam, felly, mae rhai pobl yn y byd yn newynu?
Defnyddiwch y cliwiau canlynol i egluro pam mae rhai pobl yn newynu:
a) cludiant   b) rhyfeloedd
c) mynyddoedd bwyd   ch) pla   d) sychder.

Pethau i'w gwneud

Y system ddŵr

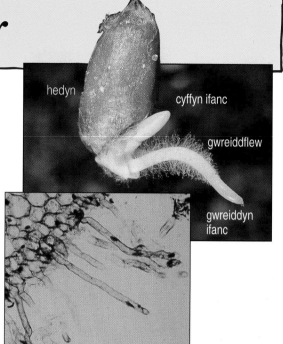

hedyn
cyffyn ifanc
gwreiddflew
gwreiddyn ifanc

Mae gwreiddiau planhigion yn tyfu i mewn i'r pridd.

a Ysgrifennwch beth yw pwrpas gwreiddiau, yn eich barn chi.

b Beth fyddai'n digwydd i blanhigyn pe na byddai ganddo wreiddiau?

▶ Edrychwch yn ofalus ar wahanol wreiddiau.

c Nodwch ym mha ffyrdd mae gwreiddiau yn edrych yn wahanol i weddill y planhigyn.

Sut olwg fyddai ar wreiddiau o edrych arnyn nhw trwy ficrosgop? Byddech yn gweld llawer o flew bychain o'r enw **gwreiddflew**. Y gwreiddflew sy'n sugno'r dŵr o'r pridd.

ch Ym mha ffordd mae eu siâp yn gymorth iddyn nhw wneud hyn?

I fyny tua'r dail

Bydd eich athro/athrawes yn rhoi darn o seleri i chi. Mae wedi bod yn sefyll mewn dŵr sy'n cynnwys lliwur.

Yn ofalus torrwch tua 1 cm i ffwrdd, fel y dangosir yn y ffotograff. Gwnewch luniad manwl gywir o du mewn y seleri. Lliwiwch y rhannau sy'n cynnwys y lliwur.

Mae'r dŵr sy'n cynnwys y lliwur yn cael ei gludo ar hyd tiwbiau bach o'r enw **sylem**.

Torrwch ddarn tua 2 cm o hyd o'r sylem yn ofalus. Edrychwch arno trwy lens llaw. Disgrifiwch yr hyn welwch chi.

Cynnal y coesyn

Mae dŵr yn mynd i mewn i blanhigyn trwy'r gwreiddiau. Wedi hynny, mae'n mynd trwy'r sylem i'r coesyn a'r dail.

d Beth arall feddyliwch chi mae'r coesyn yn ei wneud?

dd Beth fyddai'n digwydd i'r dail a'r blodau pe na bai coesyn?

Mae tiwbiau bach eraill yn y coesyn hefyd, sef **ffloem**. Edrychwch ar y diagram:

e Ysgrifennwch beth feddyliwch chi yw gwaith y ffloem.

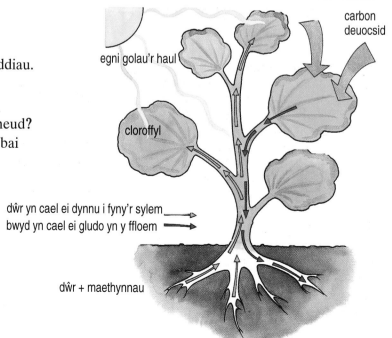

carbon deuocsid
egni golau'r haul
cloroffyl
dŵr yn cael ei dynnu i fyny'r sylem →
bwyd yn cael ei gludo yn y ffloem →
dŵr + maethynnau

Taith y dŵr

Sut mae dŵr yn mynd yr holl ffordd i fyny i ben coed tal?
Wrth i'r dŵr gael ei golli o'r dail, mae mwy o ddŵr yn symud i fyny'r coesyn.

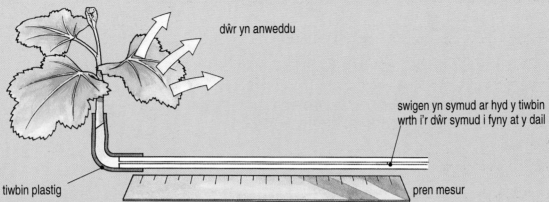

dŵr yn anweddu

swigen yn symud ar hyd y tiwbin
wrth i'r dŵr symud i fyny at y dail

tiwbin plastig

pren mesur

Gallwch fesur pa mor gyflym mae'r dŵr yn symud i fyny'r coesyn at y dail trwy ddefnyddio'r cyfarpar hwn. Bydd eich athro/athrawes yn dangos sut i'w osod.

Mesurwch y pellter mae'r swigen yn symud bob munud.

Plotiwch eich canlyniadau ar graff llinell gan ddefnyddio echelinau tebyg i'r rhain:

Gwnewch yr arbrawf eto, ond y tro hwn dylech un ai:
- rhoi bag polythen clir dros y cyffyn

neu
- roi gwyntyll yn ymyl eich cyfarpar.

Plotiwch eich canlyniadau ar graff llinell fel o'r blaen.

Ceisiwch egluro pam mae'r canlyniadau yn wahanol.

Y pellter mae'r swigen yn symud (cm)

Amser (mun)

Os oes amser wrth gefn:
Edrychwch ar sleid microsgop sy'n dangos y tu mewn i goesyn.
Ceisiwch ddod o hyd i'r sylem a'r ffloem.

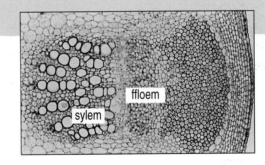

ffloem

sylem

1 Copïwch a chwblhewch:
Mae dŵr yn mynd i mewn i blanhigyn trwy ei . . . . Yna, mae'n cael ei gludo i fyny'r . . . . mewn tiwbiau bach o'r enw . . . . Mae dŵr yn cael ei golli o'r planhigyn trwy'r . . . . ac mae mwy o . . . . yn cael ei dynnu i fyny'r . . . . o'r gwreiddiau.. Mae'r bwyd sy'n cael ei wneud yn y . . . . yn mynd i weddill y planhigyn mewn tiwbiau o'r enw . . . .

2 Mae'r dail yn colli dŵr yn union fel y mae dŵr yn diflannu o'r dillad sydd ar y lein.
O dan ba fath o amodau, yn eich barn chi, mae dail yn colli:
i) fwyaf o ddŵr? ii) lleiaf o ddŵr?
Ceisiwch egluro hyn.

3 Mae gan chwyn wreiddiau cryf iawn sy'n eu hangori yn y pridd.
Dyluniwch gyfarpar i fesur pa mor gryf yw gwreiddiau rhai o'r chwyn mwyaf cyffredin.

4 Pa mor gryf yw coesyn? Dychmygwch fod gennych 2 goesyn gwahanol a'r ddau yn mesur 10 cm o hyd. Cynlluniwch ymchwiliad i ddarganfod pa un yw'r cryfaf.
Gwnewch ddiagram o'r cyfarpar y byddech yn debygol o'i ddefnyddio.

Pethau i'w gwneud

Peillio

Mae llawer o bobl yn rhoi blodau yn anrhegion i ffrindiau neu berthnasau.

Ond faint ohonyn nhw sy'n sylweddoli mai system atgenhedlu'r planhigyn yw blodau?

Mae gan blanhigion, fel anifeiliaid, gelloedd gwrywaidd a benywaidd.

Enw cell ryw wrywaidd planhigyn yw **gronyn paill**.

Enw cell ryw fenywaidd planhigyn yw **ofwl**.

▶ Ysgrifennwch rai geiriau sy'n disgrifio blodau.

Edrych yn fwy manwl

Gallech ddefnyddio lens llaw i edrych ar eich blodyn yn fwy manwl.

Torrwch y blodyn yn ei hanner fel yr un yn y ffotograff.

Ceisiwch ddod o hyd i bob un o'r rhannau sydd wedi eu labelu yn y diagram.

Mae rhannau gwrywaidd a benywaidd mewn llawer o flodau.

Enw'r rhannau benywaidd yw'r **carpelau**.

Edrychwch ar y llun:

a Beth yw cynnwys carpel?

Enw'r rhannau gwrywaidd yw'r **brigerau**.

b Beth yw cynnwys briger?

Defnyddiwch lens llaw i edrych yn ofalus ar y rhannau hyn yn eich blodyn.

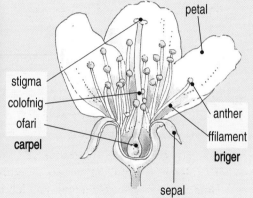

petal

stigma

colofnig

ofari

carpel

anther

ffilament

briger

sepal

Llunio poster blodyn

Gan ddefnyddio blodyn newydd, tynnwch y rhannau oddi wrth ei gilydd â gefel fach. Dechreuwch gyda'r sepal ar y tu allan, yna yn raddol gweithiwch tuag i mewn gan dynnu'r petalau, y brigerau a'r carpelau.

Gosodwch y rhannau allan yn eich llyfr gan eu rhoi y naill o dan y llall.

Gludiwch bob un yn ofalus â thâp gludiog a labelwch y gwahanol rannau.

Edrych ar baill

O fewn pob **ofari** mae'r ofwlau yn cael eu ffurfio.

O fewn pob **anther** mae llawer o ronynnau paill yn cael eu ffurfio.

Cymerwch friger o un o'r blodau sydd gennych.

Crafwch beth o'r paill oddi ar yr antheri â nodwydd wedi ei mowntio. Rhowch y paill ar sleid microsgop. Ychwanegwch ddiferyn o ddŵr a gosod arwydryn arno. Edrychwch ar y gronynnau paill trwy ficrosgop ar bŵer uchel.

Darluniwch 2 neu 3 gronyn paill.

Os yw'r grwpiau eraill wedi tynnu paill o flodau gwahanol, edrychwch ar y rheini hefyd.

c Ysgrifennwch eich syniadau am y gronynnau paill hyn.

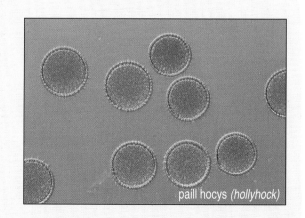

paill hocys (hollyhock)

Pryfed yn cludo paill

anther   stigma

Peillio yw trosglwyddo paill o anther blodyn i'r stigma.

ch Ar ba adeg o'r flwyddyn mae mwyaf o flodau?

d Ar ba adeg o'r flwyddyn mae pryfed fel gwenyn a gloÿnnod byw i'w gweld?

Mae pryfed yn gymorth mawr i gario paill o'r naill flodyn i'r llall. Ond yn gyntaf, rhaid i'r blodau ddenu'r pryfed atynt.

dd Ysgrifennwch 3 ffordd sydd gan flodyn o ddenu pryfed ato.

▶ Edrychwch ar y llun o flodyn yn cael ei **beillio trwy gyfrwng pryfed**.

e Pam mae'r gwenyn yn ymestyn i lawr i'r blodyn cyntaf?

f Sut mae'r gwenyn yn cludo'r paill i'r ail flodyn?

ff Ble mae'r gwenyn yn gadael y paill ar yr ail flodyn?

Chwythu yn y gwynt

Nid oes ar bob blodyn angen pryfed i'w beillio.
Mae llawer o flodau, glaswellt a grawn er enghraifft, yn dibynnu ar y gwynt i gludo eu paill i flodyn arall.

▶ Defnyddiwch lens llaw i edrych ar flodyn sydd wedi ei beillio gan wynt.

g Sut mae'n cymharu â'r blodyn sydd wedi cael ei beillio gan bryfed?

- Oes lliw llachar ar y blodyn hwn?
- Oes arno arogl cryf?
- Oes ganddo **neithdar**?

ng Beth yw'r rheswm dros hyn, yn eich barn chi?

h Pa fath o baill sydd gan y blodyn?

- Ydy'r paill yn ludiog?
- Ydy e'n ysgafn neu'n drwm?
- Oes llawer o baill yn cael ei gynhyrchu?

i Beth yw'r rheswm dros hyn, yn eich barn chi?

▶ Lluniwch dabl i ddangos yr holl wahaniaethau welsoch chi wrth gymharu blodau sy'n cael eu peillio gan y gwynt a blodau sy'n cael eu peillio gan bryfed.

---

1 Copïwch a chwblhewch:
Enw rhannau gwrywaidd blodyn yw . . . . ;
maen nhw'n cynnwys 2 ran, sef y . . . . a'r . . . .
Enw rhannau benywaidd blodyn yw . . . . ;
maen nhw'n cynnwys y . . . . a'r . . . . Peillio yw
trosglwyddo . . . . o antheri un blodyn i . . . .
blodyn arall.

2 Pan fydd **croesbeillio** yn digwydd, bydd y
paill yn cael ei gludo i flodau gwahanol. Beth
yw **hunan-beillio**? Sut mae hyn yn digwydd?

3 Oeddech chi'n gwybod bod 1 o bob 10 o
bobl yn dioddef o **glefyd y gwair**?
Ceisiwch ddarganfod beth yw'r symptomau.
Pryd mae pobl yn debygol o ddioddef fwyaf?

Beth yw ystyr y term '**lefel y paill**' a pha fath o
dywydd sy'n effeithio arno?

4 Copïwch a chwblhewch y brawddegau
hyn:

a) Mae rhai blodau yn denu pryfed
oherwydd bod ganddyn nhw . . . .

b) Nid oes angen i flodau sy'n cael
eu peillio gan y gwynt fod yn lliwgar
oherwydd . . . .

c) Mae paill blodau sy'n cael eu peillio gan
bryfed yn ludiog iawn oherwydd . . . .

ch) Mae blodau sy'n cael eu peillio gan y
gwynt yn cynhyrchu llawer o baill
oherwydd . . . .

**Pethau i'w
gwneud**

Gwneud hadau

O ble mae hadau yn dod?
Ble allech chi ddod o hyd i hadau?

▶ Ysgrifennwch rai o'ch syniadau am hadau.

Wedi i'r blodau wneud eu gwaith, maen nhw'n marw.
Yr hyn sydd ar ôl bryd hynny yw'r **ffrwyth** sy'n cynnwys yr hadau.

Y cam cyntaf

Rhaid i **gnewyllyn paill** gysylltu â **chnewyllyn ofwl**.

a Beth yw'r term sy'n cael ei ddefnyddio pan fydd y cnewyllyn gwrywaidd yn cysylltu â'r cnewyllyn benywaidd?

Wedi iddo gael ei ffrwythloni, mae'r ofwl yn tyfu yn **hedyn**.

▶ Edrychwch ar y lluniau:

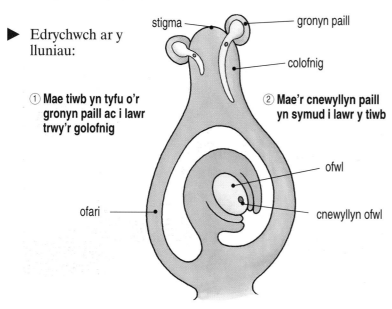

stigma
gronyn paill
colofnig
ofwl
ofari
cnewyllyn ofwl

① Mae tiwb yn tyfu o'r gronyn paill ac i lawr trwy'r golofnig

② Mae'r cnewyllyn paill yn symud i lawr y tiwb

③ Mae cnewyllyn y paill yn cysylltu â chnewyllyn yr ofwl. Mae ffrwythloniad yn digwydd a bydd hedyn yn cael ei ffurfio.

b O ble mae'r gronyn paill yn dod?
c Beth sy'n digwydd i'r gronyn paill ar ôl iddo gyrraedd y golofnig?
ch Sut mae cnewyllyn y paill yn cyrraedd cnewyllyn yr ofwl?

Wedi'r ffrwythloniad, mae'r ofari yn newid i ffurfio'r **ffrwyth**.
d Pa fath o ffrwyth sydd gan y planhigion hyn:
  i) grawnwin?   ii) coed derw?   iii) pys?   iv) tomatos?

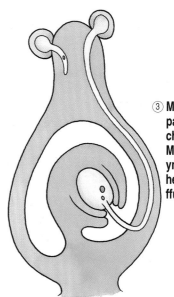

Mae'r hadau hyn yn tyfu o'r ofwl sydd y tu mewn i'r ffrwyth.

dd Allwch chi gofio enwau 3 rhan hedyn o'r gwaith wnaethoch yn Llyfr 7? Ysgrifennwch nhw.
e Pa 3 pheth sydd angen i hadau eu cael cyn y byddan nhw'n tyfu (**yn egino**)?

Gwasgaru hadau

Mae hadau yn cael eu gwasgaru yn aml dros ardal eang.

f Pam mae hyn yn bwysig?

Gall y gwynt neu anifeiliaid wasgaru hadau, neu gallan nhw ddisgyn allan o'u plisgyn.

▶ Edrychwch ar y darluniau hyn:

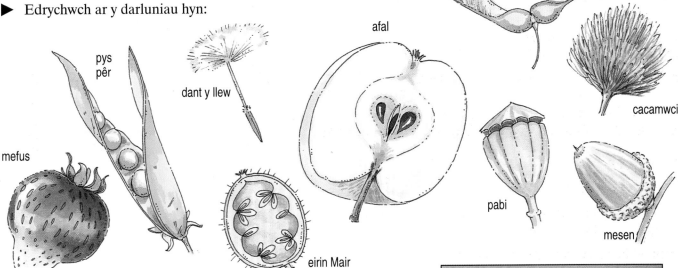

Disgrifiwch sut mae hadau pob un o'r rhain yn cael eu gwasgaru.

Disgyn i'r llawr

"Mae hadau sy'n disgyn yn araf i'r llawr yn fwy tebygol o gael eu cludo ymhellach gan y gwynt." Dyma ddywedodd un dyn ar raglen arddio. Ydy hyn yn wir?

Cynlluniwch ymchwiliad i ddarganfod pa mor araf mae gwahanol hadau'n disgyn.

- Meddyliwch yn ofalus am y cyfarpar y bydd ei angen.
- Pa fesuriadau fyddwch yn eu gwneud?
- Cofiwch sicrhau bod y prawf yn un teg.

Dangoswch eich cynllun i'ch athro/athrawes, yna rhowch gynnig arno.

---

1 Ysgrifennwch y brawddegau canlynol yn y drefn gywir er mwyn disgrifio sut mae planhigion yn atgenhedlu:

A Mae cnewyllyn paill yn cysylltu â chnewyllyn ofwl.

B Mae gronynnau paill yn disgyn ar y stigma.

C Mae'r ofwl ffrwythlon yn troi'n hedyn.

Ch Mae'r gronyn paill yn tyfu yn diwb paill.

D Mae cnewyllyn y paill yn symud i lawr y tiwb paill i'r ofwl.

2 Beth yw ystyr y term 'ffrwythloniad'?
Mewn planhigyn blodeuol, beth sy'n cymryd lle:
a) y sberm?   b) yr wy?
c) yr wy sydd wedi ei ffrwythloni?

3 Beth sy'n digwydd i bob un o'r canlynol wedi ffrwythloniad:
a) y blodyn?   b) yr ofwl?
c) yr ofari?

4 a) Pam nad yw hadau yn egino mewn siop arddio?
b) Beth sydd ei angen arnyn nhw i dyfu?
c) Copïwch y llun o hedyn yn egino a'i labelu gan ddefnyddio'r geiriau canlynol:

> dail newydd   hadgroen   storfa fwyd
> gwreiddyn newydd   cyffyn newydd

Pethau i'w gwneud

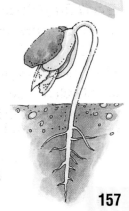

157

Cwestiynau

1 Labelwch wahanol rannau'r ddeilen gan ddefnyddio'r geiriau canlynol: celloedd palis, gwaglynnau aer, epidermis, tyllau aer, haenen gŵyraidd, celloedd sbwngaidd, cloroplastau
Ysgrifennwch: A = cloroplastau, etc.

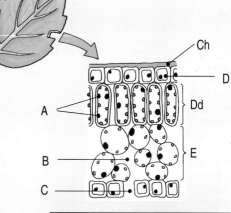

2 Disgleiriodd Siôn gryfderau gwahanol o olau ar blanhigyn bwyd yr hwyaid. Cofnododd nifer y swigod oedd yn codi o'r planhigyn bob munud.

Unedau o olau	Nifer y swigod y munud
1	6
2	14
3	21
4	24
5	26
6	27
7	27

   a) Lluniwch graff llinell i ddangos y canlyniadau.
   b) Faint o swigod nwy fyddech chi'n disgwyl i'r planhigyn eu creu gyda: i) 2.5 uned o olau? ii) 8 uned o olau?

3 Rhoddodd Mr Jones y ffermwr lawer o wrtaith ar ei dir yn yr hydref. Yr haf canlynol, roedd yr afon oedd yn llifo trwy'r tir yn llawn o chwyn dŵr. Dechreuodd peth o'r chwyn farw a phydru. Cymerodd hyn ocsigen allan o'r dŵr.
   a) Pam roedd y chwyn yn y dŵr wedi tyfu cymaint?
   b) Beth ddigwyddodd i'r pysgod yn yr afon?
   c) Sut ellid datrys y broblem?

4 Defnyddiwyd y cyfarpar yn y diagram i fesur faint o ddŵr oedd yn cael ei golli o ddail mewn 24 awr. Cafodd y cyfarpar ei bwyso ar ddechrau'r arbrawf ac ar y diwedd.
   a) Eglurwch sut mae'r cyfarpar yn gweithio.
   b) Beth fydd y canlyniadau yn ei ddangos?
   c) Beth yw pwrpas yr olew?

olew
dŵr

5 Mae tatws yn cynnwys llawer o starts. Ond mae'r starts yn cael ei wneud yn y dail. Sut felly mae'r starts yn mynd i mewn i'r tatws yn y pridd?

6 Mae coesyn pob planhigyn yn tyfu tuag i fyny a'r gwreiddiau tuag i lawr. A oes gwahaniaeth pa ffordd mae'r hedyn yn cael ei blannu yn y pridd? Cynlluniwch ymchwiliad i geisio darganfod hyn.

7 a) Pam mae blodau'r goedwig, e.e. briallu a blodau'r gwynt, yn blodeuo yn y gwanwyn?
   b) Pam mae 'cynffonnau ŵyn bach' ar goed cyll yn cynnwys llawer o baill?
   c) Pam mae'n bwysig bod hadau yn mynd mor bell ag sy'n bosibl oddi wrth y planhigyn gwreiddiol?

Mynegai

A

Adchwanegion bwyd 50
Adeileddau 17–20
Adlewyrchiad 78, 79
Adlewyrchiad mewnol cyflawn 78, 79
Adweithedd defnyddiau 36–38
Adweithedd ocsidio 117, 120
Adweithiau cemegol 112–117
Adweithiau dadleoli, metelau 38–39
Adweithiau ecsothermig 116, 118
Adwyon rhesymeg 140–143
Aer 65, 66–67
Afu/Iau 48, 49
Ager 90, 106
Alcohol 118–119
Allbynnau 138–139
Allweddi, i adnabod pethau byw 4–5
Amledd 85
Anadlu 64–65, 68, 106, 118
Anfetelau 34, 35
Angina 73
Anther 154, 155
Anwedd dŵr 94
Anweddu 30, 90, 94
Anws 48
Arafu 22
Aren 70
Asennau 65
Asidau amino 47
Asidau brasterog 47
Atomau 26, 28

B

Bacteria a phydredd dannedd 45
Biodanwydd 102, 108
Blodyn 154–155
Blwyddyn goleuni 60
Boyle, Robert 27
Brasterau 42, 43, 47
Briger 154
Broncitis 69
Buanedd 22–23
Burum 12, 118, 119
Bwyd 42–49, 102, 150
Bwyd yr hwyaid, twf 13
Bydysawd 60–61

C

Cadwyn bwyd–egni 102
Calchfaen 114, 115, 124
Canser yr ysgyfaint 69
Capilariau 70
Carbohydradau 42
Carbon 117
Carbon deuocsid 64–67, 106, 117, 119, 124, 146
Carpel 154
Catalyddion 126–127
Ceg 48, 49

Celloedd, gwaed 74–75
Celloedd, y corff 70, 106
Cerddoriaeth 85, 86
Cerrynt trydan 132–133
Ceudod y bywyn 44
Clefyd y galon 69, 73
Clefyd y gwair 155
Cloc ïodin 122, 125
Cloroffyl 102, 146, 148
Côd Morse 135
Coesyn 152–153
Colofnig 154
Coludd 47, 48–49
Coluddion 48, 49, 70
Creigiau gwaddodol 104, 115
Croesbeillio 155
Cromatograffaeth 30
Cryfder seiniau 86–87
Curiad y galon 72–73
Cyddwyso 90, 94, 96
Cyfansoddion 26–28, 32–34, 90
Cyflymu 22
Cyfradd adweithiau cemegol 122–123, 126
Cyfradd anadlu 64, 71, 119
Cyfres Adweithedd, metelau 38
Cylchred ddŵr 92–93
Cymylau 94–97
Cymysgeddau 28–29, 30
Cysawd yr Haul 56–59
Cystadleuaeth 8–9
Cytserau 60
Cywasgiad 18, 20

Ch

Chwyn 8–9

D

Dail 5, 147, 148–149, 152
Dannedd 44–45
Decibel (dB) 86
Deddf Hooke 21
Deddf Newton, ynghylch grymoedd cytbwys 16
Defnyddiau crai 112, 114
Dentin 44
Deuod allyrru golau 138
Diagram Trosglwyddo Egni 100–101, 107
Diagramau cylched 132–133
Diet 42–43
Disgyrchiant 52
Distyllu 30–31
Distyllu ffracsiynol 30–31
Dosbarthu defnyddiau 34–35
Dur 114
Dŵr 90–97, 152–153
Dŵr calch 66
Dŵr caled 93
Dŵr meddal 93
Dydd a nos 52
Dyfrllys 146

Dd

Ddaear, Y 52–59

E

Eclips Lleuad a'r Haul 55
Effeithlonedd egni 100, 106
Egino 156
Egni 99–109, 116–119, 146–147
Egni cinetig 100
Egni niwclear 105
Egni o'r Haul 102–103, 104, 108, 146
Egni potensial 100
Eira 92
Electronau 132
Elfennau 26–28, 32–35, 90
Enamel 44
Ensymau 47, 126
Eplesu 118, 119

F

Falfiau, calon 72
Fitaminau 42, 43
Foltedd 133

Ff

Ffibr 43, 47
Ffibrau optegol 79
Ffilament 154
Ffloem 152, 153
Fflworid 45, 93
Fformwlâu ar gyfer cyfansoddion 32–33
Ffosfforws 150
Ffotosynthesis 102, 146
Ffrwyth 156
Ffrwythloni 156
Ffwrnais chwyth 114
Ffynonellau egni adnewyddadwy 105, 108
Ffynonellau egni anadnewyddadwy 104, 105, 108

G

Galaethau 60–61
Galon, y 70, 72–73
Garddio organig 150
Generadur signalau 85
Genws 5
Glaw 92, 96–97, 105, 124
Glaw asid 92, 105, 124
Glec Fawr, y 61
Glo 104, 105
Glwcos 43, 49
Golau 78–83
Gorsafoedd pŵer 105, 106
Gronyn paill 154, 156
Grymoedd 15–23
Grymoedd yn cydbwyso 16, 17, 20
Gwaed 70–75
Gwahanu cymysgeddau 29, 30–31
Gwasgariad 80

Gweddau'r Lleuad 54
Gwefrau trydan 130–131
Gwrachod lludw 7
Gwraidd 152
Gwreiddflew 152
Gwrtaith 150–151
Gwrtaith NPK 150, 151
Gwrthgyrff 75
Gwrthiant 132
Gwrthydd goleuni-ddibynnol 136, 137
Gwyntoedd 96
Gwythiennau 71

H
Hadau 156–157
Haearn 114–115, 120, 121
Haemoglobin 75
Haul 52, 55, 60
Herschel, William 59
Herts (Hz) 85
Hidlenni 81
Hidlo 30, 93
Hooke, Robert 21
Hubble, Edwin 61
Hunan-beillio 155
Hydoddiant Benedict 43, 46
Hydoddiant Biuret 43
Hydrogen 117

I
Iâ 90
Iau/Afu 48, 49
Injan car 107
Ïodin 43, 46, 147

L
Larfa byrhoedlyn 6
Larymau tân 133, 134, 142
Lefel y paill 155
Lensiau 79
Linnaeus, Carl 5

Ll
Llengig 65
Lleuad 54–55, 61
Lliwiau 80–81
Llosgi 106, 116–117
Llwnc 48, 49
Llygad maharen 6

M
Maethynnau, planhigion 150–151
Metelau 34, 35, 36–39, 120–1
Microdonnau 83
Microffon 85, 136
Mineralau 42, 43
Molecylau 20, 28, 84
Mwg sigaréts 68–69

N
Nafftha 112
Neithdar 155
Newton (N) 16
Nitrogen 66, 67, 150
Nwy naturiol 104, 105

O
Ocsidau 37, 116
Ocsigen 64–67, 75, 116–118, 126, 127, 146
Ofari 154
Ofwl 154, 156
Olew 30–31, 104, 105, 112
Osgilosgop pelydrau catod 85

P
Papur cobalt clorid 67, 91
Peillio 154–155
Peillio drwy wynt 155
Peillio gan bryfed 155
Peiriant dynol 107
Pelydrau gama 82
Pelydrau isgoch 82, 83
Pelydrau uwchfioled 82, 83
Pelydrau-X 82
Petal 154
Pibell wynt 65, 67
Pibellau aer 67
Pibellau gwaed 67, 70, 71
Plac 45
Planedau 56–59, 61
Planhigion 145–157
Plasma 74
Platennau 75
Plygiant 78
Plygu 20
Poblogaeth, twf 12–13
Poer 46, 49
Pontydd 18–20
Potasiwm 150
Powdr golchi biolegol 47, 126
Priodweddau defnyddiau 27, 34–35, 36
Prism 79, 80
Profion bwyd 43
Prosesau gweithgynhyrchu 112, 114
Proteinau 42, 43, 47
Purdeb dŵr 91, 93
Pwls 71
Pydredd dannedd 44–45

R
Reláiau 138–139
Resbiradu 64, 67, 106, 118, 119
Resbiradu artiffisial 67

Rh
Rhesymeg ddeuaidd 135
Rhewi 90
Rhwd 120–121
Rhydwelïau 71, 73
Rhydwytho 114
Rhywogaeth 5

S
Sain 84–87, 138
Sbectrwm 80, 82
Sbectrwm electromagnetig 82
Sbringiau 21
Sepal 154
Sêr 60, 61
Siwgr 46, 49, 64, 118, 119, 146, 147
Starts 43, 46, 47, 49, 122, 147

Stethosgop 72
Stigma 154, 155
Stribed deufetel 133, 134
Stumog 48, 49
Suddion treulio 46
Swits corsen 136, 137
Sŵn 86–87
Sylem 152, 153
Sylweddau pur 28
Symbolau elfennau 32–33, 35
Synhwyrydd golau 136
Synhwyrydd lleithder 136, 139
Synhwyrydd sain 136
Synhwyrydd symudiad 136
Synhwyrydd tymheredd 136
Synwyryddion 133, 134, 136–137
System ddŵr planhigion 152–153
Systemau electronig 134–135
Systemau electronig analog 135
Systemau electronig digidol 135

T
Tanwyddau 30–31, 104–107, 116–117
Tanwyddau ffosil 30–31, 104–105
Telesgop 61
Tensiwn 18, 20
Tiwbin Visking 49
Tonfedd 80
Tonffurf 85
Tonnau 60, 80, 82–85
Tonnau radio 60, 82, 83
Trallwyso gwaed 74
Traw 85
Trefn adweithedd, metelau 37–38
Treulio bwyd 46–47, 126
Triongl tân 116
Trydan 105, 106, 129–143
Trydan statig 130–131
Twf planhigion 150–151
Twf poblogaethau 12–13
Tymhorau 53
Tywydd 96, 97

Th
Thermistor 136, 137, 141

U
Uchelseinydd 85, 138

W
Wraniwm 105

Y
Ymaddasu 6–7
Ymarfer corff 64, 71
Ymbelydredd 82–83
Ymdoddi 90
Ymestyn 20–21
Ynysyddion 132
Ysglyfaethau 10–11
Ysglyfaethwyr 10–11
Ysgyfaint 65, 67, 70
Ysmygu 68–69